MOLIÈRE:
STAGE AND STUDY

JEAN-BAPTISTE POQUELIN DIT MOLIÈRE
Portrait attribué à Pierre Mignard
Collections de la Comédie-Française

MOLIÈRE: STAGE AND STUDY

ESSAYS IN HONOUR OF
W. G. MOORE

*Edited by W. D. Howarth
and Merlin Thomas*

OXFORD
AT THE CLARENDON PRESS
1973

Oxford University Press, Ely House, London W. 1

GLASGOW   NEW YORK   TORONTO   MELBOURNE   WELLINGTON
CAPE TOWN   IBADAN   NAIROBI   DAR ES SALAAM   LUSAKA   ADDIS ABABA
DELHI   BOMBAY   CALCUTTA   MADRAS   KARACHI   LAHORE   DACCA
KUALA LUMPUR   SINGAPORE   HONG KONG   TOKYO

*Printed in Great Britain
at the University Press, Oxford
by Vivian Ridler
Printer to the University*

CONTENTS

LIST OF PLATES

ACKNOWLEDGEMENT

Our thanks are due to the President and Fellows of St. John's College, Oxford for a generous gift which has made it possible for the portrait of Molière included in this volume to be reproduced in colour.

WILL GRAYBURN MOORE

FOREWORD

FEBRUARY 17th, 1973, will see the tercentenary of the death of
Molière: an event which will no doubt be marked throughout the
academic world as well as in the world of the theatre. On 30 Sep-
tember 1972 Dr. W. G. Moore retired from his Readership in
French at the University of Oxford and from his Fellowship at
St. John's College.

The coincidence of these two dates is felicitous, in that it has
given a group of scholars with a specialist interest in Molière the
occasion to pay homage to the memory of the world's greatest
comic dramatist, and at the same time to salute a distinguished
colleague who, while his interests have always been extremely
wide-ranging, has made his principal contribution in the field
of Molière studies.

Will Grayburn Moore was born on 24 July 1905. He was
educated at Silcoates School, Yorkshire, where his father, Sydney
Moore, was Headmaster; and it was from his father, also a modern
linguist, that Will Moore acquired his love of literature, his
knowledge of French, and his early training in the critical study
of texts.[1] Going up to Magdalen as an Exhibitioner in 1923, he
read French and German, and after obtaining a First in the Final
Honour School in 1926, went on to study at the University of
Strasbourg. His *doctorat d'université* was awarded in 1930 for
a thesis on 'La Réforme allemande et la littérature française'; and,
after spending a period as Assistant Lecturer at Manchester, Will
Moore returned to Oxford as Modern Language Tutor at St.
John's, where he was elected to a Fellowship in 1934.

His was only the third teaching fellowship in Modern Languages in any of the men's colleges. The Honour School had

[1] Perhaps one of the editors of this volume who also, some years later, had the
privilege of being taught by Sydney Moore at Silcoates, may be permitted to
record his own tribute in passing to a distinguished headmaster and a pioneer
teacher of modern languages.

been established in 1903, but its growth, impeded by the 1914–18 war, was still slow in the 1920s. Modern Languages, in Oxford, had yet to overcome a good deal of prejudice before it could be accepted as a valid academic alternative to 'literae humaniores': this was a far cry from the Oxford of the 1970s, in which Modern Languages flourishes as one of the largest Honour Schools, and the tutorial fellowships established in French alone throughout the University number over thirty. That the study of Modern Languages in Oxford was able to recover from its late start was due in large part to the scholarly example, and the teaching gifts, of that handful of college tutors of whom Will Moore was among the very earliest.

In that inter-war period the title of Tutor in Modern Languages was in Moore's case, as in others, to be interpreted literally; and throughout the Second World War he continued to teach German as well as French. He catered during this difficult period for the tutorial needs of undergraduates from all over the University, combining a crowded teaching programme with the war work he was called on to undertake at the Foreign Office.

When things returned to normal after the war, Will Moore was already one of the senior and most experienced members of the Modern Language Faculty, and his mature experience and wise guidance were always at the service of younger colleagues. While he never had much taste for University or Faculty politics for their own sake, he has always been active in discussions about properly academic matters affecting the development of his own subject; and his attitude towards modern languages as an academic discipline has never been static or conservative. Typically, for instance, he it was who first organized a 'circus' of lectures in Oxford on twentieth-century French literature at a time when the undergraduate syllabus ended at 1870.

One of the least insular, and most outward-looking, of scholars, Moore has been active ever since the war in such bodies as the Modern Humanities Research Association and, more particularly, the annual conference of teachers of French in British universities, formalized in 1959 under the title of 'Society for French Studies'. Of this body he is a past President and committee member; and

until 1971 he played a distinguished role as Romance Editor of the
Modern Language Review. He has read papers at numerous con-
ferences, in this country and abroad, and has visited the U.S.A.
on several occasions as Visiting Professor, as well as Australia.
In the United States, as in France, Will Moore is known to a
host of scholars not only through his writings, but as a colleague
and a friend; and we are particularly happy, as editors of this
volume, to be able to include contributions, not only from some
of his colleagues in Oxford and in other universities in this
country, but also from French and American *moliéristes.*

Will Moore has always had a genuine belief in the importance
of links between the various branches of the teaching profession;
throughout his career he has shown an active concern with
secondary education, as well as with adult education in connection
with both the W.E.A. and the Oxford Extra-Mural Delegacy.
He has served on the governing bodies of several schools, has
for a long time been a delegate of the Oxford and Cambridge
Schools Examination Board, and was one of the founders, some
years ago, of the Sir Robert Taylor Society which now flourishes
in Oxford as a forum for the friendly discussion of academic and
professional matters, between schoolmasters and college tutors.

Many generations of undergraduates have vivid memories of
Moore's lectures on a wide range of topics—from Montaigne,
through Molière, Racine, and Balzac, to Gide and Proust—as the
highly skilled performances of a lecturer whose most obvious
gift was that of communicating to others the absorbing interest,
and something of the excitement, of the scholarly pursuit of
learning. He never regarded the lecture as a means of conveying
information, but as a way of sharing experiences, of comparing
his own reactions as reader or playgoer with those of others, and
of testing out new lines of inquiry; his audience were made to
feel active participants in the process of literary scholarship—as
does the reader, with the best of Moore's books and articles.
Tutorials and seminars, too, were squarely based on this sharing
of experience, and students were expected to take a much more
active part than was sometimes the case in tutorials with their
other teachers; his standards were always exacting, and his

critical comments often caustic—but there have been few pupils who have not recognized it as a privilege to be taught by Will Moore.

Many young graduates too have reason to think of him with respect and affection. A demanding supervisor, yet one who believed in allowing his graduate pupils great freedom of action, he could administer encouragement at moments of despair as well as participate in excitement at moments of discovery. Those working with him were bound to develop a sense of purpose concerning the activity of research, and were encouraged at the same time where possible to acquire experience in the teaching of undergraduates.

Of course his interest in fostering the study of French literature has affected many more than those who have been formally supervised by him. His colleagues—both in Oxford and elsewhere —can testify to his infinite willingness to devote time to discussion, to share information, and to provide encouragement in countless ways.

The bibliography of his published works which appears elsewhere in this volume indicates the range of his interests. It is not the task of the present writers to estimate the value of his contribution to the study of French literature, but they would wish none the less to make two remarks about this field of activity which has been at the forefront of his mind throughout his academic career.

First there is a characteristic of much of his writing which is also a characteristic of his conversation on scholarly matters, and which has surely affected all those who have come into contact with his thought, whether as pupils, or as colleagues, or as readers. It is the ability to ask the teasing, searching question, the question which provides a starting-point for an investigation that will at least shake unthinking prejudice and, more often than not, lead to new illumination and profitable thought. Many of his friends and colleagues in the course of conversation must have been sent back to their sources by the quiet observation 'How very interesting! Do you really think so? I must read that again...'.

Secondly, with regard to Molière, the subject of this volume, one of the great features of his contribution has been to remind his readers that Molière wrote *plays*, meant to be acted before an audience. In England at all events, fewer schoolboys are made gloomy nowadays by being forced to assess Molière in terms of the golden mean. Moreover it is no accident that half the articles in this volume are concerned with theatrical problems. Will Moore's work runs parallel to that accomplished in our times by such as Louis Jouvet, Jean Vilar, and Roger Planchon.

It is fitting in this context that the main emphasis should lie on the scholarly and pedagogical aspects of Will Moore's career, but it must not be thought that these have been his only concern. We select in conclusion two areas of activity which have featured prominently in his life at Oxford. First, a lifelong devotion to Congregationalism has led to his close connection for many years with the Summertown Congregational Church, Oxford, and with the affairs of Mansfield College, as member and later as Chairman of the College Council. And finally, there have been the thirty-eight years of membership of the governing body of St. John's College, including service as Dean, Pro-Proctor, and Senior Tutor, which have endeared him to many generations of under-graduates and gained him the respect and affection of his colleagues.

BIBLIOGRAPHY OF THE
WRITINGS OF W. G. MOORE

1930 *La Réforme allemande et la littérature française. Thèse.* Université de Strasbourg.

1931 'Postwar France and German Culture.' *Nineteenth Century*, LV.

1932 *France and Germany. Introduction to a European Problem.* London, S.C.M.
'The Evolution of a sixteenth-century satire.' *A Miscellany of Studies in Romance Languages and Literatures presented to L. E. Kastner.* Cambridge, Heffer.

1938 *Corneille's 'Horace'. Edition of the 1641 text.* Oxford, Blackwell.

1939 'Corneille's *Horace* and the interpretation of French classical drama.' *Modern Language Review*, XXXIV.

1940 'The early French Reformation.' (*Historical revision*, XCIII.) *History*.

1949 *Molière: A New Criticism.* Oxford, Clarendon Press.
'Le *Bajazet* de Racine: étude de genèse.' *Revue des Sciences Humaines*, II.

1950 'André Gide's *Symphonie pastorale*.' *French Studies*, IV.

1952 'Le Premier État des *Maximes*.' *Revue d'Histoire Littéraire de la France*, LII.
'Montaigne's notion of experience.' *The French Mind: Studies in honour of Gustave Rudler.* Oxford, Clarendon Press.

1953 'Molière's last word.' *Studies in Romance Philology and French literature presented to John Orr.* Manchester University Press.

1956 'La Genèse de *César Birotteau*.' *Revue d'Histoire Littéraire de la France*, LVI.

1957 '*Dom Juan* reconsidered.' *Modern Language Review*, LII.

1958 'Gustave Rudler, 1872–1957.' *French Studies*, XII.

1959 'The French notion of the comic.' *Yale French Studies*, XXIII.

1960 *Racine, 'Britannicus'*. (Studies in French Literature, I.) London, Arnold.

'Boileau and Longinus.' *French Studies*, XIV.

1961 *French Classical Literature. An Essay*. London, O.U.P.

'French authors on their Classics.' *Studies in Modern French Literature presented to P. Mansell Jones*. Manchester University Press.

1964 'Montaigne et la science.' *Bulletin de la Société des Amis de Montaigne*, 29 bis.

'La Rochefoucauld's masterpiece.' *Linguistic and Literary Studies in honor of Helmut Hatzfeld*. Washington, Catholic University of America Press.

'Poésie de Molière.' *Cahiers de l'Association Internationale des Études Françaises*, XVI.

1966 'La Rochefoucauld et le mystère de la vie.' *Cahiers de l'Association Internationale des Études Françaises*, XVIII.

'Molière's theory of comedy.' *L'Esprit créateur*, VI.

1967 'Reflections on *Le Misanthrope*.' *Australian Journal of French Studies*, IV.

'Lucretius and Montaigne.' *The Classical Line: Essays in honor of Henri Peyre. Yale French Studies*, XXXVIII.

1968 *French Achievement in Literature*. London, Bell.

The Tutorial System and its Future. London, Pergamon.

1969 *La Rochefoucauld. His Mind and Art*. Oxford, Clarendon Press.

1970 'Molière et la sottise.' *Kentucky Romance Quarterly*, XVII.

1971 *The Classical Drama of France* (Opus, 55). London, O.U.P.

'A committed scholar.' *Paths to Freedom: Studies in French Classicism in honor of E. B. O. Borgerhoff. L'Esprit créateur*, XI.

'The changing study of Balzac.' *Balzac in the Nineteenth Century: Studies presented to H. J. Hunt*. Leicester University Press.

I. TECHNIQUE

1. Reflections on *George Dandin*

W. G. MOORE stands for many of us in Oxford as the teacher and critic who in the immediate post-war years with characteristic luminosity directed us to assess Molière's theatre on its own terms, i.e. primarily by its dramatic impact, rather than as a piece of literature reverently to be pored over. Visual effect and the flow of action became then the factors to be reckoned with first, and this reordering of critical priorities in approaching Molière has been of inestimable benefit. However much, therefore, one might feel that on this author too much, if not everything, has been said, it is at least appropriate that the following reflections should be included in this *Festschrift* since they can claim to have been prompted by a performance of a Molière play.

It may be that the Théâtre de la Cité's version of *George Dandin*, directed by Roger Planchon and presented in London in 1969, would not be to the taste of every *moliériste*. It was a thought-provoking production and beautiful to look at. One saw a stylized, deliberate, richly developed presentation of life on a seventeenth-century farm, a scene conveying by its lighting, its clear but faded colours, and the peasant figures the impression of a painting by Louis Le Nain. Touches of realistic detail emphasized the slow, primitive tenor of country life and the social gulf that separated the country gentleman Clitandre from the wealthy farmer George Dandin. The sociological implications of this tale of misalliance were stressed in Planchon's production, and a quasi-Marxist restatement of the comedy tended to relegate the Sotenvilles to the background while focusing attention on the clash between the arrogant Clitandre and the cowardly George Dandin. Instead of being 'une satire violente de la petite noblesse' as Lacour saw it and as Adam concurs,[1] the play turned into

[1] A. Adam, *Histoire de la littérature française au XVII*e *siècle*, Paris, Domat, 1948–56, III. 369.

'une leçon cruelle'; in the words of R. Fernandez: 'Georges Dandin est tout bonnement victime de l'état social.'[2] While admitting that it is part of Molière's greatness, as it is of any dramatist's, that he should be capable of fresh interpretation in every age, one takes leave to doubt whether this was the aspect of the play applauded at Versailles as 'archicomique' in July 1668 or by the audiences of the Palais-Royal who subsequently saw Molière in the title-role. One remembers that the inventory of Molière's possessions in 1673 includes a description of the costume he wore in this part: 'haut de chausses et manteau de taffetas musc, le col de même; le tout garni de dentelle et boutons d'argent, la ceinture pareille; le petit pourpoint de satin cramoisi; autre pourpoint de dessus de brocart de différentes couleurs et dentelles d'argent, la fraise et les souliers'[3]—not by any means the costume of a Le Nain peasant farmer hardly distinguishable from his farm-hands.

The other original feature of this production was the use of mime at the beginning and end of each act, a pattern of movements precise and almost ritualistic evoking the life of the 'basse-cour', designed to replace the framework of ballet in which this comedy was first set. The effect of these studied and overlapping sequences of mime was to abolish the intervals, knit together the threads of the action, and at the same time successfully to introduce an element of remoteness and fantasy into this brutal farce. One recognizes that they also had the more practical advantage of padding out a play of awkward length. This was, then, a highly individual production which aimed at bringing out many things implicit in the text and adding much to them. Its merit above all perhaps was to draw attention sharply in this less popular play to aspects of Molière's art that are fundamental to our understanding of the dramatist.

For it is undeniable that this is one of the most disconcerting plays of Molière. It has been diversely assessed. Fernandez regards it as one of Molière's *chefs-d'œuvre*. Descotes does not rank it among the greatest from the point of view of the actor.

---

[2] R. Fernandez, *Vie de Molière*, Paris, Gallimard, 1929, p. 200.
[3] E. Soulié, *Recherches sur Molière et sa famille*, Paris, Hachette, 1863, p. 276.

Adam comments not altogether approvingly on the 'son nouveau' it introduces into Molière's comedy.[4] Gutwirth calls it 'cette œuvre insolite... qui ne respire guère l'indulgence'.[5] The words 'douloureux' and 'âpre' have more than once been applied to the play, and Jacques Copeau insisted on the 'réalisme un peu dur de la comédie', in particular the 'laconisme' of the ending. Here there are no consolation prizes to morality or sentiment, no comfort in defeat or frustration, such as can be derived from the more complex plots of *L'École des femmes* or *L'Avare*. The Planchon production was at pains to emphasize how solitary a figure was George Dandin as he soliloquized at the opening and close of the play; he emerged from deep shadow to utter his first eloquent meditation on 'une sottise la plus grande du monde', and faded back into a darkened stage after his final remark leaving the audience in gloom and uncertainty—an uncomfortable ending to a comedy.

The first question, then, that one must raise is that of the dénouement, and this one, with its apparent threat of suicide, must overshadow one's attitude to the play as a whole and especially to the character of George Dandin himself. How ought one to interpret it? It is true that the endings of other Molière plays, when not conventionally contrived, appear nonchalant, deflating, even abrupt (*Critique de l'École des femmes, Dom Juan, Misanthrope*). Ought one to take George Dandin's words seriously as a springboard into a new dimension? W. G. Moore himself was inclined originally to dismiss the question, though it cannot be 'beside the point'[6] for any producer or actor. There are, as always, two schools of thought on this controversial issue. It is interesting to note that when stern critics of the play like Bourdaloue[7] and Rousseau[8] deplored its nefarious influence they

---

[4] Op. cit., p. 370.

[5] M. Gutwirth, *Molière ou l'invention comique*, Paris, Minard, 1966, pp. 123, 126.

[6] W. G. Moore, *Molière: A New Criticism*, Oxford, Clarendon Press, 1949, p. 117.

[7] Bourdaloue, 'Sermon sur l'impureté', in *Sermons*, ed. G. Truc, Éditions Bossard, Collection des chefs-d'œuvre méconnus, Paris, 1921, p. 82.

[8] J.-J. Rousseau, *Lettre à Mr. d'Alembert sur les spectacles*, ed. Fuchs, Paris, T.L.F., 1948, p. 47.

were concerned not with the mortal sin of suicide, but with the more finite offences of adultery and social irresponsibility which in their eyes the play condoned. Gounod, on the other hand, when he toyed with the idea of setting this play to music, was clearly impressed with an ending he saw as tragic: 'le dénouement de *Georges Dandin* est un suicide... la dernière phrase de la pièce ne laisse aucun doute à cet égard'.[9] Without going as far as this, W. G. Moore has more recently suggested that, whether the suicide happens or not, Molière is here daring to raise what could be seen as the most serious of all philosophical questions, 'si la vie vaut ou ne vaut pas la peine d'être vécue', and that, though presented in a farcical context, we are invited to take the problem seriously.[10] Bray too sees this play as a 'peinture de mœurs qui tourne au drame' and interprets George Dandin's final words as a decision to commit suicide.[11] The temptation, then, at this point to 'hausser le ton', as Mornet saw and as the Planchon production demonstrated, is almost irresistible. However, one should remember that this option was hardly valid at the very first performance. Since on that occasion the play appeared as part of the *Grand Divertissement Royal*, George Dandin was finally drawn, willy-nilly, out of his despondency into the fantasy world of pastoral delights where Venus and Bacchus shared the honours equally. The court at any rate was left with the impression that George Dandin would in the event drown his sorrows only in wine.

It becomes, then, important to decide on the part played by the ballet element in the play. Are we to accept the view of Pellisson that it is the ballet that contains the dénouement of the play and that the function of this element was successfully to poeticize the harsh outlines of the story?[12] H. Prunières, more

[9] C. Gounod, 'Préface de la partition de *Georges Dandin*', *Revue et Gazette Musicale de Paris*, 42ᵉ année, no. 42, 17 octobre 1875, 332.

[10] W. G. Moore, *French Classical Literature, An Essay*, London, O.U.P., 1961, p. 99. His latest discussion reinforces this view. See *The Classical Drama of France*, London, O.U.P., 1971, p. 129.

[11] R. Bray, *Molière, homme de théâtre*, Paris, Mercure de France, 1954, pp. 312 and 255.

[12] M. Pellisson, *Les Comédies-ballets de Molière*, Paris, Hachette, 1914, pp. 66, 122.

interested in Lully's contribution to the fête than Molière's, takes an uncompromisingly opposite view: 'Nous sommes en présence de deux pièces juxtaposées, non d'une comédie-ballet.'[13] However, it needs only a little 'bonne volonté' to see the ballet interludes as a fittingly artificial antiphon to the farce. It is difficult not to think that Molière intended subtly to underline the cruel contrast between the extravagantly unreal antics of the lovelorn shepherds on the one hand and family life on the farm on the other. As the shepherds extol, with musical repetitiousness, the sadness of unrequited love or the pleasures of the pastoral life, the words take on a sadistic relevance as a wildly aberrant comment on the action just played out. Pellisson admits that Molière was using nothing new in these *divertissements*—they were stock themes previously exploited in royal entertainments. But here they may be seen to be worn with a difference, and the juxtaposition of these antithetical aspects intensifies the satirical impact yet at the same time the unreality of the whole. While Planchon's production chose to ignore the ballet's part in the ending, it is interesting that Planchon appears, as we have suggested, to attribute some importance to maintaining, though in a more up-to-date form, this element in the play as a whole. The association between the two disparate parts of the *divertissement* is certainly easier to see than the place of *Tartuffe* in *Les Plaisirs de l'Île enchantée*.

But however one attempts to justify this hybrid production, the appealing arguments for treating *comédie-ballet* as an original and homogeneous form developed by Molière in this case break down: for when the play moved to the Palais-Royal in November 1668 it was without benefit of ballet. Molière clearly could not afford to put on the public stage the lavish *divertissements* that royal patronage would encourage. (The cost, we know, of this one ran to 52,972 *livres*.) Nor did he think it necessary here; this play could stand alone or in the company of other plays, his own (*L'École des maris*), or others of different types, e.g. Rotrou's tragedy *Venceslas* or Subligny's satire *La Folle Querelle*. This suggests that for Molière himself, as most modern critics agree,

[13] H. Prunières, '*George Dandin* et le grand divertissement royal de Versailles', *Revue Musicale*, 15ᵉ année, 1934, 27–33.

the ballet was not specifically part of the ending—as it is in *Le Bourgeois gentilhomme*—or even of the fabric of the play, and represented a rather loosely connected if tongue-in-the-cheek repetition of previous *divertissements* which he was willing to shed when it suited him.

Without these trimmings, however, the final scene can seem bare and bewildering—were it not for the fact that George Dandin's last remark, 'lorsqu'on a comme moi épousé une méchante femme, le meilleur parti qu'on puisse prendre, c'est de s'aller jeter dans l'eau la tête la première', strikes a familiar chord. This observation is not simply a plain statement of intent or even opinion; it is a dictum that echoes down the centuries, in the ample literature devoted to the subject of 'le mal-marié'. It occurs notably in the prologue to the best-known version of the *Quinze Joyes de mariage*. Here the author quotes the recommendation of a so-called 'docteur Valere' to his recently married friend: 'Amy, dist-il, n'avez vous peu trouver une haulte fenestre pour vous lesser trebucher aval en une grosse riviere pour vous mectre dedans la teste la premiere.'[14] The sardonic reference, which goes back to Gautier Mape, is to be found in the *Roman de la Rose* (ll. 8727–44) alongside an adaptation of some lines from Juvenal's Sixth Satire (ll. 28–32) which are its starting-point. Here he asks his friend Postumus why he chooses to marry when there are other convenient and easy methods of committing suicide. Carrington Lancaster[15] suggests an immediate source nearer to Molière, Chappuzeau's *Avare duppé ou L'Homme de paille* of 1663, where the phrase occurs in a passage visibly inspired by Juvenal's attack on marriage:

> Hé Monsieur, si souvent vous passez le Pont Neuf,
> Avant que ce dessein prenne racine entiere
> Sautez du haut en bas la teste la premiere.   (Act I, sc. iii.)

One should see it, then, as a recurring jibe linking generations of

[14] *Les Quinze Joyes de mariage*, ed. Joan Crow, Oxford, Blackwell, 1969, p. 100, note on l. 47.

[15] H. Carrington Lancaster, *A History of French Dramatic Literature in the Seventeenth Century*, Baltimore, Johns Hopkins Press, 1929–42, Part III, vol. I, pp. 307–11.

anti-heroes, and George Dandin is emitting a 'phrase consacrée' with almost proverbial overtones. He becomes in this way not a solitary, near-tragic figure but one of many legendary characters whose example may be quoted, a member of an ancient club, resigned, wry, and inevitably a figure of fun. He can suitably be distracted by an invitation to join the dance; he can equally grumble to the audience in time-honoured terms. Molière is here ending his play on a very old if bitter joke, with its roots back in French literature and beyond—an anticlimax for an anti-hero. This may make the task of the actor and producer a little harder, but it is a problem that Molière himself, the comic actor *par excellence*, must have solved, perhaps with the help of his grotesquely elaborate costume.

This reading of the text also has the merit of leaving the character of George Dandin as we have found him throughout the play. The rueful philosopher who takes us into his confidence from the start, who comments lucidly on the misfortunes he cannot alleviate, too pusillanimous to protect his own property, vain enough to buy a wife as he would buy an expensive chattel and inefficiently aggrieved at his bad bargain, this figure remains intact to arouse a laughter which is strongly compounded with irritation if not contempt. The satire is directed, as elsewhere in Molière, not against a social system, but against individuals who have only their own stupidity to blame. 'Vous l'avez voulu', even in the mouth of George Dandin, becomes a near-stoic acceptance of responsibility, and makes more sense in the world of Molière's comedy.

The literary link of *George Dandin* specifically with *Les Quinze Joyes* is of course tenuous and, as is so often the case with Molière, can be no more than a hypothesis. But there is a similarity of tone and attitude in the two works in spite of the difference in genre and the lapse of time. One might compare, for example, with *George Dandin* (Act I. sc. vi) the brief sketch (in *Joye* v) of the infuriated husband who dares not lay a finger on his peccant wife because he fears reprisals from her kinsmen who are better born than he.[16] So too the desperate George Dandin at

---

[16] *Les Quinze Joyes de mariage*, ed. cit., p. 28.

the end of Act II who finds himself put in the wrong against all
reason is reminiscent of the husband in *Joye* XV who, having
caught his wife red-handed, as he thinks, is induced reluctantly
to doubt the evidence of his own eyes.[17] We have no evidence
that Molière knew *Les Quinze Joyes*, though there were several
Rosset editions available in Paris and Rouen in the early seventeenth century and it seems unlikely that this popular work did
not come his way. What is significant to note here, however, is
that this type of distant verbal reminiscence—whatever its origin
—is an important characteristic of Molière's use of language in
general. It can embrace not only styles and motifs, but phrases,
idioms, anecdotes from the widest variety of sources, commonplace or recondite, topical or literary, precious or provincial, so
that one is led to speculate not merely about the accuracy of his
dialecticisms, or use of theological or scientific terms, but whether
he had read Henri Estienne or Estienne Pasquier. Critics are still
uncovering the rich texture of his language, miraculously shot
through with unconsidered trifles that he has snapped up as
deftly as Autolycus from gossip or casual acquaintance, stories
about le père Joseph or Maurice de Nassau, or even obscure
characters like Palerne,[18] to add to the more obvious topical
allusions that Bray has summed up: 'le poète vit dans l'actualité'.[19]
More may yet remain to be done on the detail of Molière's language, and it is here that the live production of his plays can be
illuminating.

This quality of his language, its derivative and familiar overtones, is the same factor that critics have long recognized in the
larger study of sources. Dangerous, arid as an exercise as this may
seem, yet it teaches us that, like Shakespeare, Molière has the
ability to make use of any material that is to hand—not excluding
his own. *George Dandin* represents a revealing example of this
process of reworking—the reconstruction and indeed rethinking
of *La Jalousie du Barbouillé*.

This farce was hailed by Voltaire as 'un canevas quoique

[17] *Les Quinze Joyes de mariage*, ed. cit., p. 92.
[18] See P. d'Estrée, 'La Genèse de *Georges Dandin*', *Revue d'Histoire Littéraire de la France*, X, 1903, 637–45.   [19] Op. cit., p. 225.

informe du troisième acte de *Georges Dandin*', but in fact the relationships of the two plays appear a little more intricate. *La Jalousie*, a casual sketch of marital strife, is lavishly interwoven with the comic irrelevancies of a pedantic bore, 'le docteur'. One notes, however, the same opening gambit as in the later play, a soliloquy by the unfortunate husband railing against his flighty wife, called, as later, Angélique. The character of the misnamed Angélique is treated more lightheartedly, and her flirtation with Valère is brief and ineffective. This element is expanded considerably in *George Dandin*; it occupies, with multiple variations, a large part of three acts and leads more obviously to the climax, which is the same in both plays, i.e. Angélique, locked out of the house by le Barbouillé, lures him outside by threats of suicide and then changes place with him and exposes him to her family's censure. The characterization of le Barbouillé is of necessity more summary than that of George Dandin. He is less of a weakling and resists attempts to make him ask his wife's pardon for a fault he has not committed. His final state of impotent rage, 'Je suis dans une colère que je ne me sens pas', is masked by an ending that reintroduces the comedy of the 'doctorum eruditissimus'. But the faintly disturbing conception of the unmollified husband, 'Ah! que l'innocence est opprimée', is already present in this slighter and more dispersed action.

One sees, then, how Molière has, in the later play, eliminated extraneous comic features (le docteur) and concentrated on the subject of matrimonial discord. To the original situation of incompatibility of temperament, however, he has added the powerful and productive theme of misalliance, which has enabled him to increase the social import of the play. George Dandin's clashes with the Sotenvilles and Clitandre now give an extra dimension to the subject. The commonplace and borrowed elements, though clearly visible, take on a new significance and help to reveal the dramatist at his most controversial.

By and large we have not very much to add to Mesnard's examination of the antecedents of *George Dandin*; we are fully aware of the earlier exploitations of the theme in French or Italian literature. Later gleanings seem thin by comparison, though one hopes they may contribute to a more general appreciation of Molière's art. The delvings or good fortune of scholars may enable us in increasing measure to appreciate the skill with which Molière interweaves stories or jokes or themes already current in the language and literature of his time. The important fact that emerges from this intricate mosaic of a text, any one part of which may represent a *déjà-vu*, is that Molière uses this material to better advantage.

JOAN CROW

2. Sur l'occupation de la scène dans les comédies de Molière

IMAGINONS une pièce de théâtre dont la représentation prendrait quarante minutes, et qui comporterait trois scènes: la première, un monologue d'une durée de dix minutes; la seconde, à trois personnages, d'une durée de vingt minutes; la troisième, à cinq personnages, d'une durée de dix minutes. Il est possible de calculer l'occupation moyenne de la scène dans cette pièce, c'est-à-dire le nombre moyen des personnages qui sont en scène à chaque moment. Pour cela, il faut d'abord multiplier, pour chaque scène, la durée en minutes par le nombre de personnages, pour obtenir un certain nombre de minutes de présence; puis on additionnera les chiffres ainsi déterminés et on divisera ce total par le nombre de minutes que dure la représentation. Dans l'exemple considéré, les résultats seront les suivants:

$$
\begin{aligned}
&\text{sc. i} \ : 10 \times 1 = 10 \text{ minutes de présence} \\
&\text{sc. ii} : 20 \times 3 = 60 \quad \text{,,} \qquad \text{,,} \\
&\text{sc. iii} : 10 \times 5 = 50 \quad \text{,,} \qquad \text{,,} \\
&\overline{\text{Total} \quad 120} \quad \text{,,} \qquad \text{,,}
\end{aligned}
$$

Occupation moyenne (ou présence moyenne): 120/40, soit 3 personnages.

Ce chiffre, quelque abstrait qu'il soit, permet d'apprécier le caractère spectaculaire de la pièce en question. Il tombe en effet sous le sens qu'une pièce où cinq personnages en moyenne sont présents sur la scène représente un plus grand effort de spectacle qu'une pièce où ce chiffre est ramené à deux ou à trois.

C'est cette notion d'occupation moyenne de la scène qu'il nous a paru intéressant d'appliquer au théâtre de Molière, ne serait-ce que pour sortir des généralités et des imprécisions de l'analyse dramaturgique traditionnelle. Certes, nous ne nous dissimulons pas le caractère inachevé de ces recherches, ni non plus leur apparence un peu abstraite; telles quelles, nous pensons néanmoins qu'elles peuvent aider la réflexion critique, et qu'elles vont dans le sens de cette rigueur accrue que l'auteur de *Molière*. *A New Criticism* appelle de ses vœux.

Mais, dira-t-on, comment apprécier la longueur de chaque scène et de chaque pièce de Molière? La réponse est très simple: il suffit de remplacer la durée en minutes par le nombre de vers (ou de lignes) de chaque moment considéré, pour obtenir une indication approximative, certes, mais en gros utilisable.[1] Soit, par exemple, le premier acte de *Tartuffe*. On peut l'analyser ainsi:

sc. i : 170,5 vers × 6 personnages	· · ·	1023
sc. ii : 39,5 vers × 2 personnages	· · ·	79
sc. iii: 12,5 vers × 5 personnages	· · ·	62,5
sc. iv: 35,5 vers × 3 personnages	· · ·	106,5
sc. v : 168 vers × 2 personnages	· · ·	336
	Total	1607

Ce premier acte comptant au total 426 vers, l'occupation moyenne de la scène peut être estimée à: $\dfrac{1607}{426}$, soit environ 3,8.

Si l'on applique ce mode de calcul très simple, on peut dresser les tableaux suivants, où les chiffres moyens ont été légèrement arrondis pour éviter de tomber dans une précision mathématique qui n'aurait pas beaucoup de sens.[2]

I. PIÈCES EN UN ACTE

Titres	Coefficient d'occupation moyenne de la scène
Les Précieuses ridicules (1659)	4,3
Sganarelle ou le Cocu imaginaire (1660)	2,7
La Critique de l'École des femmes (1663)	4,8
L'Impromptu de Versailles (1663)	10,1
Le Mariage forcé (1664)[3]	2,2
Le Sicilien ou l'Amour peintre (1667)	4,3
La Comtesse d'Escarbagnas (1671)	5

[1] Pour les pièces en prose, les lignes incomplètes ont été comptées pour des lignes entières: il s'ensuit une légère majoration du coefficient d'occupation de la scène par rapport à celui des pièces en vers.

[2] Nous n'avons pas fait figurer dans ces tableaux *La Princesse d'Élide* et *Les Amants magnifiques*, pièces à grand spectacle composées pour les divertissements royaux, ni non plus *Psyché*, où la part de Molière est finalement assez faible.

[3] Rappelons que cette pièce a été d'abord écrite en trois actes, puis remaniée et

II. PIÈCES EN TROIS ACTES

Titres	Coefficient d'occupation de la scène			
	Acte I	Acte II	Acte III	Moyenne générale
L'École des maris (1661)	3,5	2,5	3,6	3,2
Les Fâcheux (1661)	2,4	2,3	2,6	2,4
Le Mariage forcé (1664)[3]	2,3	2,1	2,2	2,2
L'Amour médecin (1665)	2,9	3,8	4,1	3,6
Le Médecin malgré lui (1666)	2,7	4,8	3,4	3,6
Amphitryon (1668)[4]	2,1	3,1	3,9	2,8
George Dandin (1668)	3	2,8	4,2	3,3
Monsieur de Pourceaugnac (1669)[5]	3,3	3,1	2,5	3,5
Les Fourberies de Scapin (1671)	3,1	2,3	3,6	3
Le Malade imaginaire (1673)[6]	2,6	5,2	2,7	3,5

III. PIÈCES EN CINQ ACTES

Titres	Coefficient d'occupation de la scène					
	Acte I	Acte II	Acte III	Acte IV	Acte V	Moyenne générale
L'Étourdi (1653)	2,4	2,5	2,2	2,2	3,2	2,5
Le Dépit amoureux (1655)	2,7	2,3	2,4	2,8	4,7	2,9
Dom Garcie de Navarre (1661)	3	2,3	2,7	3,1	4	3
L'École des femmes (1662)	2,1	2,1	2	2	3,6	2,4
Tartuffe (1664)	3,8	2,7	2,4	3,1	7,2	3,8
Dom Juan (1665)	2,3	3,1	2,7	4,1	2,4	3
Le Misanthrope (1666)	2,4	3,2	2,1	2,3	4,4	2,9
L'Avare (1668)	2,4	2,1	6,3	2,7	6,8	4
Le Bourgeois gentilhomme (1670)[7]	6,6	4	4	4,7	4,8	4,5
Les Femmes savantes (1672)	2,2	2,8	6,2	3,7	6,5	4,3

Le premier enseignement que nous fournissent ces tableaux pourrait se formuler ainsi: du début à la fin de sa carrière, Molière

réduite en un acte en 1668. Nous avons conjecturé l'occupation de la scène dans la version en trois actes d'après le livret anonyme publié chez Ballard en 1664.

[4] Moins le prologue.
[5] Moins les divertissements qui terminent chaque acte (I. x et xi; II. xi; III. viii).
[6] Moins le prologue et les intermèdes qui terminent chaque acte.
[7] Moins les ballets.

C

s'est attaché à augmenter sensiblement l'occupation moyenne de la scène; cela est vrai pour toutes les catégories de pièces qu'il a fait représenter.

Pour les pièces en un acte, si l'on excepte les deux œuvres d'un genre très particulier que sont *La Critique de l'École des femmes* et *L'Impromptu de Versailles*,[8] on constate un progrès évident: *Le Sicilien ou l'Amour peintre*, avec huit personnages seulement, offre une occupation moyenne égale à celle des *Précieuses ridicules* avec leurs quatorze personnages; *La Comtesse d'Escarbagnas*, avec dix personnages, a un coefficient qui est presque le double de celui de *Sganarelle ou le Cocu imaginaire*.

Quant aux pièces en trois actes, on perçoit, à partir de *L'Amour médecin*, un effort très net pour maintenir l'occupation de la scène à une moyenne relativement élevée: après 1665, le seul *Amphitryon* présente un coefficient inférieur à 3.

Mais c'est surtout dans les comédies en cinq actes que s'affirme cette tendance à 'meubler' de plus en plus la scène. Des quatre premières comédies qui vont jusqu'à *L'École des femmes*, seul *Dom Garcie de Navarre* atteint une occupation moyenne de 3 personnages. Les trois pièces suivantes, de *Tartuffe* au *Misanthrope* offrent déjà un progrès assez net sous ce rapport. Et les trois dernières, *L'Avare*, *Le Bourgeois gentilhomme* et *Les Femmes savantes*, possèdent toutes un coefficient supérieur à 4, qui n'avait jamais été observé auparavant.

Cette augmentation du nombre moyen des personnages en scène traduit une recherche croissante du spectacle qui n'est pas pour nous surprendre: elle correspond à plusieurs constatations que nous avons déjà formulées ailleurs, et qui vont dans le même sens. Par exemple, il est remarquable que le nombre des monologues ne cesse de diminuer du début à la fin de la carrière de Molière;[9] et, parallèlement, on peut souligner les efforts faits par le poète pour alléger les tirades volumineuses et donner plus de

---

[8] '... Une dissertation que j'ai faite en dialogue...': ce mot de Molière à propos de *La Critique de l'École des femmes* peut aussi s'appliquer à *L'Impromptu de Versailles*.

[9] Voir: 'Les Monologues, les acteurs et le public en France au XVIIe siècle' dans: *Dramaturgie et société*, Paris, éd. du C.N.R.S., 1968, I. 252 et seq.

mouvement et plus de rapidité à son dialogue.[10] Ajoutons ici, pour être tout à fait exact, que cet accroissement du nombre moyen des personnages en scène correspond aussi, dans la carrière de Molière, à une prospérité matérielle plus marquée et à un accroissement du nombre des acteurs composant sa troupe: il est évidemment plus aisé de mettre beaucoup de monde sur la scène quand on dispose d'une troupe étoffée et qu'on n'est plus obligé, comme dans Les Fâcheux, de tenir à soi seul plusieurs rôles!

Mais le coefficient d'occupation moyenne de la scène devrait aussi, à notre sens, constituer un nouvel instrument d'analyse dramaturgique. Indiquons en deux mots comment.

En premier lieu, les tableaux II et III ci-dessus nous conduisent à distinguer, dans les pièces en trois ou en cinq actes, deux types d'actes assez différents: les actes d'intrigue ou d'analyse, où le nombre moyen des personnages en scène est peu élevé — disons inférieur à 3 —, et les actes de décision ou de spectacle, où ce nombre moyen dépasse 3. Ainsi, dans Tartuffe, on compte trois actes de spectacle (I, IV et V) contre deux d'analyse ou d'intrigue (II et III); Le Misanthrope fournit deux actes de spectacle (II et V) et trois d'analyse (I, III et IV); L'Avare, de même, deux actes de spectacle (III et V) et trois d'analyse ou d'intrigue (I, II et IV)...

En second lieu, il faudrait noter que le premier acte, nécessairement consacré, au moins en partie, à l'exposition, est rarement un acte de spectacle; mais certaines pièces font exception à la règle, et contiennent un premier acte où le coefficient d'occupation moyenne de la scène est supérieur à 3: ce sont L'École des maris, Monsieur de Pourceaugnac, Les Fourberies de Scapin, et surtout Tartuffe et Le Bourgeois gentilhomme. Il y a là une ressemblance qui n'est peut-être pas toujours fortuite: d'un côté, trois pièces fortement intriguées, où il s'agit d'attacher le spectateur, dès le début, par le mouvement et la belle humeur; de l'autre, deux pièces où il convient de bien préciser qu'on ne s'en prend pas aux vrais dévots ni aux bons bourgeois, mais aux hypocrites et aux parvenus.

[10] Voir mon livre: La Fantaisie verbale et le comique..., Paris, A. Colin, 1957, pp. 262–9.

En allant un peu plus loin, on pourrait déceler un certain nombre de parentés secrètes, quant à l'occupation moyenne de la scène, entre telle et telle pièce. Par exemple, *L'École des maris*, *George Dandin* et *Les Fourberies* présentent tous trois, au sens que nous venons de donner à ces mots, un premier acte de spectacle, un second acte d'intrigue ou d'analyse, un troisième acte de spectacle. A l'inverse, *Le Médecin malgré lui* et *Le Malade imaginaire* offrent un seul acte de spectacle, le deuxième, encadré par un premier et un troisième acte où l'occupation de la scène est assez faible.

Si on se tourne maintenant vers les grandes comédies, plusieurs rapprochements s'imposent à l'esprit:

— *L'Étourdi*, *Le Dépit amoureux* et *L'École des femmes* sont organisés suivant le même schéma de quatre actes d'intrigue ou d'analyse précédant un dernier acte de spectacle: ce sont, au moins pour la structure, trois pièces de début.

— *Dom Garcie de Navarre* et *Tartuffe* débutent semblablement par un acte de spectacle; puis viennent, dans les deux pièces, deux actes d'intrigue ou d'analyse, et enfin deux derniers actes de spectacle. (A ce schéma correspond aussi celui du *Bourgeois gentilhomme*, où les actes les plus chargés de personnages sont également le 1er, le 1ve et le ve).

— *L'Avare* et *Les Femmes savantes* offrent pareillement un 111e et un ve acte particulièrement spectaculaires (ce sont les seuls, dans chaque cas, où notre coefficient dépasse le chiffre très élevé de 6): il me semble que Molière, parvenu à la pleine maturité de son génie, tend à diviser ses grandes comédies en deux mouvements principaux, les trois premiers actes, d'une part, les deux derniers, de l'autre, chacun de ces mouvements se terminant par un acte particulièrement spectaculaire ou important.

Je serais enfin tenté de comparer, du point de vue où nous nous sommes placé ici, les comédies de Molière et les tragédies de Corneille ou de Racine. Certes, les personnages en scène sont forcément moins nombreux dans une tragédie que dans une comédie: la nature même de la tragédie psychologique impose des confrontations plus intimes et plus secrètes, et donc moins de spectacle extérieur. Mais il n'en est pas moins suggestif de risquer certains rapprochements.

On découvrira alors, par exemple, que le schéma d'occupation de la scène dans *Le Misanthrope* est très voisin, *mutatis mutandis*, de celui que l'on observe dans *Polyeucte* de Corneille, dans *Cosroès* de Rotrou, ou dans *Phèdre* de Racine:

	Coefficient d'occupation de la scène					
	Acte I	Acte II	Acte III	Acte IV	Acte V	Moyenne générale
Le Misanthrope	2,4	3,2	2,1	2,3	4,4	2,9
Polyeucte	2,6	2,9	2,3	2,5	3,6	2,8
Cosroès	2,3	3	2,1	2,3	4,2	2,9
Phèdre	2,1	2,7	2,3	1,9	3	2,4

On verra aussi que *Dom Juan* est la seule de toutes les pièces de Molière à présenter, au Ve acte, un coefficient d'occupation nettement inférieur à la moyenne générale de la pièce — comme *Andromaque* dans le théâtre de Racine:

	Coefficient d'occupation de la scène					
	Acte I	Acte II	Acte III	Acte IV	Acte V	Moyenne générale
Dom Juan	2,3	3,1	2,7	4,1	2,4	3
Andromaque	2,9	2,4	2,7	2,6	2,1	2,6

Ou encore que *L'École des femmes* et *Bérénice* ont exactement la même moyenne générale, mais que, pour les trois premiers actes, le coefficient de *L'École des femmes* est inférieur à celui de *Bérénice*:

	Coefficient d'occupation de la scène					
	Acte I	Acte II	Acte III	Acte IV	Acte V	Moyenne générale
L'École des femmes	2,1	2,1	2	2	3,6	2,4
Bérénice	2,4	2,5	2,8	2	2,6	2,4

On remarquera aussi que deux pièces de Molière, qui ont un dénouement très proche de celui d'une tragédie, présentent un coefficient d'occupation sans cesse en diminution dans la ou les dernières scènes du ve acte: c'est le cas de *Dom Juan* et du *Misanthrope*. Une telle 'désertion' de la scène évoque curieusement celle que l'on observe à la fin d'*Andromaque* ou de *Bajazet*.

Telles sont les modestes constatations que je dédie aux savants, et d'abord au sage qui a si bien concouru à renouveler la critique moliéresque. Je serais heureux si, tout imparfaites qu'elles sont, ces ébauches donnaient une idée des recherches patientes et minutieuses qui restent à entreprendre sur le texte même de Molière.

ROBERT GARAPON

3. Les Trois Niveaux critiques des *Amants magnifiques*

Si l'on en croit l'avant-propos des *Amants magnifiques*, le point de départ de la pièce est une idée de spectacle proposée, imposée à Molière par le roi lui-même: il s'agissait de donner à la cour, pour le Carnaval de 1670, 'un divertissement qui fût composé de tous ceux que le théâtre peut fournir'. Simple mais logique, la royale imagination avait conçu, 'pour embrasser cette vaste idée et enchaîner ensemble tant de choses diverses', la rivalité de deux princes 'qui régalent à l'envi une jeune princesse et sa mère de toutes les galanteries dont ils se peuvent aviser'. En soi cette conception est ingénieuse, car elle permet d'insister au second degré sur l'usage de ce qu'on appelait le 'régale' (c'est-à-dire la partie de plaisir présentée comme cadeau), tout en le dramatisant par un conflit amoureux. Admettons que la suggestion de Louis XIV se soit arrêtée à ce point, à cette idée du régale dans le régale: il est évident que le produit final, tout en respectant la donnée initiale, dépasse celle-ci et la charge de significations dramatiques et dramaturgiques que l'avant-propos ne laisse pas deviner.

Les commentateurs de la pièce, le plus souvent fort réticents en ce qui concerne la valeur littéraire de l'œuvre,[1] n'ont pas

---

[1] Beaucoup d'entre eux usent du ton 'pauvre Molière!' Parmi les notices des éditions de l'œuvre complet, celles qui présentent les arguments les mieux fondés pour louer quelques qualités de notre comédie se trouvent au septième tome des *Œuvres de Molière*, présentées par E. Despois et P. Mesnard, Paris, Hachette, 1882, et dans le troisième volume des *Œuvres complètes de Molière*, présentées par R. Bray et J. Scherer, Paris, Le Club du meilleur livre, 1956. Entraîné par son enthousiasme d'homme de théâtre, qui lui a permis d'ailleurs de sympathiser avec la joie de l'animateur à qui on a donné la permission de jongler avec toutes les possibilités d'un spectacle, Jacques Copeau n'a pas hésité à suggérer une 'parenté naturelle' entre certaines scènes des *Amants* et *Twelfth Night* (*Œuvres de Molière*, VII, Paris, La Cité des livres, 1930). Le plaidoyer de Gonzague Truc ('Molière méconnu: *Les Amants magnifiques*', *La Revue Bleue*, 18 mars, 1922, 181–3) représente un noble effort.

manqué de souligner l'introduction dans la comédie proprement
dite de l'astrologue Anaxarque, avec le débat typiquement moliéresque que provoque sa fausse science, l'importance donnée au
'plaisant de cour' Clitidas, et surtout le détournement et l'en-
richissement du conflit amoureux grâce à la présence d'un troisième rival, Sostrate, qui semble d'abord condamné au silence
et voué à l'échec à cause de 'la bassesse de sa fortune'. De fait,
ces ajouts au schéma premier ne prennent tout leur sens que si on
les maintient dans un rapport étroit avec l'idée de base du divertissement et du spectacle-cadeau.

Il est permis, comme première démarche, de distinguer entre les
intermèdes ou spectacles qui interviennent à points nommés et les
moments de dialogue dynamique de l'intrigue comique. En quelque sorte quantitativement, ce sont certes les premiers qui l'empor-
tent; ce sont eux qui ont retenu toute l'attention et provoqué
l'admiration de la cour et des gazetiers; ce sont eux enfin, alors que
la comédie proprement dite est passée sous silence et sera oubliée,
qui seront repris dans d'autres fêtes et pots-pourris spectaculaires.[2]
Or, déjà sur ce plan-là, on s'aperçoit vite que Molière a donné
une orientation toute particulière à ce qu'on lui commandait.

L'avant-propos ne mentionnait que les régales offerts par les
deux princes rivaux. L'œuvre de Molière en comporte seulement
trois: le Premier Intermède, prologue marin, fête nautique et
mythologique, cadeau du prince Iphicrate; le Troisième Intermède, à la fin du deuxième acte, petit opéra pastoral, cadeau du
prince Timoclès; et le Quatrième Intermède, à la fin du troisième
acte, danse de statues dans une grotte architecturale, cadeau de…
on ne sait trop qui. Nous mettons un peu à part le finale, Sixième
Intermède 'qui est la solennité des Jeux Pythiens', parce qu'il s'agit
là d'une institution — imaginaire en dehors de l'univers de la pièce

---

[2] Lors de la reprise des *Amants* en 1954, à la Comédie-Française, le spectacle,
cherchant à rivaliser avec *Les Indes galantes* recréées à l'Opéra de Paris, éblouissait
par sa magnificence et offrait un Clitidas remarquable, interprété par Robert
Hirsch qui avait trouvé une des notes justes, entre autres possibilités, pour le rôle
du plaisant. Toutefois, prenant des libertés avec les Intermèdes et remplaçant
certains d'entre eux par des dramatisations mimées de fables de La Fontaine,
cette mise en scène détruisait pour l'ensemble l'équilibre critique qui est le sujet
du présent essai.

— et non d'un cadeau. Nous pouvons néanmoins l'associer aux trois vrais régales, dans la mesure où l'avant-propos fait allusion à ces Jeux, qu'on aurait célébrés dans la Vallée de Tempé.

Mais l'œuvre présente aussi d'autres genres de spectacles, qui ne viennent directement ni des princes ni de la donnée initiale. Ce sont d'une part les numéros d'une petite troupe de 'Pantomimes' (c'est-à-dire de mimes) que Cléonice, confidente de la jeune princesse Ériphile, fait recevoir par sa maîtresse. Leurs ballets constituent le Second Intermède, à la fin du premier acte, et le Cinquième Intermède, à la fin du quatrième acte. D'autre part, on assiste une fois à un spectacle grandiose qui n'est pas de l'ordre du divertissement pour les personnages de la pièce: l'apparition, au cours du quatrième acte, d'un *deus*, ou plutôt d'une *dea ex machina*, nommément Vénus, qui descend du ciel entourée d'Amours et prononce un oracle dont dépendra ironiquement le dénouement de la comédie.

Pantomimes mises à part, puisqu'elles sont un nouveau jeu 'à la muette', différent à la fois de la danse et de la tradition italienne, on sait que les spectacles des *Amants magnifiques* sont puisés dans un répertoire qui remonte aux Festivals des Médicis et se retrouve de divertissement en divertissement au cours du règne de Louis XIV.[3] Les décors mêmes font partie d'un arsenal de convention: rivage rocheux, forêt, grotte, amphithéâtre. Dans une large mesure, on a donc affaire ici à un ensemble de *shows* prévisibles, rassurants comme les numéros de revues à grand spectacle des années 30 de notre siècle, à des tableaux animés et musicaux qui provoquent le plaisir du spectateur essentiellement par l'ingéniosité des machinistes et par la splendeur de la mise en scène — sans oublier le talent du compositeur éventuel, dans le cas présent Lulli. A la fois la *Gazette de France* et Robinet nous apprennent que le Divertissement Royal de février 1670 fut à cet égard une réussite et dépassa tout ce qu'on avait vu jusqu'alors

> Pour divertir en ce temps-ci,
> Où l'on met à part tout souci,
> La cour du plus grand Roi du monde.

[3] Voir Marie-Françoise Christout, *Le Ballet de cour de Louis XIV*, Paris, Picard, 1967.

Pour nous, l'intérêt de l'ensemble du Divertissement de 1670 réside moins dans la surenchère de luxe à l'intérieur du déjà-vu — surenchère dont évidemment nous ne pouvons plus être témoins — que dans les lumières sporadiques que les bribes de théâtre parlé, inventées par Molière, jettent sur cette conception du spectacle. La comédie proprement dite, c'est vrai, sert de prétexte aux moments spectaculaires. Mais aussi, bien que les contemporains ne s'en soient pas aperçus à notre connaissance, elle juge ces moments, elle les situe dans une hiérarchie du sérieux et du frivole; elle les démystifie, avec prudence, certes, mais aussi de façon subtile et fort variée.

Par rapport à cette fête, il est intéressant de considérer l'attitude des personnages que l'on peut constituer comme 'réels' à l'intérieur de la fiction. Parmi ceux-ci, la princesse-mère Aristione est un cas de choix, car elle est la voix de l'enthousiasme. Voici en quels termes elle s'adresse au prince Iphicrate pour le remercier de la fête marine sur laquelle s'est ouverte la pièce:

> Prince, je ne puis me lasser de le dire, il n'est point de spectacle au monde qui puisse le disputer en magnificence à celui que vous venez de nous donner. Cette fête a eu des ornements qui l'emportent sans doute sur tout ce que l'on saurait voir, et elle vient de produire à nos yeux quelque chose de si noble, de si grand et de si majestueux, que le Ciel même ne saurait aller au delà, et je puis dire assurément qu'il n'y a rien dans l'univers qui s'y puisse égaler.

Il serait difficile d'aller plus loin dans l'hyperbole — hyperbole, incidemment, que la princesse semble dicter à la *Gazette* et à Robinet. De façon analogue, la saison suivante, dans le Ballet des Nations qui clôt *Le Bourgeois gentilhomme*, danseurs et chanteurs applaudiront — s'applaudiront — en chantant à l'unisson:

> Quels spectacles charmants, quels plaisirs goûtons-nous!
> Les Dieux mêmes, les Dieux n'en ont point de plus doux.

Dans les deux cas, ces remarques extatiques ont une double fonction: d'une part, elles glorifient la fête; de l'autre, elles en affirment le caractère purement humain. Coupées des merveilles surnaturelles, les œuvres humaines jouissent même d'une défini-tive supériorité sur celles-ci. Les divinités du prologue des *Amants magnifiques* provoquent le comble de l'émerveillement parce qu'elles sont des fabrications théâtrales. Les personnages de la comédie sont les premiers à rappeler constamment qu'ils sont les spectateurs d'une fiction. On n'a pas vu de Dieux, mais des acteurs payés par les princes, et puis le roi lui-même en costume de Neptune.

Le personnage d'Aristione nous donne l'indication d'une seconde étape dans la prise de position en face des grands spec-tacles baroques. Disons naïvement que, de merveille en merveille, la princesse-mère se fatigue. Les remerciements qu'elle adresse à Timoclès après le régale du petit opéra pastoral marquent un net recul sur l'hyperbole que nous venons de citer:

> Les mêmes paroles toujours se présentent à dire, il faut toujours s'écrier: 'Voilà qui est admirable, il ne se peut rien de plus beau, cela passe tout ce qu'on a jamais vu.'

Et reprenant le mot de 'bagatelles' par lequel Timoclès a désigné son cadeau, elle ajoute: 'Des bagatelles comme celles-là peuvent occuper agréablement les plus sérieuses personnes.' Enfin, au début du quatrième acte, après la danse des statues, elle se borne à remarquer: 'De qui que cela soit, on ne peut rien de plus galant et de mieux entendu.'

A la lassitude marquée d'Aristione correspond la fin des régales offerts par les princes. Les spectacles qui suivront — même si le premier est un stratagème qui doit servir un des rivaux — ne sont plus des cadeaux des princes: apparition de Vénus, ballet des Pantomimes, Jeux Pythiens.

Quel effet ont en outre produit les régales sur le personnage qu'ils ont pour but de conquérir, la jeune princesse Ériphile? A vrai dire, bien mince. Ériphile n'apparaît qu'à la dernière scène du premier acte, n'a pas participé aux remerciements adressés à Iphicrate, annonce qu'elle recherche la solitude pour 's'entretenir avec ses pensées'. Elle assiste devant nous à l'opéra pastoral de la fin du deuxième acte, mais ce n'est que poussée par sa mère qu'elle consent à exprimer sa reconnaissance en une formule brève et qui l'engage peu: 'J'en ai, Madame, tout le ressentiment qu'il est possible.' Ces absences et cette tiédeur d'Ériphile sont justifiées par le fait qu'en secret le cœur de la princesse aime ailleurs. Mais aussi, l'effet produit est celui d'une mise en question du genre de spectacle offert par les princes: si enchanteurs que soient de tels divertissements, éphémères et ostentatoires ils ne sauraient véritablement 'divertir' un cœur de son authentique passion.

Par l'intermédiaire d'Ériphile, en outre, une hiérarchie est établie entre les spectacles, au dépens des merveilles organisées par les princes. Car la princesse n'est pas hostile à tout divertissement. En effet, après avoir assisté au premier ballet des Pantomimes, elle accepte avec plaisir de recevoir ceux-ci à son service, et s'écrie: 'Voilà qui est admirable! Je ne crois pas qu'on puisse mieux danser qu'ils dansent, et je suis bien aise de les avoir à moi.' Le livret reste vague sur ce premier numéro, et se contente de dire que les mimes 'expriment par leurs gestes toutes sortes de choses'. Mais à la fin du quatrième acte, l'indication concernant leur second ballet est plus précise: les mimes, 'pour épreuve de leur adresse, ajustent leurs gestes et leurs pas aux inquiétudes de la jeune Princesse'. La préférence d'Ériphile pour cet art nouveau n'est pas sans analogie avec celle que, dans *La Critique de l'École des femmes*, Dorante marquait pour la Comédie: ici, aux régales des princes, dans lesquels 'une imagination [d'ailleurs fort conventionnelle]... se donne l'essor, et... laisse le vrai pour attraper le merveilleux', s'oppose l'art des Pantomimes dont le but est de 'peindre d'après nature'.

Il convient à ce point de souligner la place toute spéciale qu'occupe le second numéro des mimes dans l'ordre des spectacles de la pièce. Le dernier régale baroque a été donné à la fin du troisième acte. Le spectacle central du quatrième acte est celui de la Vénus *ex machina*. Or c'est le seul spectacle qui ne soit pas d'avance présenté comme un artifice théâtral, un jeu, une fête organisée par les hommes. Pendant quelques minutes le spectateur réel peut croire que, dans l'univers de la pièce, il y a véritablement intervention du surnaturel. De fait, ce bref instant d'illusion baroque ne nous est accordé que pour être plus brutalement anéanti; dès le départ d'Aristione, frappée de terreur sacrée, l'apparition divine est décrite en détails comme machination mensongère par son instigateur même, l'astrologue Anaxarque. Il nous apprend qu'un

> admirable ingénieur... a si bien disposé tout, a coupé avec tant d'adresse le plancher [= le plafond] de cette grotte, si bien caché ses fils de fer et tous ses ressorts, si bien ajusté ses lumières et habillé ses personnages, qu'il y a peu de gens qui n'y eussent été trompés (IV. iii).

Aristione et Ériphile croient, semble-t-il, jusqu'à la fin de la pièce à la divine apparition. Pour nous, l'effet est triple: d'abord émerveillement et illusion, ensuite détournement de l'admiration vers l'extraordinaire technique des ingénieurs et machinistes, enfin jugement où un peu de morale se mêle à l'esthétique. Car enfin l'événement le plus miraculeux de cette comédie est à la fois le plus admirable et le plus frauduleux. Il doit servir de point de départ à un scénario où de faux pirates simuleront un faux enlèvement de la princesse-mère, ce qui permettra à Iphicrate de livrer un faux combat au cours duquel, faussement, Aristione sera sauvée. Si les choses s'étaient passées ainsi dans la suite de la pièce, cette dernière eût été le triomphe d'un certain genre de tromperie théâtrale liée à l'imposture morale.[4]

Or l'orientation que Molière a donnée à l'ensemble du Divertissement consiste précisément à bien nous mettre en garde contre la croyance naïve aux merveilles qui d'ailleurs ont le droit de nous éblouir si nous sommes en connaissance de cause, et à substituer à des frivolités illusoires, qui peuvent aller jusqu'à la fraude, des valeurs et des réalités plus solides — tout cela, bien entendu, à l'intérieur du théâtre lui-même. La séquence des scènes ii, iii, iv et v du quatrième acte en est l'illustration. On y passe de l'explication du mécanisme tout artisanal qui produit les enchantements

---

[4] Double jugement d'ailleurs porté d'avance, dès la deuxième scène du premier acte, par Clitidas-Molière dans l'insolente et proverbiale remarque adressée à Anaxarque: 'Il est bien plus facile de tromper les gens que de les faire rire.' On a fait grand cas de cet aphorisme. De première importance pour le corpus moliéresque, il n'est pas néanmoins tout à fait au centre de la critique contenue dans *Les Amants magnifiques*.

scéniques à un dialogue qui vient du cœur entre Ériphile et Sostrate (il conviendra bientôt de voir comment ce dialogue est aussi mis en question), pour aboutir à une fin d'acte où est valorisé un nouveau genre de spectacle fondé sur l'extériorisation et l'imitation exacte de sentiments élémentaires et fort humains.

On voit quelles premières conclusions peuvent être tirées d'un examen de cette pièce. Tout en jouant le jeu et gardant à la fête de cour ses prestiges, Molière se livre à une sorte d'exercice critique. Jean Rousset, à propos du *Bourgeois gentilhomme*, a défini l'attitude que nous suggérons ici comme 'un refus exprès ou sournois de se laisser prendre au merveilleux du spectacle, qui fait de la fête moliéresque une comédie critique de la fête et du théâtre, un dévoilement de l'envers de l'enchantement par le démontage des mécanismes'.[5] On peut ajouter que dans le cas présent, Molière en outre propose en quelque sorte une substitution pour le plaisir des yeux: aux grandes machines fantastiques, il nous invite à préférer, grâce à la gestuelle de quelques mimes, un miroir fidèle de la nature humaine.

Mais il y a plus. Les spectacles enchanteurs sont situés à leur juste place dès le début de la pièce par la conception de deux personnages qui s'imposent: le Roi, être réel, et le général Sostrate, véritable jeune premier de la comédie qui fait passer au second plan les deux héros supposés par le canevas initial. A cet égard, la structure du Premier Intermède et son lien avec la première scène de l'acte I sont fort significatifs.

Bien que les documents et la tradition nous renseignent suffisamment sur le décor marin, nous avons peu d'idées sur la mise en scène du prologue. Toutefois, la situation y est claire: Iphicrate a invité Aristione et sa fille Ériphile à assister à un spectacle mythologique, peuplé de pêcheurs de corail, de Tritons, d'Amours, de dieux fluviaux et de divinités individualisées, telles qu'Éole et Neptune. Or, jusqu'à l'entrée de Neptune, la fête marine n'est rien de plus que la mise face à face de deux groupes d'êtres fictifs (les princesses, au premier degré; les divinités, au second) qui se regardent, et s'admirent mutuellement. Les acteurs

---

[5] *L'Intérieur et l'extérieur*, Paris, Corti, 1968, p. 180. Le présent essai doit beaucoup à certaines remarques de J. Rousset.

engagés par Iphicrate sont constitués en spectateurs des princesses spectatrices. Mise à part l'importante supériorité accordée aux personnages 'réels' sur les personnages imaginaires ('La plus belle des Immortelles, / Notre mère, a bien moins d'appas', chante un Amour), l'échange de regards éblouis aboutit à une circularité sans issue. Cette immobilisation futile est brisée par l'apparition de Neptune. Les regards réciproques des princesses et des acteurs de la fête cessent de s'échanger pour se concentrer sur le 'noble spectacle qui s'avance', nommément Louis XIV. Foyer des regards des spectateurs réels, des spectateurs fictifs et des acteurs de l'Intermède, lui ne regarde rien : il s'exhibe et se décrit, en cinq quatrains composés de nobles alexandrins et dominés par le pronom de la première personne. Il importe fort peu que ces vers soient un pastiche de Bensserade et du coup nécessairement fades, car, selon l'usage, le Roi ne les disait pas : il apparaissait, dansait son personnage, et les spectateurs le regardaient d'un œil tout en lisant de l'autre, si l'on peut dire, les vers sur le livret du Divertissement. Ce qui compte, c'est que la présence sur scène du royal donateur est un rappel fort net à l'ordre de la réalité. Le rôle de Neptune n'est pas un masque sous lequel le Maître disparaît ; c'est bien plutôt une métaphore parfaitement transparente de son pouvoir en ce monde.[6] L'admiration que l'on doit au divertissement offert ne saurait faire oublier les vraies valeurs, c'est-à-dire la personne du Roi, sa puissance, sa justice et sa constance : ce sont là ses dons sérieux, qui transcendent infiniment la somptueuse 'bagatelle' offerte à l'occasion du Carnaval.

Quand la comédie proprement dite commence, c'est à l'intérieur de la fiction elle-même qu'une hiérarchie est établie entre le grand spectacle enchanteur et vide, et un art moins frivole.

---

[6] Louis XIV fut bien différent de l'enfant Septentrion qui, en quelques jours, dansa, plut, et mourut. En tout cas, *Les Amants* marquent la fin de son histrionisme, du moins sur scène. Peut-être même n'y a-t-il pas joué son double rôle de Neptune et d'Apollon ; peut-être aussi y a-t-il dansé, pour la dernière fois, à la première représentation du Divertissement. Mais que le Roi se soit produit sur scène ou non, le livret interdit l'illusion : toute 'doublure' représente, non un dieu de ballet mythologique, mais bien évidemment le Roi s'amusant, pour le Carnaval, à transparaître à travers les oripeaux somptueux et traditionnels de ce dieu. On pourrait épiloguer sur ce théâtre tout personnel et narcissique, où le monarque se plaît à se regarder faire la mascarade par personne interposée...

Dès le début de la scène première, l'intérêt est porté sur un personnage qui n'était pas vraiment prévu au programme, qui a refusé d'assister à la fête, et préfère se cacher dans les forêts pour plonger à l'intérieur de lui-même. Sostrate, certes, nous l'apprendrons vite, est la proie d'un grave souci: général sans naissance et sorti du rang, il est amoureux de la princesse Ériphile à la main de laquelle il ne saurait prétendre. Mais aussi son manque d'intérêt pour les grands divertissements est fondé sur un jugement qui n'est pas nécessairement lié à sa préoccupation particulière: 'Je me figure assez, sans la voir, cette magnificence', répond-il à Clitidas qui lui reproche d'avoir manqué une aussi belle fête. Un peu plus tard, il ajoute: 'J'avoue que je n'ai pas naturellement grande curiosité pour ces sortes de choses.' Compte tenu de la mauvaise foi de l'amoureux qui trouve des échappatoires pour ne pas révéler la raison de son comportement anormal, il n'en reste pas moins que ce premier dialogue entre personnages 'réels', de fait entre le jeune premier héroïque et le bouffon lucide, relègue au second plan les enchantements de la fête spectaculaire, les taxe de déjà-vu, les constitue en objet de goût acquis et non naturel, et prépare le spectateur pour un genre de théâtre relativement moins artificiel et moins vide.

Très habilement, ce détournement du spectacle pur vers ce que nous appellerons pour le moment comédie psychologique, Molière l'opère en jouant sur le motif du regard. C'est en effet dans les yeux de Sostrate que Clitidas prétend lire le nom de l'objet aimé:

> J'ai [la science] de lire dans les yeux le nom des personnes qu'on aime. Tenez-vous un peu et ouvrez les yeux. É, par soi, É; r, i, ri, Éri; p, h, i, phi, Ériphi; l, e, le: Ériphile. Vous êtes amoureux de la Princesse Ériphile.

Ainsi, grâce à une plaisanterie de Clitidas, on passe du *show* à la comédie. L'œil n'est pas seulement fait pour absorber les merveilles, il est moyen de communication. Certes, c'est ici glisser d'une convention à une autre; mais la seconde est plus complexe, et introduit le drame. Les yeux d'Ériphile imposent à Sostrate un respect silencieux, mais ceux de Sostrate 'parlent' le langage de l'amour désespéré. Un drame comique est véritablement lancé quand Sostrate en arrive à cette décision qui est le comble du conflit entre une passion et un code et qui résume le paradoxe précieux par excellence:

> Laissons-la [Ériphile], Clitidas, laissons-la voir, si elle peut, dans mes soupirs et mes regards l'amour que ses charmes m'inspirent; mais gardons bien que, par nulle autre voie, elle en apprenne jamais rien.

Notre propos n'est pas de rabâcher des généralités sur un poncif d'époque, lequel est trop devenu le poncif de la critique du vingtième siècle quand elle s'attache à cette époque, mais de souligner la manière dont Molière joue fonctionnellement avec ce motif. Sur le plan de la réalité, la vision du donateur et l'affirmation de sa puissance transcendent les fictions splendides mais marginales de son règne. Sur le plan du théâtre, l'intuition sentimentale, avec ses conséquences héroïques ou comiques, l'emporte sur la magnificence formelle des spectacles sans cœur.

Or, c'est grâce à une comédie de convention que Molière met à la place qui lui revient le *show* passivement admiré. La comédie psychologique, noyée dans les splendeurs visuelles qu'elle a pour but officiel de justifier, contient elle-même sa propre critique. Critique aimable et bon enfant, comme les commentateurs l'ont souvent remarqué: de même que les spectacles ne sont à aucun moment des parodies du genre, de même la tragicomédie galante, bien qu'en prose, n'est à aucun moment burlesquisée. Mais, à points nommés, elle est jugée.

C'est sur ce second niveau critique que le rôle de Clitidas prend tout son sens. Avec mesure, mais avec la plus grande netteté, la parole de ce masque lucide, qui est un 'plaisant' sans être un clown, a pour fonction de traduire la rhétorique noble et bienséante de la galanterie en un franc-parler qui rejette le langage de tous les autres personnages dans la convention littéraire, dans le 'déjà-entendu'. Que cette traduction s'opère quand il s'agit des princes magnifiques eux-mêmes, cela semble bien normal; mais un exemple éclatant mérite d'être noté. C'est à la quatrième scène du premier acte quand, dans un de ces dialogues symétriques qui, par leur mécanisme même, irréalisent personnages et situations et transposent le ballet du geste en ballet de langage, Clitidas traduit les blandices des princes rivaux en formules 'naïves':

IPHICRATE: Clitidas se ressouvient qu'il est de mes amis: je lui recommande toujours de prendre mes intérêts auprès de sa maîtresse, contre ceux de mon rival.

CLITIDAS: Laissez-moi faire: il y a bien de la comparaison de lui à vous, et c'est un prince bien bâti pour vous le disputer...

TIMOCLÈS: Mon rival fait sa cour à Clitidas; mais Clitidas sait bien qu'il m'a promis d'appuyer contre lui les prétentions de mon amour.

CLITIDAS: Assurément; et il se moque de croire l'emporter sur vous: voilà, auprès de vous, un beau petit morveux de prince.

Dans une comédie noble au langage uniforme, ces rares explosions de franc-parler n'en sont que plus remarquables. Au cours du premier débat — un de ces *agones* comiques qui ponctuent la plupart des comédies de Molière — entre l'illusion et le gros bon sens, en ce cas-ci portant sur l'astrologie (I. ii), Clitidas rompt le style poli, flatteur ou insolent, des personnages en scène par la scurrilité suivante, qu'il s'adresse à lui-même:

Paix, impertinent que vous êtes... Vous prenez de certaines libertés qui vous joueront un mauvais tour: je vous en avertis; vous verrez qu'un de ces jours on vous donnera du pied au cul, et qu'on vous chassera comme un faquin.

En feignant de condamner les 'libertés' qu'il prend, au moyen d'un langage particulièrement libéré des bienséances, Clitidas ne fait que souligner et renforcer son rôle — tenu par Molière, bien entendu.

Or ce rôle, il l'assume beaucoup plus subtilement dès la première scène du premier acte. Là, les plaintes et aveux de Sostrate, bien qu'écrits en prose, sont abondamment imprégnés de la rhétorique et des rythmes des genres héroïques et tragiques traditionnellement composés en vers. Octosyllabes, hémistiches tantôt isolés, tantôt essaimant en alexandrins non-rimés, y font écho aux vers et à la prose de *La Princesse d'Élide* et de *Mélicerte*. Par deux fois, l'intervention prosaïque de Clitidas interrompt la

diction poétique, et du coup, la met particulièrement en relief.
Si l'on voulait, on pourrait imiter le jeu assez vain d'Anatole de
Montaiglon qui naguère transcrivit *Le Sicilien* en vers libres. En
effet, c'est, à quelques irrégularités près, en octosyllabes, en
alexandrins classiques, en alexandrins ternaires, que rêve Sostrate
au début de la comédie:

> Sur quelles chimères, dis-moi,
> Pourrais-tu bâtir quelque espoir?
> Et que peux-tu envisager
> Que l'affreuse langueur d'une vie malheureuse
> Et des ennuis à ne finir que par la mort?

Après un aparté de Clitidas, le style poétique d'époque atteint
son comble avec un pastiche, ou du moins une réminiscence d'un
vers de *Mélicerte* (ii. ii. 382: 'Ah, mon cœur! ah, mon cœur!
je vous l'avais bien dit'): 'Ah! mon cœur, ah! mon cœur, où
m'avez-vous jeté?' C'est juste à ce moment que Clitidas surgit
devant Sostrate, et met un terme au monologue élégiaque par le
très prosaïque (bien que l'heptasyllabe soit monnaie courante dans
la prosodie libre des pièces de cour): 'Serviteur, seigneur Sostrate.'
Dans la suite de la scène, il serait difficile pour une oreille atten-
tive et 'conditionnée' au style de l'époque de ne pas repérer la
fréquence des vers non-rimés. Par exemple, la réplique commençant par 'La bassesse de ma fortune' est presque entièrement une
tirade octosyllabique. Mais justement, à la fin de la scène, il
appartient à Clitidas d'être le clin d'œil linguistique qui fait
ironiquement remarquer au spectateur-auditeur que tout ce
dilemme amoureux, pour sympathique qu'il soit, n'en est pas
moins prisonnier d'une convention rhétorique et prosodique
dont il ne faut pas être dupe; c'est en effet l'interruption même
de Clitidas qui fait, en la rendant inachevée, de la phrase de
Sostrate à la fois un parfait alexandrin régulier et un excellent
exemple de trope noble (ici, un chiasme):

SOSTRATE:... J'aimerais mieux mourir que d'être accusé par elle
de la moindre témérité, *et ce profond respect où ses charmes divins*...
CLITIDAS: Taisons-nous: voici tout le monde.

On s'accorde à dire que Clitidas traite avec une affectueuse

sympathie les deux amants malheureux. Mais aussi, comme certains des personnages du second registre le feront chez Marivaux,
il joue avec eux et, par une légère raillerie, met en lumière les
conventions de leur langage et de leur comportement, contribuant
ainsi à souligner l'artifice de la comédie psychologique romanesque. Néanmoins, les charmes de ce genre sont soigneusement
préservés. La quatrième scène de l'acte IV est à cet égard justement
prisée, non pas seulement et hypothétiquement parce qu'elle nous
rappelle que 1670 est l'année des adieux illustres (Bérénice quitta
deux fois Titus, et la Grande Mademoiselle dut renoncer à Lau-
zun), mais parce qu'elle est une sorte d'exercice de rhétorique
exquis où, à l'intérieur même de la convention, perce le pathétique
auquel se condamnent les prisonniers volontaires d'un code.
Nombreux sont les hémistiches et les vers blancs qui font chanter
l'aveu et l'adieu d'Ériphile, — trait qui la distingue, avec Sostrate,
des autres personnages de la comédie :

> ... quelle est ma destinée, et qu'ai-je fait aux Dieux pour mériter
> les soins...
> Sostrate, vous m'aimez ?
> Laissons cela, Sostrate ; je le sais, je l'approuve,...
> Si ce n'était le rang où le Ciel m'a fait naître,...

Prolongée par la pantomime du Cinquième Intermède qui exprime
corporellement 'les inquiétudes de la jeune Princesse', la scène
de l'aveu et de la séparation prise en elle-même est un morceau
de bravoure où Molière fait briller son talent dans un genre dont,
usage de la prose mis à part, il respecte les règles.[7] En revanche,
dès le début de l'acte suivant, un recul est pris sur le sérieux relatif
de ce genre et de cette convention grâce à Clitidas, à ses allées et
venues d'allure marivaudienne, et à ses ironies sur un cliché du
langage d'Ériphile : 'la sombre mélancolie'.

Comme on le voit, dans *Les Amants magnifiques*, Molière, en
inventant deux protagonistes qui se désintéressent des grands
shows et sont pris dans une situation amoureuse apparemment

---

[7] Des développements plus détaillés sur ce sujet montreraient qu'on peut
aisément appliquer à certains moments de la prose des *Amants* les analyses que,
dans *Racine's Rhetoric* (Oxford, Clarendon Press, 1965), Peter France a consa-
crées aux conventions des poètes tragiques.

sans issue, affirme la primauté de la comédie psychologique sur le spectacle pur. Mais aussi, l'occasion lui est offerte de faire la critique, légère mais claire, des conventions littéraires de ce genre. Enfin, au cinquième acte, c'est en fait le sujet tout entier du Divertissement qui est mis en question par l'irruption de la nature elle-même, qui fait se désintégrer comiquement ce monde d'artifices et de conventions.

Comme le fait remarquer Clitidas, le sanglier qui provoque la péripétie n'est pas à sa place dans la Vallée de Tempé et ses forêts 'bien policées'. On peut dire qu'il est véritablement le trouble-fête — trouble-fête providentiel certes, qui va permettre à la pièce de se terminer selon nos vœux et dans l'esprit d'une authentique comédie.

Pour mieux comprendre le sens que la bête donne à la pièce, une brève comparaison avec *La Princesse d'Élide* s'impose. Dans cette comédie de 1664, le sanglier n'est pas un être déplacé, car les trois princes amoureux, qui rivalisent à qui mieux mieux pour conquérir le mélange d'Amazone et de Précieuse qu'est l'héroïne, sont des personnages actifs et héroïques, toujours prêts à accomplir quelque prouesse sportive ou quelque action d'éclat à la chasse. Sans doute se trompent-ils, et c'est par une tactique purement psychologique que la princesse est finalement prise au piège par Euryale avec l'aide du bouffon Moron. Mais enfin, le monde de *La Princesse d'Élide* est celui du danger et de l'action physique. Celui des *Amants magnifiques* est, jusqu'à l'acte v, le paradis de la fête ou des plaintes élégiaques. Les princes rivaux, s'ils paient leurs artistes et leur astrologue, ne paient jamais de leur personne. Alors que deux des princes de la pièce de 1664 abattent le sanglier du premier acte, nos donneurs de régales brillent par leur absence lors de la rencontre d'Aristione et du sanglier. Et de plus, si la princesse d'Élide sait fort bien qu'elle eût été capable de réduire par ses propres moyens la 'chétive bête' (i. iii. 294), Aristione, elle, se montre sans doute courageuse, mais surtout fort maladroite: si l'on en croit Clitidas, elle 'a voulu égayer sa dextérité' sur un animal qui passait son chemin, et 'de son dard, qu'elle lui a lancé un peu mal à propos,... lui a fait au dessus de l'oreille une assez petite blessure'. C'est en fait le caprice d'Aristione qui a attiré le sanglier dans l'action des *Amants magnifiques*: à partir de ce moment, il ne s'agit plus du même genre de comédie. Le sanglier de *La Princesse d'Élide* avait pour fonction de situer le monde de la pièce, qui reste le même tout au long de l'œuvre. Celui des *Amants magnifiques*, introduit par l'erreur d'un des personnages, donne une orientation nouvelle à la pièce et nous permet de juger rétrospectivement les plaisirs qui nous ont été offerts.

D'abord, il n'est plus question de 'spectacle'. Le récit de l'aventure est fait par un poltron, ce qui était aussi le cas dans *La Princesse d'Élide*. Mais là, Moron ne reculait pas devant une certaine rhétorique descriptive. Clitidas, lui, refuse de nous faire voir la bête, et se contente de dire 'que c'était un fort vilain animal'. A ce refus de la rhétorique descriptive s'ajoute celui de la rhétorique narrative — refus involontaire certes mais significatif: 'un peu de poltronnerie m'a empêché de voir tout le détail de ce combat'. En fait Clitidas n'a vu que deux moments: 'Sostrate a paru', et un peu plus tard, 'le sanglier mort, tout vautré dans son sang'. La couardise par ailleurs conventionnelle de Clitidas permet ainsi tout naturellement de dépouiller le récit des enjolivures auxquelles on est en droit de s'attendre, et de mettre en pleine lumière, par le franc-parler concis, l'essence brutale de l'événement.

Ainsi, dans la précipitation de la fin de ce cinquième acte, langages aussi bien que personnages perdent leur ornementation, dans certains cas leurs masques ou leur tenue. Les princes magnifiques, mis en échec, passent à la violence. Fini le jeu de l'étiquette de cour et des flatteries: ils ont mis à mal Anaxarque, l'ont blessé au point qu' 'on ne sait pas très bien ce qui arrivera', et en viennent à menacer Aristione. Ce qui veut dire en outre que, même si la princesse-mère l'ignore, l'imposteur a été démasqué. Aristione, elle, tout en gardant ses dimensions de personnage honnête et de bonne volonté, n'en est pas moins constituée définitivement en dupe: elle est ancrée plus que jamais dans sa croyance en l'astrologie et le surnaturel de pacotille, car elle interprète l'incident du sanglier comme la confirmation de la prophétie de la fausse Vénus du quatrième acte. D'un autre côté, dans la mesure où Ériphile se jette dans les bras de Sostrate avec un minimum d'explication, on peut dire que la jeune princesse enfin est libérée du code qui faisait son martyre et que, sincèrement amoureuse, elle n'est que trop heureuse de se débarrasser des entraves qui bridaient son élan naturel, et qu'elle avait passé trop de temps jusqu'à ce point à justifier par une casuistique charmante et noble, mais extérieure à elle.

Sans quitter une certaine unité de ton, c'est bien vers la violence et l'abandon à des émotions, actions et passions élémentaires que s'est dirigé le cinquième acte des *Amants magnifiques*. Mais en même temps, un ordre à la fois humain et heureux est établi en cette fin hâtive. Ce qui est le but de la Comédie. Seulement, il s'agit de s'entendre sur le sens du mot 'humain'. Alors que le Divertissement opère par substitution de l'artifice et de l'illusion factice à la nature, la Comédie digne de ce nom offre une métaphore du conflit de l'homme et de l'inhumain à l'intérieur de la nature elle-même. Aussi Sostrate tuant le sanglier efface-t-il tout ce qui précède. Certes le sanglier rôde comme un poncif dans le classicisme français, il y est prétexte à embellissements poétiques, qu'Hercule le maîtrise ou qu'Adonis en soit l'hostie; mais il se réfère autant à la réalité vécue des spectateurs, comme symbole de la brutalité naturelle, que le taureau dans le drame espagnol — animal qu'a d'ailleurs repris la Grande Comédie baroque française. Même enjolivé — ce qui n'est pas le cas dans la présente pièce — le sanglier représente cette nature qu'il faut constamment combattre ou exorciser pour que l'homme soit à la fois de la nature et maître de la nature.

Sostrate illustre précisément cette définition. Pas plus que le sanglier, le jeune vainqueur des Gaulois n'est véritablement à sa place dans le paradis des artifices. Son nom même le distingue des autres: étymologiquement, 'Sostrate' évoque sans hyperbole à la fois l'action guerrière et la sécurité. Égaré un instant dans des divertissements qui ne l'intéressent pas, il est contraint à jouer le rôle de l'amoureux sans espoir entre un passé d'héroïsme réel et la rencontre du sanglier providentiel. Les princes magnifiques, eux, n'ont pas de passé: ils ne sont rien de plus que des noms superlatifs, un langage flatteur, et la source de *happenings* fictifs et éphémères qui n'ont d'autre valeur que leur faste. Grâce aux Dieux — c'est du moins ce que croient les personnages de la comédie — le 'mérite tout seul' (IV. ii) triomphe du luxe ostentatoire. Ici, il convient de mettre l'accent sur le 'tout seul'. En effet, on a souvent dit que l'invention du personnage de Sostrate serait un souvenir du Carlos qui fut, en 1650, le héros du *Don Sanche d'Aragon* de Pierre Corneille. Parallèles entre situations, rivalités et certaines scènes rendent cette hypothèse valable. Mais le dénouement heureux de la comédie héroïque de Corneille n'est rendu possible que par une *anagnorisis* hautement romanesque: l'obscur cavalier Carlos découvre enfin qu'il est Don Sanche, roi d'Aragon. Il est remarquable que Molière n'ait pas usé de ce procédé. Sostrate reste Sostrate; il n'est rien de plus, pour employer une métonymie de l'époque, qu'un bras vigoureux qui assure la sécurité du royaume et de son souverain. Il échappe au mystère, au romanesque, à l'extraordinaire, il est tout simplement force naturelle humaine qui affermit et protège l'ordre humain.

Pas à pas, le divertissement frivole s'est orienté vers une évaporation des plaisirs ostentatoires et inconsistants, et vers un rappel de certaines réalités héroïques. A cet égard, il s'agit d'éviter un contre-sens qui perce dans quelques commentaires. L'exemple le plus étonnant se trouve dans le *Molière* de Georges Lafenestre, qui attribue l'invention de Sostrate au Roi lui-même, et en conclut: 'thème assez hardi... qui révèle chez le roi, à ce moment si bien servi par de petits bourgeois, une liberté d'esprit presque révolutionnaire'.[8] C'est bien évidemment le contraire qui se passe. Outre le fait que Sostrate est un ajout au canevas proposé, ce rôle oppose à l'ostentation somptuaire des princes oisifs l'exercice actif de la vraie vertu noble. Sostrate conquiert ses titres de noblesse par l'usage glorieux de ses armes, au service de son souverain.

Ainsi Molière a gardé l'unité aristocratique de l'œuvre. Il est simplement passé des valeurs frivoles aux valeurs solides. On a affaire, en fin de compte, à un exercice de dramaturgie où, d'étape en étape, le poète s'avance vers un sujet plus consistant, sans quitter la donnée initiale: celle du cadeau et des obligations que

---

[8] *Molière*, Paris, Hachette, 1923, p. 80.

celui-ci entraîne. Car l'acte de Sostrate tuant le sanglier est bien un cadeau — mais c'est tout le contraire des régales éphémères. Il est certain que le 'ressentiment' dû à qui sauve la vie transcende infiniment celui qu'on doit à qui offre le ballet et la chansonnette — fût-elle de Lulli.

Les régales des princes magnifiques sont en quelque sorte des placements qui doivent rapporter à l'un d'entre eux la personne de la princesse Ériphile. La disproportion qui préside à ce marché fait rêver. Ce n'est certes pas la première fois dans l'œuvre de Molière que des personnages estiment que leurs cadeaux engagent le destinataire. Mais ou bien le thème est secondaire (*Le Dépit amoureux; Dom Juan*, acte II; *Mélicerte*), ou bien il s'agit d'une économie fort concrète, d'une moralité peut-être discutable mais fondée sur des réalités: il suffit de se reporter à la scène IV du cinquième acte de *L'École des femmes*. Dans *Les Amants magnifiques*, le prétexte initial de la comédie était tout entier fait d'un marché dépourvu de consistance. Tout se passe comme si Molière avait été engagé à méditer en profondeur sur les possibilités dramatiques de ce sujet, et qu'il en soit venu à critiquer la futilité du régale purement spectaculaire, à la fois sur le plan du théâtre et sur celui des valeurs humaines. Dans les deux cas, 'en mettre plein la vue' ne saurait être pris au sérieux. Ailleurs se situent le vrai théâtre, le vrai drame, la vraie comédie; ailleurs se situe l'obligation profonde envers autrui. De fait, la tension véritablement théâtrale de ce divertissement se trouve précisément dans le conflit entre ces deux conceptions.

Le finale, 'qui est la solennité des Jeux Pythiens', est bien évidemment un retour au spectacle, et cet amphithéâtre n'est pas une invention originale. Toutefois, le thème des ballets y est fort significatif: dans trois des quatre entrées qui précèdent la réapparition de Louis XIV, on assiste à des exhibitions de force physique, à des numéros de gymnastique dont certains devaient assez ressembler aux spectacles offerts de nos jours par les pompiers de Paris, pour la plus grande joie des amateurs de gros bras. Le faste et les ornements mythologiques ne sont là que pour donner plus d'éclat au gonflement des muscles et au maniement des armes. Les grâces ont fait place à la force, aux exercices qui permettent de vaincre dans une guerre ou d'abattre un sanglier. Quant au Roi, il exécute en costume d'Apollon, sous une banderole portant la devise 'Nec pluribus impar', une danse héroïque, à laquelle se joint tout le corps de ballet, armé de diverses manières. Le spectacle final confirme donc le fait qu'au cours du Divertissement on est allé d'une habile machinerie à la métaphore des vertus physiques et guerrières. Si les vers du livret, au moment de la danse du Roi représentant Neptune dans le Premier Intermède, étaient, à l'orée de la pièce, un rappel à l'ordre de la réalité, ceux du Cinquième et dernier ballet du finale rejettent tout le Divertissement dans une espèce de néant: le Roi rappelle métaphoriquement son héroïsme, ses prouesses; c'est de là que vient son éclat qui éclipse tout et qui est source de toute réalité. La platitude vertigineuse des derniers vers en dit long à cet égard:

> (Pour le marquis de Rassent, suivant d'Apollon)
> Je ne serai pas vain quand je ne croirai pas
> Qu'un autre mieux que moi suive partout ses pas.

Platitude d'ailleurs quelque peu obscure, c'est néanmoins là le point final de la fête. Le régale royal est terminé; après les plaisirs de cette bagatelle somptueuse mais passagère, le devoir est de suivre la personne du donateur, dont les grandes actions et la gloire sont d'un tout autre ordre. Obligation donc non plus envers le royal payeur de comédiens, mais envers le maître de la nation française, envers sa politique sûre (le Premier Intermède) et sa force, d'où jaillit son éclat (le Sixième Intermède). Dans la fiction comique à laquelle on vient d'assister entre les deux apparitions du Roi, la 'morale' est la même: quels que soient les ravissements que procurent les régales des princes, c'est à Sostrate, soutien physique de l'état et de son souverain, qu'il revient d'être payé en retour.

Œuvre mineure peut-être, *Les Amants magnifiques* sont néanmoins marqués par une définitive cohérence dans la conception d'ensemble. Le Divertissement, dans l'imaginaire Vallée de Tempé comme dans le royaume de France, se définit comme n'étant que divertissement; en fait, son sujet, c'est sa propre mise en question, puisqu'il se déclare lui-même dépassé par les réalités naturelles, les questions de vie ou de mort, les vraies passions, la force physique, le salut des corps et de l'état.

Répétons que les aspects critiques du Divertissement de février 1670, sur le plan de la dramaturgie comme sur celui du thème du don et de l'obligation, ont passé inaperçus aux yeux des courtisans et des gazetiers. En cette année-là tout particulièrement, les grands *shows* éblouissent et font plus ou moins oublier le reste. Quand, en août, on assiste aux obsèques d'Henriette d'Angleterre, si l'oreille se plaît à la prose pompeuse de Bossuet, l'œil est à la fête devant ce mausolée qui passe en beauté tous ceux dont parle l'Histoire et devant ces urnes à parfum qui, poussant soudain de 'grandes flammes lumineuses… produisirent les plus beaux effets qu'on puisse imaginer'.[9] Ce régale funèbre rivalisa, en splendeur, avec le Carnaval qui le précéda et les Fêtes de Chambord qui le suivirent. Mais ce qui compte pour nous, c'est qu'apparemment l'idée de la fête et plus spécialement le motif du régale aient fait leur chemin dans l'esprit de Molière, entre février et novembre. En effet, l'exercice que représentent *Les Amants magnifiques* nous paraît être le point de départ d'un des approfondissements comiques les plus importants du *Bourgeois gentilhomme*.

L'action de la comédie de Chambord consiste en deux tromperies principales: la folle turquerie, inventée par Covielle et Cléonte, qui permet l'union des jeunes amoureux, et l'imposture de Dorante. Dans ce second cas, on a affaire à une comédie de rivaux — mais considérablement enrichie dans la mesure où l'un des soupirants n'est pas au courant de cette rivalité. Tous deux comptent sur la splendeur de leurs cadeaux pour conquérir la femme désirée, — mais l'un, sans le savoir, paie intégralement pour l'autre. Toutes les actions de Monsieur Jourdain sont dirigées vers la réussite du régale qu'il va offrir à Dorimène, mais c'est Dorante qui recueillera, grâce à ses mensonges, tous les fruits du placement. Le régale lui-même, s'il est moins spectaculaire que certains Intermèdes de la comédie de février, est beaucoup

9 *Gazette de France*, 30 août 1670. La description des pompes funèbres de la duchesse d'Orléans est reproduite *in extenso* dans l'édition Hachette des *Oraisons funèbres* de Bossuet (Paris, 1909).

plus complexe et beaucoup plus concret: on y danse, on y chante, mais surtout on y mange. Et cela a été précédé, nous dit-on, de présents matériels, en particulier celui d'un fort beau diamant. Il ne s'agit plus de fictions charmantes ni d'actes héroïques, mais de valeurs matérielles (argent, diamant, nourriture) qui sont le propre de la vraie comédie. Cet embourgeoisement, si l'on peut dire, du régale, a, en ce qui concerne l'obligation, une conséquence qui n'est pas un des effets les moins comiques de la pièce: l'embourgeoisement parallèle de la Carte de Tendre, que parcourt Dorimène à la quinzième scène du troisième acte. Elle se sent insensiblement 'engagée' par les dépenses que l'on fait pour elle et, 'pied à pied', malgré sa résistance, amenée au mariage.

Bien d'autres effets mériteraient d'être signalés, qui montreraient à quel point la verve comique de Molière a été nourrie, dans cette pièce, par la curieuse économie du régale. Qu'il suffise de dire, pour cette fois, qu'entre autres mérites, *Les Amants magnifiques*, exercice déjà subtil quoique limité, ont engagé Molière à exploiter une nouvelle matière à comédie riche en possibilités et, en la référant enfin à certaines réalités quotidiennes très concrètes, à la constituer en un des attraits principaux de la pièce majeure et complexe qu'est *Le Bourgeois gentilhomme*.

JACQUES GUICHARNAUD

4. Molière's Comic Images

THIS essay responds to a problem of practical criticism. Some of the scenes in Molière's comedies—passages in the text, moments in the action—which have made me laugh or smile, openly or inwardly, seem also to call for reflection on specific moral issues —that is to say, issues involving the quality of life and of human relations. Such scenes often culminate in or include statements or action (or both together) of special density, particularly in Molière's later comedies. The statements are characteristically absurd; the action, farcical or burlesque, which is why I venture the designation 'comic images'. Such images would certainly include statements by Alceste and by George Dandin, beatings in *Le Médecin malgré lui* and *Amphitryon*, Harpagon's capture of himself at the end of Act IV of *L'Avare*, Le Philosophe's attack on the other masters in *Le Bourgeois gentilhomme*, mime by Argan and part of the advice Argan receives from Toinette in her burlesque doctor's disguise in the last act of *Le Malade imaginaire*. Many of these moments, or the scenes in which they occur, have embarrassed warm admirers of Molière for whom the farcical seems *ipso facto* frivolous. On the other hand, the significance of some of these same moments has been extolled by other critics, but interpreted as pathetic or tragic.

Authority exists for both attitudes. In the *Critique of Judgment*, Kant observes that 'that which arouses laughter affords no satisfaction to the understanding and is merely a "play with aesthetical ideas or representations of the understanding through which ultimately *nothing is thought*" '.[1] An assumption of this nature often colours attitudes toward laughter, and thus toward comedy. Specifically, some such assumption would appear to underlie not

---

[1] Kant, *Critique of Judgment*, trans. J. H. Bernard, New York, Hafner, 1951, p. 176, quoted by M. C. Swabey, *Comic Laughter*, New Haven, Conn., Yale University Press, 1961, pp. 10–11.

only the negative evaluations of the farcical aspects of Molière's theatre by J. Arnavon and G. Michaut, but also René Bray's positive acclaim of Molière's showmanship at the expense of what he disparagingly dismisses as 'une prétendue fonction morale inventée par la critique'.[2] It is well known, however, that in his conversations with Eckermann, Goethe called Harpagon's relations with his son tragic to a high degree, while anyone teaching Molière knows how frequently inexperienced readers resort to words like *pathetic* and *tragic* to express a legitimate concern for the problems raised by Arnolphe and Alceste, Harpagon and Argan: roles which we know to have been laughed at on Molière's own stage, when he acted them. For 'il y a beaucoup de choses qui dépendent de l'action', Molière wrote in the 'Au lecteur' of *L'Amour médecin*, which he hoped would be read by people 'qui ont des yeux pour découvrir dans la lecture tout le jeu du théâtre'.

Conciliation of these divergent attitudes does not appear to lie—as admirers of Beckett and Ionesco might be tempted to suppose—in the concept of tragic farce, though Robert Hirsch's brilliant new interpretation of Sosie's terror in the first act of *Amphitryon* at the Comédie-Française in the 1967–8 season clearly showed the theatrical viability of such a reading. For everything we know about the hierarchy of styles and the separation of genres in seventeenth-century French literary theory and practice, as well as contemporary testimony on Molière's own acting style, argues against the historical validity of an interpretation which implies a protest over the human condition itself. This seems entirely lacking in Molière's comedy, where deviations are ridiculed within a framework implying rather a joyful acceptance of human limitations.

---

[2] J. Arnavon, *Notes sur l'interprétation de Molière*, Paris, Plon, 1930, and G. Michaut, *Les Luttes de Molière*, Paris, Hachette, 1925 (in which the statement is made that in *Dom Juan* Molière introduces 'de parti-pris, et pour ainsi dire de force, des lazzi, des couplets . . .', p. 152); R. Bray, *Molière, homme de théâtre*, Paris, Mercure de France, 1954. I have quoted a polemical exaggeration of Bray's position, which, stated more moderately, is that 'l'intention de Molière, la pensée qui donne à son œuvre la force et l'unité, ce n'est pas une pensée de moraliste, c'est une intention d'artiste' (p. 36).

In his article 'Molière's Theory of Comedy'[3] Will Moore proposes a more promising scholarly approach. Facing the partial truths and obvious flaws in the attitudes indicated above, he derives mainly from the *Lettre sur la comédie de l'Imposteur* (1667)[4] a theory which would preserve both the significance of the controversial scenes and their comic implications:

In Molière's view it would seem that the most disastrous of human errors, errors we might wish to call tragic, may be envisaged by the mind as comic. That this view of things often induces or sparks off laughter, no sane person would deny. But to assume that anything which does not provoke laughter is not comic is contrary to our text [the *Lettre*] and is perhaps the worst of all misunderstandings which have bedevilled Molière studies . . . We consider lies and deceptions tragic when great, and comic when small or 'not serious'. Molière's language knows nothing of this distinction. It suggests that the difference between tragic and comic consists not in the gravity of the case but in the angle of perception.[5]

The hypothesis that the angle of perception of our scenes is comic, and their implications serious, seems to offer a reasonable prospect of conciliating divergent interpretations too important to be neglected. But Moore has achieved this conciliation only at the cost of separating the *comic* from the *funny*, a distinction which leaves a gap between stagecraft and literary implications reflected in comments like the following: 'An actor might make me laugh as he said this ["Le Seigneur Harpagon est de tous les humains l'humain le moins humain"], but the statement itself is poetic, deep, suggestive, serious.'[6] Since the provocation of laughter is viewed as distinct from 'the statement itself', our problem really returns through another door. This is apparent in the invitation to look for the comic in *L'Avare* beneath the laughter and 'apart from the amusing'. Or in the view that George Dandin's line

---

[3] *L'Esprit créateur*, VI, 1966, 137–44.

[4] For the probable attributions to Donneau de Visé of the *Lettre*, and its reliability in expressing views sympathetic to Molière and his milieu, see W. G. Moore, art. cit., and R. Robert, 'Des Commentaires de première main sur les chefs-d'œuvre les plus discutés de Molière', *Revue des Sciences Humaines*, XXI, 1956, 19–53.

[5] Art. cit., p. 141.   [6] Ibid., p. 142.

'J'enrage d'avoir tort lorsque j'ai raison' is 'more than funny (if indeed it is funny at all), it is poetic, symbolizing a human position, the position in which what is right and expected just does not happen'.[7] Unless once again we are assuming that the funny is by its very nature insignificant, it is not clear why such lines cannot be taken as both funny and symbolic, an approach which would lead us toward a closer definition of their poetic quality.

Thus, suggestive as it is, 'Molière's Theory of Comedy' fails to solve a basic aspect of our problem. Different actors guide their publics to different reactions to the same text, and we cannot pre-empt future decisions as to the tone of delivery. Such decisions can only be taken in the light of given theatrical circumstances.

Comedy and tragedy consist, however, not in incidents or in statements or events, but in the perception of such incidents, and a dramatic text is designed to guide such perception either directly (when it is read) or through the mediation of performers. When an incident in life is called funny or comic, properly speaking a statement is being made, not about the incident itself, but about the way it is perceived; when an incident in a play is called comic, however, although the statement may have a similar status, it may also designate a literary intention, the angle into which perception is guided, the particular sort of emotional response sought by the playwright with the sympathetic collaboration of performers, or in the case of readers without them.

To a problem of aesthetics, we require a solution which does not divorce the significance of a dramatic statement from the mode of its delivery. If, therefore, a distinction is to be made between the *funny* and the *comic*, the distinction should be one of quality, not one of category. It should be a normative distinction, according to which one would no more argue that every incident that may seem funny is properly called comic in the literary sense than one would claim—loose colloquial and journalistic usage notwithstanding—that every incident which may seem sad or terrible or piteous is tragic. Granted then that *comic* as a term of dramatic criticism may have a normative value, implying an

[7] Moore, art. cit., p. 143.

intellectual awareness and complexity not always discoverable in what is found merely funny, it is none the less important that such complexity—such seriousness—is achieved within the same angle of perception and without prejudice to the funny. The comic implies serious laughter—σπουδο-γέλοιος.

By taking the comic, not as distinct from, but as a more sophisticated form of the funny, we can resolve some of Moore's hesitations. It is unnecessary to doubt that Dandin's 'J'enrage d'avoir tort lorsque j'ai raison' is meant to be funny simply because we feel it to be more than funny. The laughter invoked rather suggests the register in which this funny—this absurd—statement is also poetic. It indicates the mode in which the statement symbolizes not merely the position in which 'what is right' does not happen, but all the relativity of any individual's assumptions as to what in a given social context constitutes right or wrong. Nor are Dandin's words a mere statement. In context, and with the invitation to comic mime of irrelevant anger which Molière's stagecraft has written into the line ('J'enrage . . .'), Dandin's statement has both the complexity and the tonality of what I have called the comic image.

But Dandin is not the only character in Molière to mime anger when expectations are upset, to mention only the cuff Mme Pernelle gives Flipote in the opening scene of *Tartuffe*, Orgon's fury at Dorine's opposition to his plan to make Mariane Tartuffe's bride in Act II, scene ii ('Ah! vous êtes dévot, et vous vous emportez!'), and Oronte's fury at a sonnet scorned in the first act of *Le Misanthrope*. No less than Dandin, these characters—and many more—are furious to be wrong when they feel sure they are right. Yet the best parallel to Dandin's line may be Alceste's displeasure when what is 'right' does not happen, but what he misanthropically expects does: 'J'ai pour moi la justice, et je perds mon procès.'

The unified complexity of this line with its double-edged satire can be brought out by two comparisons. In Corneille's *La Galerie du Palais*, Act I, scene vii, Dorimant suggests that a good book can be unsuccessful 'comme avec bon droit on perd bien un procès', a remark destined to illustrate the caprice of individual

judgements. Dorimant's comparison shows awareness of imper-
fections in the judicial system, but it is scarcely satirical. By
stressing the ambiguity of the word *justice* ('law', 'justice'),
Molière makes Alceste voice an idealism and a sense of outrage
entirely lacking in Dorimant's line. And the satirical force of
Alceste's line as social criticism is felt by all those who stress the
ideal of justice in Alceste's word *justice*.

That there is more to Alceste's line than facile satire of corrupt
institutions, however, immediately strikes anyone who reflects
upon *justice*—law—as a social convention intended among other
things precisely to decide upon the relative merits of disputed
claims, claims which two or more opposed litigants believe to be
just, to be right. Litigants (*Les Plaideurs*) and special-pleaders
(*La Femme juge et parti*) are a frequent theme of French comedy.
Measured against a moralist tradition aware of the relativity of
the merits of individual claims, which Pibrac's line 'Juge en ta
cause sentence ne donne' can illustrate as well as any, the self-
righteousness of Alceste's assertion is patently absurd. Alceste
never connects society's problems with his own nature. Molière
does, which is why I call this line too a comic image.[8]

Both elements of this concept may now be defined. If we allow
for extension to include theatrical dimensions such as mime and
stage decoration, we may take over Ezra Pound's famous definition of an image as 'that which presents an intellectual and emotional complex in an instant of time', 'a unification of disparate
ideas'.[9] On stage, of course, an image will normally have a visual
as well as a verbal component. It may even be wholly in mime,
like the cuff Mme Pernelle gives Flipote, which farcically signifies the violence and urge to dominate overlain by her show of
piety, foreshadowing much in the characterization of Orgon and
his relation to others. But the function of the image remains less
to picture than to evoke and to correlate.

[8] For the background of this assertion see H. G. Hall, 'The Literary Context of
Molière's *Le Misanthrope*', *Studi Francesi*, 40, 1970, 20–38.

[9] Quoted in R. Wellek and A. Warren, *Theory of Literature*, 3rd ed., New
York, Harcourt, Brace and World, 1956, p. 187. Cf. I. A. Richards: 'What gives
an image efficacy is less its vividness as an image than its character as a mental
event peculiarly connected with sensation' (quoted ibid.).

Nor should we overlook the possibility that in Molière's time even stage decoration might in this sense be symbolic, not so much representing, for instance, a bourgeois interior as symbolizing the preoccupations of a miser, of a hypochondriac, of pedantic ladies. Pound's definition of the image is consonant with French Classical literary theory. In the preface to his translation of Vergil's *Aeneid*—published in the year in which *Amphitryon*, *Dandin*, and *L'Avare* were first performed—Segrais refers to 'l'esprit de la grande poésie et du roman sérieux, qui ne doivent pas tant dire les choses que les signifier'.[10]

On one level, to be sure, Segrais merely means that the detailed descriptions found in the French epics and gallant novels of the 1650s should be avoided, and the application of his remark to comedy may be questioned. But in *La Critique de l'École des femmes*, Molière's Dorante explicitly challenges the idea that 'tout l'esprit et toute la beauté sont dans les poèmes sérieux, et que les pièces comiques sont des niaiseries qui ne méritent aucune louange'. In that same scene Dorante also uses the verb *peindre* to mean 'signify' or 'symbolize'. For he explains that Arnolphe's repetition of Agnès's question 'Si les enfants qu'on fait se faisaient par l'oreille' was not included 'pour être de soi un bon mot, mais seulement pour une chose qui caractérise l'homme et *peint* d'autant mieux son extravagance . . .'. Here is surely, in Molière's own critical thought, a basis for the notion of the 'comic image'.

The image then for our purposes is the technique, literary and dramatic, by which at a privileged moment in the action Molière unifies the elements of a scene, presenting an intellectual and emotional complex, the focusing of which signifies a moral insight derived from what the *Lettre sur la comédie de l'Imposteur* calls his 'méditation profonde sur la nature de l'âme'.[11]

Neglecting the pages of this *Lettre* (pp. 554–8) which evidence

---

[10] *Traduction de l'Énéide de Virgile* (first published Paris, 1668), Amsterdam, 1700, p. 21.

[11] Page references are to the text of the *Lettre* as published in Molière, *Œuvres*, vol. IV, ed. Despois and Mesnard, Paris, Hachette, 1878.

a high degree of social commitment in Molière's art, we find in
the Neo-platonist rationalism of its closing section a philosophic
framework in which the sort of imagery outlined above is not
only a possible but an obvious technique for any writer determined, as Dorante suggests in *La Critique* (scene vi), to 'peindre
d'après nature'. For if nature is assumed to have endowed mankind with an innate capacity to apprehend [ideal] reason intui-
tively, nature has further provided 'quelque marque sensible qui
nous rendît cette connoissance facile' in 'quelque sorte de forme
extérieure et de dehors reconnoissable' (p. 559). Within such a
framework, to use in a comedy what Dorante calls 'une chose qui
. . . peint . . . [l']extravagance' would therefore seem to be
imitating nature in one of its most significant aspects. A 'chose
qui peint' on stage provides, like nature, a perceptible correlative
of a moral reality, an image not unlike what T. S. Eliot calls an
'objective correlative'.

However, it is with the comic nature of the image that the
Lettre is most helpful. Since the concept and term 'nature' refer
to a moral order quite as much as to a physical one, the *Lettre*
confirms the link between ethical thought and comedy by reference to *le ridicule* as 'une des plus sublimes matières de la véritable
morale' (p. 559). What the *Lettre* calls the perceptible form of
reason is 'quelque motif de joie et quelque matière de plaisir
que notre âme trouve dans tout objet moral'. Within the mind
(*esprit*) a 'complaisance délicieuse' is aroused by the apprehension
of truth and virtue. But when such pleasure comes from 'la vue
de l'ignorance et de l'erreur, c'est-à-dire de ce qui manque de
raison, c'est proprement le sentiment par lequel nous jugeons
quelque chose ridicule' (p. 559). Thus, once again, in order to
'peindre d'après nature' the writer needs to devise in his comedy
some such 'vue de l'ignorance et de l'erreur', a moral dimension
of *le ridicule* in art to reflect the moralist implications of *le ridicule*
in nature, as the word *extravagance* in the phrase adapted from
Dorante independently attests.

If the perspective indicated by the *Lettre* implies a comic
theatre in which ethical judgements, symbolically expressed, are
a form of 'realism' or 'naturalism' as conceived at the time, the

Lettre is no less helpful in suggesting the areas of aesthetic response to comedy so conceived:

> Or, comme la raison produit dans l'âme une joie mêlée d'estime, le ridicule y produit une joie mêlée de mépris, parce que toute connoissance qui arrive à l'âme produit nécessairement dans l'entendement un sentiment d'estime ou de mépris, comme dans la volonté un mouvement d'amour ou de haine (pp. 559–60).

In other words, *le ridicule* arouses both joy and scorn, a complex emotional response involving not only rejection by both intellect and will, but also an inner elation, which helps situate the aesthetic response.

It should be noted in passing that comedy is not limited to *le ridicule*. For the *Lettre* indicates two sorts of *joie* which may be taken as springs, not so much of laughter in the abstract, as of differentiated forms of laughter (not *le rire*, but *les rires*): 'joie mêlée d'estime' and 'joie mêlée de mépris'. To these may be added also a third *joie*, unmixed, the basis of laughter of well-being, of high spirits. That at least three such categories of laughter are required for sound criticism of comedy cannot be demonstrated here, but is abundantly confirmed in modern terminology in such recent studies of laughter as those by Hector Munro and Charles Mauron.[12] To these three states of joy we may relate different types of laughter, and thus different aspects of the comic, just as Racine relates a particular concept of the tragic to the qualified sadness which he designates 'tristesse majestueuse' in the preface to *Bérénice*.

Pure elation could be argued as the spring of laughter exploited by the ebullience of certain characters (Nicole's infectious laughter on her first entry in *Le Bourgeois gentilhomme*), the exuberance—the fun, the play—of many happy stratagems, much by-play, and certain dénouements. Similarly, 'joie mêlée d'estime' may form the psychological basis for characterization and response in the idealizing aspects of Molière's comedy which, because they are conceived to represent an ideal nature, provide wish-fulfilment: the romantic love of the lover roles, for instance, together with

[12] H. Munro, *The Argument of Laughter*, Melbourne, Melbourne University Press, 1951; C. Mauron, *Psychocritique du genre comique*, Paris, Corti, 1964.

the general reconciliation and the regeneration symbolized by many dénouements, when a character embodying some aspect of the *ridicule* may also be driven out or disarmed. This is the laughter of assent, of joyful acceptance; and perhaps even the comedy of carefully prepared extravagance (like the entries of Tartuffe and of M. Jourdain) can be related on one level to laughter of this sort, as we laugh not only at the *disconvenance* or the incongruity of the extravagant, but also at a gesture or a remark that seems 'just like' a snob or a hypocrite, a blunderer or a bore, a plain-dealer or a miser. It does not follow from the need to differentiate divers springs of laughter that such springs can only be tapped separately. Jacques Guicharnaud suggests that entries like Orgon's and Tartuffe's, within their rigidly typifying characterization, occasion not surprise but satisfaction.[13] But, given Molière's hyperbolic presentation, in my experience of performances they provide *both* surprise *and* fulfilment, together with feelings of aesthetic rightness and moral rejection.

The *Lettre*'s definition of *ridicule* as 'joie mêlée de mépris', however, is particularly helpful in situating the main areas of response sought by those moments in Molière's comedy we have called comic images. The adverse intellectual sensation and the emotional rejection which it implies quite clearly preclude responses in the pathetic or tragic registers, since there is no basis of pathos or empathy or pity, fear, and sadness. If *le ridicule* is the mainspring of most of Molière's comic images, the joyful adverse sensation in the mind and the emotional rejection which it implies clearly show the images to be derisive, satirical, to involve a moralist manipulation of laughter which Molière's comedy avowedly shares with classical satire.

The comic image, then, is a special sort of poetic image implying both laughter and a moral judgement. It is the literary and dramatic device by which Molière imitates on stage *le ridicule* in life, defined by the *Lettre* as

la forme extérieure et sensible que la providence de la nature a attachée

---

[13] Cf. his edition of *Tartuffe* and *Le Médecin malgré lui*, New York, Dell, 1962, p. 18.

à tout ce qui est déraisonnable, pour nous en faire apercevoir, et nous obliger à le fuir (p. 560).

Among the many scenes which could illustrate this theory of the comic image, and against which its usefulness may be tested, none perhaps is more challenging than Harpagon's soliloquy at the end of Act IV of *L'Avare*. Actively pursuing the thief of his 'chère cassette' ('Où courir? Où ne pas courir?'), Harpagon suddenly arrests himself:

> N'est-il point là? N'est-il point ici? Qui est-ce? Arrête. Rends-moi mon argent, coquin... (*Il se prend lui-même le bras.*) Ah! c'est moi.

The mobility and mime indicated by Harpagon's repeated questions, the familiarity of his orders, his preoccupation with money and use of the word *coquin* bring together comic stagecraft, comic style, a comic theme, and comic vocabulary which cannot be satisfactorily accounted for in any other register. Moreover, since Harpagon's self-arrest implies a contorted position, his following statement, closely adapted from Plautus—'Mon esprit est troublé, et j'ignore où je suis, qui je suis, et ce que je fais'—may in its context either be taken as a confidence to the audience, in which case the comedy is that of litotes or understatement, or else stand in the parodic relation to tragic *égarement*, like that experienced by Hermione in *Andromaque*, Act V, scene i: 'Où suis-je? Qu'ai-je fait? Que dois-je faire encore?'

The scene goes on to develop both sorts of comedy. Harpagon's apostrophe to his missing money, 'Hélas! mon pauvre argent . . .', travesties the sort of apostrophe addressed to the gods, to personified wishes, to one's heart or eyes, etc.—frequent in French tragedy, to cite only Ildione's soliloquy occupying the same position at the end of Act IV of Corneille's *Attila*, performed the year before by Molière's troupe, or the more famous soliloquy in Act IV of *Horace*, in which the bereaved Camille proffers a *sentence* against which Harpagon's lamentations may be measured:

> En un sujet de pleurs si grand, si légitime,
> Se plaindre est une honte, et soupirer un crime.

Harpagon's laments are not tragedy, but parody. His declaration, 'C'en est fait, je n'en puis plus; je me meurs, je suis mort, je suis enterré', beginning with an idiom frequent in French tragic death scenes, significantly amplifies Molière's sources, whether we look directly at Plaute, or at Larivey, or indeed at Cahaignes's *L'Avaricieux*.[14] Significantly, because the added words 'je suis mort, je suis enterré' reflect the progressive stages of burlesque dying and death which Molière's stagecraft has written into the text to guide comic mime. Staggering, collapsing, Harpagon lays out as it were his own corpse and pretends to have buried it. Harpagon's pantomime is foreshadowed by his mime of death at the end of Act III, when he is knocked over by La Merluche and where his line 'Ah! je suis mort' is clearly to be delivered from a position prone on the floor—a position which, in his soliloquy, he exploits by a direct appeal to the audience: 'N'y a-t-il personne qui veuille me ressusciter . . .?'

Such a mock burial in a comedy can I think only be properly read as burlesque. It can be compared with the mime of death that Molière wrote into the role of Argan in *Le Malade imaginaire*, Act III, scene vi, following Argan's excommunication from medicine by M. Purgon. Argan uses some of the same vocabulary as Harpagon ('je suis mort. . . . Je n'en puis plus'). His mock death is anticipated by Louison's in Act II, and it will be amplified later in Act III in the exposure of Béline, while Béralde's reaction to Argan's imaginary death in Act III, scene vi, confirms the burlesque register in which it is mimed: 'Ma foi! mon frère, vous êtes fou, et je ne voudrais pas, pour beaucoup de choses, qu'on vous vît faire ce que vous faites.' Béralde's next line indicates moreover that the mime of imaginary death is to be held for a noticeable period: 'Tâtez-vous un peu . . .' and no doubt prepares a comic resuscitation.

That in Harpagon's soliloquy, to return to *L'Avare*, Molière exploits anti-illusionist as well as burlesque techniques of comedy

---

[14] Molière may not have known Cahaignes's *L'Avaricieux* (1580: modern edition by A. Gasté, Rouen, 1899). But a recent study of Larivey's *Les Esprits* suggests that this author prepares the way for Molière 'a descrivere l'avarizia come un irremediabile attaccamento morboso, una passione profonda, non solo ridicola, ma anche penosa' (L. Petroni, 'Traduzione e aspetti originali negli *Esprits* di Pierre de Larivey', *Atti dell'Accademia delle Scienze dell'Istituto di Bologna*, Classe di Scienze Morali, Memorie, LI–LII, 1963-4, 31).

is further evidenced by Harpagon's question to the audience about the thief: 'N'est-il point caché là parmi vous?' By this question (also derived from the *Aulularia*), Harpagon re-establishes a *rapport* with the audience, as Molière's actors are meant to do from time to time in his early farces, in *L'Étourdi*, and doubtless in many asides in later plays. Molière transposes Harpagon's 'Ils me regardent tous, et se mettent à rire' into the third person, but he could not have retained the line had he felt unable to hold on to his audience until they really do laugh. Some producers have deleted it. One actor at least has made it illusionist by speaking through a window into the wings. But surely it is evidence that in this scene Molière wanted Harpagon to be funny, to make people in the audience laugh, and that he succeeded.

That different moments in this scene are also morally significant seems to me equally likely. The miser who deprives himself through avarice is certainly a current moralist theme. Cotin's epigram 'Sur un avare' in the *Œuvres galantes* of 1663 (from which Molière took Trissotin's two poems in *Les Femmes savantes*) reads:

> Le chagrin, la melancholie,
> Sont l'vnique fruit de son bien,
> Et par vne estrange folie
> Ce qu'il possede n'est pas sien.[15]

There is also La Fontaine's fable 'L'Avare qui a perdu son trésor' (IV. 20) in the *premier recueil* of 1668, which begins: 'L'usage seulement fait la possession.' It does not therefore seem either far-fetched or anachronistic to argue that Harpagon's self-arrest implies that the miser—in a far deeper sense than he realizes—is his own thief, that his avarice deprives him of his wealth, as Cotin and La Fontaine also suggest. But Molière's mime goes further in suggesting that avarice as a vice of the mind deprives the miser of his senses, his judgement, that it destroys him, buries him alive. The parallel moment in *Le Malade imaginaire* seems likewise to use the technique of burlesque imaginary death to suggest that, like avarice, hypochondria is a form of spiritual suicide. A stagecraft

---

[15] Ed. cit., p. 426.

more developed than Plautus' or Larivey's conveys a meaning richer than Cotin's or La Fontaine's. Each of these moments is 'une chose qui peint l'extravagance', a comic image that caricatures and rejects a self-destructive attitude, an image no less joyous because of its scorn and no less scornful because of its joy.

The implications of Argan's mime in *Le Malade imaginaire*, Act III, scene vi, appear to be confirmed by verbal images in Toinette's pseudo-medical advice in scene x of the act:

TOINETTE: Que diantre faites-vous de ce bras-là?

ARGAN: Comment?

TOINETTE: Voilà un bras que je me ferais couper tout à l'heure, si j'étais que de vous.

ARGAN: Et pourquoi?

TOINETTE: Ne voyez-vous pas qu'il tire à soi toute la nourriture, et qu'il empêche ce côté-là de profiter?

ARGAN: Oui, mais j'ai besoin de mon bras.

TOINETTE: Vous avez là un œil droit que je me ferais crever, si j'étais en votre place.

ARGAN: Crever un œil?

TOINETTE: Ne voyez-vous pas qu'il incommode l'autre, et lui dérobe sa nourriture? Croyez-moi, faites-vous-le crever au plus tôt, vous en verrez plus clair de l'œil gauche.

ARGAN: Cela n'est pas pressé.

It may be, as J. D. Hubert suggests in his *Molière and the Comedy of the Intellect*,[16] that Toinette's burlesque advice directly or indirectly parodies part of the Sermon on the Mount:

And if thy hand offend thee, cut it off. And if thine eye offend thee, pluck it out: it is better for thee to enter the kingdom of God with one eye, than having two eyes to be cast to hell fire (Mark 9: 43, 47; cf. Matthew 5: 29–30).

And in any case Toinette's disguise as a doctor of farce, the indicated by-play ('ce bras-là', 'ce côté-là', 'Vous avez là . . .'), and the nonsense of what she says indicate the tonality of burlesque or farce.

But each of Toinette's recommendations is also 'une chose qui

---

[16] Berkeley and Los Angeles, University of California Press, 1962, p. 261.

peint l'extravagance', a correlative of Argan's hypochondria. The images symbolize moralist reflection on hypochondria and perhaps also on the spiritual hypochondria of puritanism which assumes that life is somehow better if half of it is rejected, an attitude that cuts and plucks away at life until what remains is hardly worth living. Toinette's extravagant prescriptions are images of the extravagance of self-mutilating fear and self-pity which Argan had comically dramatized in the opening scene of the play, comic images joyfully scornful of a self-destructive vice which is not looked upon as the fault of fate or of society, but as Argan's own individual responsibility. It is one of the ironies of literary history that Arnavon[17] should have chosen to delete this particular scene so that the 'realism' of others could be better preserved. One might say with Argan:

> Me couper un bras, et me crever un œil, afin que l'autre se porte mieux! J'aime bien mieux qu'il ne se porte pas si bien. La belle opération, de me rendre borgne et manchot!

For even an Argan can take a moral point when it is given 'quelque marque sensible' and 'quelque sorte de forme extérieure'.

To conclude, three further points seem worth making, two to limit the application of what is here proposed, a third to raise further questions.

It is not argued, to begin with, that every image in Molière is a comic image with moralist implications, as for instance I would claim for Alain's line in *L'École des femmes*, Act II, scene iii: 'La femme est, en effet, le potage de l'homme', where Alain's metaphor signifies an attitude which would reduce Agnès or any woman to an *objet de consommation* in the service of a male appetite. With Alain's metaphor I would contrast a famous metaphor at the beginning of *Le Sicilien*: 'le ciel s'est habillé ce soir en Scaramouche', a line admired by Hugo and often quoted out of context as if it were lyrically expansive. In the mouth of a clever valet, Hali, in context, it strikes me rather as burlesque:

> Il fait noir comme dans un four; le ciel s'est habillé ce soir en Scaramouche, et je ne vois pas une étoile qui montre le bout de son nez.

[17] *Le Malade imaginaire de Molière*, Paris, Plon, 1938, pp. 329 ff.

For in the *commedia dell'arte*, with which Molière and his public were thoroughly familiar, Scaramouche was a comedian. In 1667, the *commedia* had not been idealized by Watteau, or by Verlaine. The sky's disguise as a comedian fits into a series of three images, carefully graded from the commonplace dark of the oven to the burlesque conceit of stars not showing their noses. By this complex of imagery, and doubtless by supporting mime, Molière evokes the kind of imaginative stage 'darkness visible' required for the action and for the audience to be able also to follow the action. Hali's images also contribute to the creation of a comic atmosphere, which they would not do if any of them were affective or lyrical. Thus in Hali's line I see not a lyrical, but a comic image, one with dramatic implications, but without any moralist ones.

In the second place, it is not argued that every extravagant line, every pun, every joke, every slapstick gesture in Molière is a comic image. I am convinced, on the contrary, that many are not. The quarrel between Sganarelle and Martine, Sganarelle's jokes, and the beating that Martine receives at his hands in the opening scene of *Le Médecin malgré lui* usually seem funny to me, but I cannot discover any special significance apart from motivation of the dramatic action to follow. When, however, in Act I, scene v, of that comedy Sganarelle is beaten by Valère and Lucas until he agrees to be called a doctor, the farce does seem to me significant. The elements of the action are not unified in quite the tidy instant of time required of an image, but Sganarelle's line 'J'aime mieux consentir à tout que de me faire assommer' could be argued to fall within the definition. For it focuses a relationship between fact, belief, force, and confession to which Molière returned several times in the late 1660s. It is by coercion in the first act of *Amphitryon* that Mercure obtains from Sosie a 'confession' that he is not himself, but only after the clarifying protest:

> Tes coups n'ont point en moi fait de métamorphose;
> Et tout le changement que je trouve à la chose,
>   C'est d'être Sosie battu.

And later Sosie answers Amphitryon's threats (Act II, scene i):

> Si vous le prenez sur ce ton,
> Monsieur, je n'ai rien à dire,
> Et vous aurez toujours raison.

It is hardly possible to demonstrate that these moments—with other related scenes like the one in which Maître Jacques is beaten for his sincerity in *L'Avare*, Act III, scene i—are related to the contemporary French system of investigation by judicial torture —*la question*—or to the use of coercion in obtaining conversions to the established Catholic faith. That such scenes constitute an overt attack on the brutal system of so-called *justice* or on the uncharitable pressures which Protestants were inheriting temporarily from Jansenists could not be seriously maintained. But the parody of a tragic stance in Arnolphe's interrogation of Agnès in *L'École des femmes*, Act II, scene v,

> O fâcheux examen d'un mystère fatal,
> Où l'examinateur souffre seul tout le mal!,

implies an inversion of *la question*, which suggests that Molière was well aware of the institutional violence officially justified as 'inquiry'. And it can hardly be denied that the scenes cited from *Le Médecin malgré lui* and *Amphitryon* focus, comically but clearly, the view that coercion can obtain almost any statement it requires, together with the fact that such a statement may be unrelated to the facts in question or to the belief of the speaker.

Thus in conclusion I would ask whether in certain comedies in which Molière has reconstructed folklore or myth there are not comic images containing ideas of such wider implications? It is not necessary for a play to be a *pièce à thèse* in order for it to contain ideas, nor are its ideas and images the less powerful for a certain abstraction, for having no explicit application. Specialist concentration in recent years on theatrical and aesthetic considerations in Molière studies has obtained rich, often brilliant results, of which some of the best are still to be found, after more than twenty years of intensive study, in Moore's *Molière: a New Criticism*. It is, however, also an aberration of the recent past, particularly of Bray's epigoni, to assume that the aesthetic and theatrical qualities of Molière's plays are somehow dependent upon a moral insignificance. Neither the critical writings of Molière himself nor those of his close associates suggest any such incompatibility of ethics and aesthetics: on the contrary. Only ten years after the publication of Bray's book, Vivian Mercier could write: '*Le Misanthrope* is one of the purest examples of the drama of ideas, a member of that very small group of plays which tease the mind long after one has left the theatre.'[18] Perhaps not every play mentioned in this essay could be called a drama of ideas; but if my theory of comic images is acceptable in its general outline, more than three of Molière's comedies could be included in Mercier's 'very small group', and others placed honourably near it. For if there is a danger in reading into the great works of the past the ideas, the concerns, and—yes—the fun of the present, there is surely a greater danger in reading into them a poverty of ideas, a lack of concern, and a humourless dullness. Either to trivialize the past or to deny its laughter can only impoverish the present, and the future.

H. GASTON HALL

[18] 'From Myth to Ideas—and Back', in *Ideas in the Drama*, ed. J. Gassner, New York, Columbia University Press, 1964, p. 63.

5. *Dom Juan* and 'Non-Aristotelian Drama'

WILL MOORE'S affirmation that 'only through the form can we know what the play is about'[1] has not yet, I think, proved the key to *Dom Juan*, but it may do so if we can grasp just what is unconventional about the form of this least conventional of Molière's plays. *Dom Juan* is 'non-Aristotelian' not merely because it breaks what the seventeenth century thought of as 'Aristotle's Rules', but in the sense in which Brecht, three centuries later, was to define the term in order to create a new conception of drama, and by taking Brecht's theory of the stage as our basis, we can, I believe, arrive at a new assessment of Molière's originality in this remarkable work.[2]

The incentive to do so comes, in the first place, from the remarkable similarity between the predominant conception of drama in the seventeenth century, whose limitations Molière experienced when he ran into criticism over *L'École des femmes* and *Tartuffe* (the plays which immediately preceded *Dom Juan*), and the conception which held the field in the twentieth century, against which Brecht was reacting. In both cases the theatre was

---

[1] W. G. Moore, *French Classical Literature, An Essay*, London, O.U.P., 1961, p. 95.

[2] References to Brecht's writings will be to Berthold Brecht, *Gesammelte Werke*, 20 vols., Frankfurt, Suhrkamp, 1967 (hereafter referred to as Brecht: *Works*) or, wherever possible, to *Brecht on Theatre*, trans. and ed. John Willett, London, Methuen, 1964 (hereafter *Brecht on Theatre*). Although Brecht's views underwent development, and although he continued to seek for an adequate terminology in which to express them, his consistency in maintaining certain fundamental principles makes it legitimate to speak, as Eric Bentley does (*In Search of Theatre*, New York, Alfred Knopf, 1947, p. 138), of his 'mature, common-sense theory of the stage'. In conjunction with Benno Besson and Elizabeth Hauptmann, Brecht made a very free adaptation of Molière's *Dom Juan* (*Works*, VI. 2547–615) which was given its first performance by the Berliner Ensemble on 16 Nov. 1953. Brecht's comments on the production are in *Works*, XVII. 1257–62.

looked upon as a place in which the spectator could experience the illusion that the events he saw on the stage were happening in a spurious present to individuals with whom he could identify himself emotionally, with the expectation that his feelings about the central character would be resolved in a self-sufficient emotional climax. In both cases this was held to postulate an ideal of verisimilitude derived from the average person's inherited notions of what life 'ought' to be like.[3] There is ample evidence that for the dramatist to present, through subject-matter, characters, or events, a 'wrong' view of life in the seventeenth century was as scandalous to contemporaries as it was in the days of Shaw and Ibsen. On the other hand, as with Shaw and Ibsen, the scandal was apt to fade quickly when the audience settled down to enjoy the way, in itself traditional, in which the plays aroused its feelings. This was the case with Molière's first two controversial plays which, while containing material that many found objectionable, dealt with characters who engaged the audience's feelings, and satisfyingly fulfilled its desire to see the aberrant central character made to bow before the sane social norm. If *Dom Juan* has never evoked the same kind of response this is, I shall argue, because in it Molière reacted towards the limitations of seventeenth-century classicism in just the same way as Brecht was to react to those of twentieth-century naturalism, and wrote the kind of play which, far from seeking to arouse and fulfil the spectator's habitual expectations in the theatre, deliberately sets out to 'alienate' him in the Brechtian sense, by breaking illusion, inhibiting self-identification, and making it possible for the spectator to transcend his ingrained feelings about life and become critically aware of the social significance of the events represented on the stage.

The feature of Molière's play which immediately puts one in mind of Brecht is its episodic structure.[4] Although various

---

[3] The connection between the tendencies of French classical dramaturgy and Brecht's reaction against naturalistic theatre is well made by J. Rousset, *L'Intérieur et l'extérieur*, Paris, Corti, 1968, p. 167. Brecht commented on the drive towards naturalism in earlier European dramaturgy in his 'Short Organum for the Theatre', paras. 8–12 (*Brecht on Theatre*, pp. 181–3).

[4] On this point, cf. *Brecht on Theatre*, pp. 58, 201.

attempts have been made to explain this away on grounds of haste in writing or the intractability of the legendary material, or even to minimize Molière's departure from the unities by claiming that they are 'stretched' rather than broken, the text together with the recently discovered details of the original settings make it clear that Molière was unequivocally upsetting the spectator's normal associations and that what he did in this respect was in accordance neither with classical principles nor with baroque practice. The chief means of illusion in French classical drama lay in the continuity of the text, achieved through observance of the unities and linking of scenes, but this was reinforced in the theatre by the visual continuity derived from the presence of a single set, of the wings and backcloth type, making use of perspective effects, which focused attention on the place where the spectator could imagine the events to be happening. Molière used a single set of this kind, representing a street scene, for *L'École des femmes*, and a similar set, representing the interior of a bourgeois house, is obviously all that he would have needed for *Tartuffe*. For *Dom Juan*, however, an entirely different perspective set was used for each act.[5] Since the scenery was always changed in full view of the audience, the effect can only have been to 'break illusion' between the acts, while the details of each set as it was moved into place would have attracted the spectator's attention and prepared him for the content of the next episode. Although *Dom Juan* has sometimes been classed as a 'baroque' work, it should be stressed that there can have been nothing baroque about the use of successive décors in *Dom Juan* and that Molière was no more adopting a baroque mode of presentation than Brecht, in similar circumstances, could be said to be using the style of a Reinhardt. There would have been no sensation, such as could be had from the 'instantaneous' transformation scenes effected by hidden machinery in baroque theatre, that the whole theatre was moving, no playful assumption that one had been magically transported into a world of fairytale

---

[5] M. Jurgens and E. Maxfield-Miller, *Cent Ans de recherches sur Molière*, Paris, Imprimerie Nationale, 1963, p. 399. The authors reproduce the 'Marché de décors pour *Dom Juan*' dated 3 Dec. 1664.

romance.[6] On the contrary, the settings for the original production of *Dom Juan* indicate that what was put before the audience's eyes was a series of precise decorative statements about contemporary life—the aristocratic palace of Act I, the 'hameau de verdure' with the sea in the background of Act II, the forest with its temple in Act III, Dom Juan's apartments in Act IV, and the town set of Act V, provide a detailed social setting for the particular characters whom we are to meet in each episode.

Episodic structure, breaking illusion, prevents the spectator from focusing his attention on a distant climax, when the fate of the principal character will be resolved, and makes him attend to each episode as an independent entity in which the dramatist can bring the social significance of the events into the foreground. In Brecht's view it followed that emotion should be aroused without creating a condition of empathy.[7] Empathy, which plays a significant part in French classical theory, is created in Molière's other five-act comedies, where the spectator feels a real bond of sympathy with the young lovers, a genuine desire to see Orgon, for example, restored to a normal state of mind, and is even able to recognize in the lamentable Arnolphe a basically human figure whose downfall is caused by his failure, itself a human one, to repress the qualities he shares with each one of us. In all these cases our feelings remain the same throughout the play, held in check by the author but nevertheless consistently respected by him. In *Dom Juan*, however, empathy is effectively inhibited; our feelings are made to shift towards and away from the characters; sympathy is aroused only to be neutralized; and we are left with no firm or consistent basis of emotional attachment to any of the characters except (and their case, as we shall

---

[6] On the indications in the text of a distinct shift in time between each act, see R. Pintard, 'Temps et lieux dans le *Dom Juan* de Molière', *Studi in onore di Italo Siciliano*, Florence, Olschki, 1966, II. 997–1006.

[7] Brecht made it clear on several occasions that a type of drama which excluded emotion was as unthinkable as one which excluded laughter. See *Brecht on Theatre*, pp. 145, 173, and especially p. 248: 'We make no attempt to share the emotions of the characters we portray, but these emotions must none the less be fully and movingly represented. . . .'

see, is a peculiar one) Dom Juan and Sganarelle. If we feel for
the hermit when Dom Juan tries to make him blaspheme against
his conscience, he forfeits our sympathy because we know that
his conscience does not prevent him from trading prayers for
money. Dom Carlos comes to seek reparation for the injury done
to his sister, but the episode is so constructed as to show him
wholly enslaved to the mechanical precepts of the code of honour.
We feel for Dom Louis as the injured father, only to be irritated
by the way in which he puts his case, speaking as Doolittle puts
it 'as the representative of a moribund generation',[8] so that we
end by sharing Dom Juan's lack of respect for him. Even if
Elvire wins our sympathies by what we feel is a show of sincere
emotion, Dom Juan immediately swings us over to his side by
playing on our natural penchant for the scandalous. By this point
in the play, indeed, we are so used to being scandalized by his
conduct that laughter at his effrontery, effacing sympathy for his
victims, has become an automatic reaction.

Another reason why it is difficult for the spectator to identify
himself emotionally with the characters is, of course, the fact
that all except the two principals appear only intermittently. But
even when he has the chance to do so, Molière makes no attempt
to portray the characters as individuals, but instead brings out
their basic attitudes or what Brecht would call the *Gestus*. Whereas
with Arnolphe in *L'École des femmes* and with Orgon in *Tartuffe* Molière reveals his capacity for motivating his creations
from the inside by the striking insights he reveals into (in these
cases) the psychology of the authoritarian character, Dom Juan
is seen only from the outside and, in his constantly changing
appearances, might well be taken to illustrate Brecht's belief
that the continuity of the ego is a myth.[9] There is, surely, no
gradual portrayal of character, as is sometimes said, only a

---

[8] J. Doolittle, 'The Humanity of Molière's Don Juan', *Publications of the
Modern Languages Association*, LXVIII, June 1953, 523.

[9] *Brecht on Theatre*, p. 15. Cf. La Rochefoucauld, *Maximes* (no. 135): 'On est
quelquefois aussi différent de soi-même que des autres.' Brecht (op. cit., p. 56)
held that episodic structure was essential in order to present a protagonist who
'does not add up to a single unchangeable character but to one who changes all
the time' while remaining consistently himself.

succession of attitudes.[10] Brecht himself made the point well when he said of Molière's Dom Juan that 'Der Glanz des Parasiten interessiert uns weniger als das Parasitäre seines Glanzes'.[11] Perhaps the clearest evidence of Molière's 'gestic' portrayal of character is to be found, however, in the dialogue. Sganarelle, in his comment immediately following the end of Dom Juan's first long speech, gives us a clear indication of the way in which the tirades (exceptionally numerous in this play) should be spoken: 'Il semble que vous ayez appris par cœur cela, et vous parlez tout comme un livre.' It is remarkable that these are exactly the terms used by Brecht when instructing his actors in how to 'distance' the spectator from a text.[12] Vilar's production of Molière's play showed how much is gained when the tirades are delivered in a rapid monotone, when the effect is exactly that called for by Brecht. In the theatre the spectator is given no chance to seize upon individual sentences as the pretext for insights into the character's motivation; instead, the speeches function as a vehicle for the display of verbal gestures which together bring out a basic attitude. Thus Dom Juan's aim, in his first long speech, is to proclaim with almost lyrical fervour his freedom from all the constraints of society, and his concluding words, where he compares himself to Alexander, rather than indicating that he is 'at heart' an unsatisfied seeker after the Absolute, are a final gesture flung out to bemuse Sganarelle who, appropriately, makes us laugh when he stammers the words back to Elvire in the following scene.

Dom Juan is not, of course, the only character who 'talks like a book'. All do so, and if Sganarelle's mode of discourse is that of the 'charlatan de foire' as Guicharnaud aptly describes him,[13] the

---

[10] *Gestus* is perhaps best defined by John Willett, *The Theatre of Berthold Brecht*, London, Methuen, 1959, p. 173: 'It is at once gesture and gist, attitude and point: one aspect of the relation between two people, studied singly, cut to essentials and physically or verbally expressed. It excludes the psychological, the subconscious, the metaphysical unless they can be conveyed in concrete terms.'

[11] Brecht, *Works*, XVII. 1258.   [12] *Brecht on Theatre*, pp. 54, 59, 68.

[13] J. Guicharnaud, *Molière: une aventure théâtrale*, Paris, Gallimard, 1963, p. 184. As a huckster, Sganarelle even tries to 'sell' Dom Juan, in his opening scene with Gusman. At other times he relapses into his own inimitable kind of moralism. 'Il se cramponne à tout ce qui surnage dans sa mémoire et son intellect,

others—especially the noblemen—tend to compose their speeches out of the manuals of courtesy and conduct. Their gestures, as Doolittle again has pointed out, are the stock social gestures which they regard as the correct response to the situations with which Dom Juan confronts them, even though such responses always turn out to be totally inadequate. In a very literal sense it can be said that, to use Brecht's terms, it is the 'social being' of these characters that 'determines their thought'.[14] Sganarelle and Dom Juan, while still portrayed in the perspective of society, stand somewhat to one side. While Sganarelle is the licensed fool, and as such exists in the margin of society, Dom Juan, although the epitome of the 'grand seigneur méchant homme', has transcended society by seeing through its moral basis, and so has put himself beyond its grasp. If Dom Juan seems to have no conscience, this is because he is dealing with a society in which no one, when it comes to the point, acts out of a pure motive of conscience, and where the ruling sanction is not conscience but shame. 'Il n'y a plus de honte maintenant à cela', the phrase with which he justifies his assumption of the hypocrite's part in the last act, is society's touchstone which he contemptuously manipulates to his own ends. With the hermit he shows his contempt for the aristocratic virtue of liberality by the extravagant sum he bestows on him for nothing;[15] with Elvire's brothers he makes mock of all the conventions which surround the obligation to display valour in affairs which concern one's peers; he plays the ardent lover or the courteous gentleman for his own ends under the protection of the same code, which even today sees little shame in seducing maidservants or piling up debts with tradesmen, and which, he has just discovered, sees none in religious hypocrisy, that 'vice à la mode' which it is demonstrably so wrong to censure.

à tous les poncifs de la vertu courante' (A. Villiers, *Le Dom Juan de Molière*, Paris, Éditions de la Revue 'Masques', 1947, p. 57).

[14] *Brecht on Theatre*, p. 37.
[15] On this point see the commentary on the *scène du pauvre* by H. Gaston Hall in P. H. Nurse (ed.), *The Art of Criticism*, Edinburgh, Edinburgh University Press, 1969, p. 79.

Dom Juan, then, stands out from the play not as an individual whose inner motives invite exploration, but as a dangerous and disturbing social phenomenon. It is because critics have taken the individual rather than society as the centre of the play that most interpretations have run into difficulties. Criticism has traditionally assumed that, despite its unconventional form, the play functions in the conventional manner by moving towards a climax which resolves our feelings about the central character in an emotionally self-sufficient way. Few would claim, however, that this has ever been their experience in the theatre. The fault does not lie with the play, nor even with the way it may have been performed, but with the way of looking at it. It is hard to see how the text can justify the claim that Dom Juan's character leads him by dramatic means to his final punishment, or that his punishment is the logical outcome of preceding events in the plot. This is not the 'Aristotelian' kind of play in which, to use Brecht's words in another connection, 'the protagonist's inner life is the principal cause of the action'[16] or one in which 'the action creates a growing demand for an increasingly definite objective, namely the hero's death'.[17] This demand may sometimes be felt, by some spectators, but its source is outside the play. Guicharnaud goes to the heart of the matter when, commenting on Sganarelle's burlesque celebration of poetic justice in the last speech of the play, he says:

> Tout le monde, en vrac, est content — et nous aussi — dans la mesure où Dom Juan créait en chacun une exaspération telle qu'il éveillait en tous le vœu primitif du meurtre, de la destruction pure et simple. Mais enfin, c'est une bien maigre réparation que fournit cette sommaire justice primitive. . . . Sur le plan humain, rien n'est véritablement réglé.[18]

The 'exasperation' of which Guicharnaud speaks is in fact a sign that the play itself has failed to resolve our feelings about the central character. The lesson that virtue is rewarded and vice

---

[16] *Brecht on Theatre*, p. 48. Cf. Guicharnaud, op. cit., p. 190.
[17] *Brecht on Theatre*, p. 45.
[18] Guicharnaud, op. cit., p. 314.

punished is, as André Villiers puts it in his remarkable and neglected study of the play, one that can only be safely drawn by the man in the street: otherwise, 'la discussion reste ouverte et la méditation imposée aux consciences'.[19] And the problem is, surely, a social one: divine intervention may have got rid of Dom Juan, but society remains as incapable as ever of dealing with the phenomenon he represents.

The view that Dom Juan is defeated by 'comic' rather than dramatic means, because we are made aware of his human limitations, seems to me to meet with similar objections. When Guicharnaud, for instance, points to the fact that Dom Juan (unlike even Arnolphe or Orgon) acknowledges no transcendent ideal, as a limitation which may render him 'comic',[20] the limitation is really all on the side of society: in a world in which transcendence is represented by werewolves, the 'moine bourru', veiled spectres, and old Father Time, Dom Juan's attitude seems amply justified. There is nothing here, as André Villiers rightly says, 'qui soit de nature à lui imposer un nouvel examen de conscience'.[21] The Statue itself is in decidedly bad company, a monument to human vanity (as Dom Juan describes it in Act III) which nods and walks, rather than a credible agent of the divine will.

Should he find the Statue credible, in 'the dramatic context of a world in which such phenomena as statues nodding do occur'?[22] To answer this question, we must decide whether this dramatic context can truly be said to include Dom Juan himself. The point, to which Will Moore first drew attention, that the central figure of the play is not single but double—Dom Juan cannot be separated from Sganarelle—ought perhaps to serve as a warning that the role of these characters may not be that of a traditional

---

[19] Villiers, op. cit., p. 61.

[20] Guicharnaud, op. cit., p. 199.

[21] Villiers, op. cit., p. 48. That the 'spectre en femme voilée' belongs to the same realm of folklore as the 'moine bourru' is established by A. Lévêque in an article, 'Le "spectre en femme voilée" dans le *Dom Juan* de Molière', *Modern Language Notes*, LXXVI, Dec. 1961, 742–8.

[22] Quoted from W. D. Howarth's notes to his edition of the play (Oxford, Blackwell, 1958), p. 93.

protagonist, and that instead of being the focus of the play, they are in fact the means by which the audience focuses on the events acted out by the other characters. As Guicharnaud has well shown, all the characters of the play behave as if they were actors, but while Dom Juan's victims are 'des acteurs inconscients', Dom Juan himself is 'le seul acteur conscient'.[23] But when Guicharnaud goes on to describe Dom Juan as 'le mauvais acteur, celui qui joue autre chose ou plutôt qui, hors du jeu, gâche le spectacle', he unwittingly puts his finger on the Brechtian function of Dom Juan in Molière's play, that of 'standing between the audience and the play'—the 'play' in this case being one performed by his victims, and in which, to quote Guicharnaud again, 'Chaque adversaire de Dom Juan vient réciter, dans le style qui lui convient, et à la place qui lui est assignée, ce qu'on attend de lui.'[24] While these other characters are entirely identified with their roles, Dom Juan never 'loses himself in his part'. He refuses to take the other characters seriously, 'acting' the hypocrite, for example, as transparently for Elvire's benefit in Act I as he does for that of Sganarelle and Dom Carlos in Act V. This is where he contrasts with Sganarelle, who also stands outside the 'play', but who takes Dom Juan's victims as seriously as they take themselves, believes literally in everything that takes place, and tries to identify himself emotionally with the characters, only to be totally frustrated by his master's behaviour and comments. If Dom Juan is the compère of the show, the part that Sganarelle is playing is that of the traditional, 'Aristotelian', audience, the fulfilment of whose expectations Molière is so firmly denying throughout the piece.[25]

The effect of this 'distancing' of the characters is as disconcerting to the audience in the theatre as Dom Juan's conduct is to Sganarelle on the stage. Dom Juan's victims stand for society as

[23] Guicharnaud, op. cit., p. 299.
[24] Ibid., p. 312. Cf. *Brecht on Theatre*, p. 58.
[25] It could also be argued that Sganarelle's list of those who have been made 'happy' by Dom Juan's death parodies the satisfaction an 'Aristotelian' audience would expect to take away from the theatre, and that his last despairing cry 'Mes gages!' expresses his own disappointment that this has been denied. In a sense, Sganarelle is asking for the return of his entrance money.

it likes to see itself, Sganarelle and Dom Juan for all that it likes to think it finds most ridiculous or abhorrent. Yet Molière has also seen to it that, while sympathy for the victims is effectively neutralized, these two are allowed to appeal to our feelings. Significantly, however, their appeal is to our less worthy instincts: Dom Juan's to the prejudice we all harbour that it is less of a crime to be wicked than to be stupid, Sganarelle's to the tendency— shared by us all—to go along with what we condemn. Moreover, because our emotional link is with them, we find ourselves observing, through their eyes (again we are reminded of Brecht), the spectacle afforded by the other characters.[26] Will Moore has suggested that Molière does not want us to side with either Sganarelle or Dom Juan, but rather to laugh at them both,[27] but I believe that the form he has adopted for the play gives the spectator a different choice. Like Brecht, Molière has broken illusion and distanced his characters, in order to bring the spectator to a point of critical awareness. Siding with either Dom Juan or Sganarelle is a trap into which it is all too easy for him to fall, but either way he risks losing his self-respect. His only escape is to take a consciously critical attitude towards the society which makes the temptation possible. Both Dom Juan's manipulation of other people and Sganarelle's craven acquiescence are, in the last analysis, social offences which are made possible by society itself, and it is for the spectator, who represents society in the auditorium, to stand back from the play and decide what should be done about the attitude of society as it is represented on the stage. 'Aristotelian' drama could not make possible this response in the theatre in Molière's day any more than it could in Brecht's. For Molière to have hit upon a form which could do so was surely an extraordinary achievement, so extraordinary indeed in the context of his times that it no doubt goes a long way towards explaining why contemporary reaction to the play was so violent

[26] *Brecht on Theatre*, p. 93: 'The audience identifies itself with the actor as being an observer, and accordingly develops his attitude of observing or looking on.' Molière's particular twist is to give the spectator an embarrassing choice between two observers of equally dubious moral character, as I go on to argue.

[27] W. G. Moore, *Molière: A New Criticism*, Oxford, Clarendon Press, 1949, pp. 93–7.

and why we, still wedded to the 'Aristotelian' mode of interpretation, find it so perplexing.[28]

D. C. POTTS

[28] While agreeing with Jules Brody (*'Dom Juan* and *Le Misanthrope* or the Esthetics of Individualism in Molière', *Publications of the Modern Languages Association*, LXXXIV, May 1969, 568) that the social implications of *Dom Juan* are profoundly disturbing, I cannot accept his conclusion that 'rather than point a finger at vice and corruption, [Molière's] natural impulse was to accept them in their deep inevitability and permanence' and that his comedy 'fulfils its highest appointed function when it affords a few hours' escape from the complexities and miseries of the human condition' (p. 576). On the contrary, as I have tried to show, the unorthodox form adopted by Molière for the play is a means of provoking the audience into critical awareness of the disturbing social implications. The point of view I have adopted also makes it pointless to ask whether Dom Juan's 'atheism' is, in any meaningful sense, the cause of his death. To accept this, we should have to believe that Dom Juan's death is in fact a punishment from Heaven, but it is only in the world of Dom Juan's victims (and especially for Sganarelle) that such a concept has any meaning. We cannot say, as P. H. Nurse does (*French Classical Voices*, London, Harrap, 1971, p. 156), that Dom Juan is foolish to deny 'tangible proofs of the supernatural', because such proofs are only tangible to his victims, and to Sganarelle who, as he assures his master, can recognize ghosts by the way they walk. Unlike Descartes, but like Laplace a century later, Dom Juan has no need to postulate God's existence in order to be sure that two and two make four. His death-cry 'Ah!' registers only physical shock, unlike the psychological recognition implicit in Arnolphe's 'Ouf!' which, as one critic puts it, 'renders the moment of collapse into the awareness of the relation of self to society' (H. McArthur, 'Tragic and Comic Modes', *Criticism*, III, 1961, 42).

6. Philinte and Éliante

ALL who have studied Molière must at some stage have come across views about his alleged devotion to 'moderation in all things', to the 'golden mean', to a kind of *morale de M. Prud'-homme*. Many may have felt that such an interpretation is an insult to the intelligence of the author, and some may have been strengthened in so feeling by the realization that theatrically it can only lead to the kind of *rigor mortis* that has overtaken most of the plays of Dumas fils. Moreover it condemns a considerable number of important and interesting characters in the plays of Molière to a boring semi-existence as human beings. Philinte and Éliante have often enough suffered this fate on stage, and the aim of this study is to suggest that they do not deserve it. Another is to add a further notion to the immensely perceptive analysis of *Le Misanthrope* to be found in Guicharnaud's *Molière: une aventure théâtrale*.[1] The treatment therein of Philinte and Éliante is muted and even a little conventional. It is perhaps significant that Chapter VI of Guicharnaud's section on *Le Misanthrope* (pp. 439 ff.) which begins by discussing briefly—one page—the scene between Philinte and Éliante which opens Act IV, is entitled '*La grande scène du IV*': desire to give prominence to the most famous scene in the play may perhaps have blurred the importance of IV. i. . . . Anyone who has studied Guicharnaud and has then directed the play owes him a very great debt, and it is to be hoped that a disagreement with him on this area of the play will not seem ungracious.

We all know that in the first scene of the *Misanthrope* Philinte says,

> La parfaite raison fuit toute extrémité,
> Et veut que l'on soit sage avec sobriété. (ll. 151–2)

[1] Paris, Gallimard, 1963.

But fortunately he has some 220 other lines in the play as well. And if in the same scene (l. 215) he attaches to Éliante the label *sincère* which has stuck so firmly to the poor girl, it is fortunately the case that she has other qualities too. . . . 'Fortunately' at least for any actor or actress who undertakes either of the parts.

The present study is inspired to a large extent by the experience of directing a production of the *Misanthrope* in 1969, and, while based firmly on the text of the play, its starting-point is theatrical rather than literary. The main question of course in any production of this play is the interpretation of the characters of Alceste and Célimène, but once a line has been established about them, the problems become technical ones for the actors. Oronte, Arsinoé, Acaste, and Clitandre are relatively straightforward parts: the great danger for the performers here is the temptation to overplay. But Philinte and Éliante set quite different problems. If Philinte is no more than a counterpoise to Alceste he quickly becomes a bore, and if Éliante—who has less than eighty lines in the play, but who is on stage quite a lot—is merely there to be paired off with Philinte at the end, then her presence in the company does little more than add to the production costs. What can the director suggest to the actors taking these two parts? And what can the actors seek to convey to the audience? We begin with some general remarks about each of them before proceeding to an examination of the text of their parts.

The first thing for the actor playing Philinte to establish is his relationship with Alceste. They are friends—in so far as Alceste is capable of friendship. From start to finish of the play Philinte does his best for Alceste, even if this very solicitude is at times unwittingly irritating and even if there are moments when he cannot resist being provoking. And Alceste cannot do without Philinte. Despite his great claims to absolute sincerity, Alceste behaves with less than total frankness at times with all the other main characters in the play, but never with Philinte. It must be relaxing for Alceste to be with Philinte: there he can say what he feels with the utmost violence and yet know deep down that Philinte will remain loyal.

A useful pointer is given in these lines from Philinte in Act I, scene i:

> Ce chagrin philosophe est un peu trop sauvage,
> Je ris des noirs accès où je vous envisage,
> Et crois voir en nous deux, sous mêmes soins nourris,
> Ces deux frères que peint l'*École des maris*,
> Dont . . . (97–101)

The allusion to *L'École des maris* makes one think first that an indication of the relative ages of Philinte and Alceste is being given us, because Ariste (Philinte) is twenty years older than Sganarelle (Alceste). But what are we to make of 'sous mêmes soins nourris'? It amounts to saying 'I know this comparison is not exact because you and I are not brothers, but we were brought up together which comes to much the same thing.' This reference to a common upbringing indicates that they are childhood friends of much the same age. Apart from this discrepancy about age, the allusion by Philinte is far from being what Alceste calls it—a *comparaison fade*. Alceste indeed has much in common with Sganarelle in terms of obstinacy and intolerance of society, and Philinte's attitude to life and love is indeed close to that of Ariste. Moreover, Philinte, like Ariste, gets the girl he wants in the end . . .

It is common to see Philinte played as a rather older man than Alceste. This is perhaps because it is thought that his wordly-wise outlook suggests greater experience, and partly because of his apparent diffidence in making approaches to Éliante. But there is a great deal to be said for playing him slightly younger than Alceste. There is an ineradicable flippancy in the temperament of Philinte that is perhaps as important as his cynical common sense. There are also indications of warmth of feeling in him: he is not a desiccated *raisonneur*.

One further point may be made at this juncture concerning the relationship between Alceste and Philinte. It is curious to notice that while Philinte addresses Alceste twice by his name (13 and 203) and never elsewhere in any other way than *vous*, Alceste never addresses Philinte by his name (indeed the only person who does is Éliante—1213), and on a number of occasions (167, 414,

1234, 1243, 1552, 1570) uses the form *Monsieur*—this 'polite' form of address being employed invariably in an impolite context.

The next most important consideration for the actor playing Philinte is his relationship with Éliante: that we will deal with later. With the other characters in the play Philinte has but little to do. His behaviour to Oronte in i. ii is in part conventional and in part conditioned by the presence of Alceste. We know from i. i and iv. i what he thinks of Célimène, and his interventions in ii. v (*scène des portraits*) add interesting nuances to this opinion. He has only one comment (216) to make on Arsinoé. He never speaks directly to or of Acaste and Clitandre. There are scenes in which he is on stage for considerable periods without having a line to speak—i. ii from 250 to 319, ii. v from 559 to 631 and from 689 on to 754 in ii. vii, v. iii and iv from 1653 to 1799.

What are the problems for the actress playing Éliante? Before she appears on stage there are the allusions to her in i. i (215 and 243–8) which predispose us in her favour. She is on stage for the whole of ii. v, vi, and vii (559–776), but apart from the famous and curious passage on love (711–30) she has only five lines to speak—559–60, 583–4, and 627. We have to wait until iv. i and ii for some really definite indications about her. It is to be remembered that she only really speaks with Philinte and Alceste during the play. From these conversations we learn something about her attitude to Célimène, but we do not have her views about any of the other characters. The facts would seem to be as follows. She is the unmarried cousin to Célimène—presumably much the same age—living on the upper floor of Célimène's house, fond of her, quietly enjoying the social life centred around her cousin, and, while thinking a good deal about Alceste, spending much of her time in the company of Philinte. The end of the play shows that she is not without spirit and it is a mistake to play her as a *personnage effacé*.

With these remarks as preparation we can now study the text of the two roles in detail, scene by scene.

It is only too easy to think of i. i as merely the exposition of the foibles and eccentricities of Alceste, and of Philinte's part therein as merely the necessary 'feed' role enabling this exposition to occur. But in fact a number of important indications about the nature and temperament of Philinte also emerge: the scene is also an exposition with regard to him—indeed it would be surprising if a dramatist of Molière's calibre were not to ensure that this were the case.

What is the tone of the opening lines from Philinte in 1. i? Is

Mais on entend les gens, au moins, sans se fâcher   (4)

spoken in the tone of gentle accommodating reason? Philinte's next remark suggests that he is at least a little annoyed—

Dans vos brusques chagrins je ne puis vous comprendre,
Et quoique amis, enfin, je suis tout des premiers . . .   (6 and 7)

What, we may ask, was he going on to say when Alceste interrupts him at this point? (Alceste interrupts him *twenty* times in the play.) Presumably something like 'A déplorer, hélas, vos procédés grossiers'. The words *bizarrerie* (2) and *brusques* (6) point to a degree of sharpness at least. But irony, as Philinte knows, is the best weapon against Alceste at times, hence we have

Je suis donc bien coupable, Alceste, à votre compte?   (13)

followed by the undoubted flippancy of the four lines 29–32. The actor should perhaps suggest that Philinte here is not tearing his hair in exasperation but in a sense quite enjoying the conflict. There is then another change of tone in

Mais, sérieusement, que voulez-vous qu'on fasse?   (34)

—Philinte all through the play is willing to talk openly and seriously with Alceste.

There is a pleasing touch of wry smoothness about the 'comme on peut' of 39, but the next point of substance comes with Philinte's reminder to Alceste of the fact of their social situation — 'quand on est du monde' (65). The play is centrally concerned with Alceste's membership of polite society and his considerable success therein, and Philinte is ever aware of this—even in the final couplet of the play which shows him doubtful whether Alceste will in fact retire into solitude. In 74 we have the first of four moments in the scene (the others are 98, 104–8, and 203)

when Philinte tries to alarm Alceste by the prospect of ridicule.
We may deduce that Philinte himself very much dislikes being
laughed at—and indeed he never suffers that fate in the play.

The flippant tone we have already noted recurs at a number of
moments in the scene from now on. There are the following three
clear instances:

> Et parfois, n'en déplaise à votre austère honneur   (75)
> Tous les pauvres mortels, sans nulle exception,
> Seront enveloppés dans cette aversion?   (115–16)
> ... faisons un peu grâce à la nature humaine   (146)

and two others where the tone is at least gently amused:

> Cette grande roideur des vertus des vieux âges   (153)
> Je prends tout doucement les hommes comme ils sont.   (163)

It may be noted in passing that if, as those who want to make
Molière into a moralist have sometimes said, Philinte represents
Molière's own views, the following couplet would seem to need
explaining away:

> Et c'est une folie à nulle autre seconde
> De vouloir se mêler à corriger le monde.   (157–8)

The two passages 159–66 and 173–8, often regarded as the
clearest evidence of the misanthropy of Philinte, must not be
detached from their context in the scene. It must be remembered
that here he is moving towards his attempt to make Alceste
adopt a more detached view about his lawsuit, and that—especially in the second of the two passages—he is conceding much to
Alceste in order to be able to speak sharply and to the point in
182–4:

> Ma foi! vous ferez bien de garder le silence.
> Contre votre partie éclatez un peu moins,
> Et donnez au procès une part de vos soins.

A note of some irritation is detectable here, and this is an entirely
natural consequence of finding that his somewhat exaggerated
concessions have had no effect whatever on Alceste. Need we—
or the actor concerned—take these lines at their face value?

The last exchanges in I. i (205–50) are very important for our purposes. Having failed to shift Alceste with regard to the law-suit, Philinte changes the subject abruptly and moves on to the topic of Alceste's love for Célimène. The opening manner is urbanely mocking, with the prominence given to *rectitude* (205) by the rich rhyme, with the phrase 'cette pleine droiture' (207), and the polished parenthesis 'qu'étant, comme il le semble, Vous et le genre humain si fort brouillés ensemble' (209–10). Philinte is clearly enjoying himself at the expense of Alceste at this juncture. Moreover he has a point here, and the four questions with which the speech concludes receive the first civil and muted reply we have yet had from Alceste. The speech is ingenious and subtle with its touch of flattery of Alceste's sexual self-esteem (Éliante and Arsinoé are both in love with him) and the challenge to him implied in the suggestion (218) that Célimène is only play-ing with him. A little further on

> Si vous faites cela, vous ne ferez pas peu   (235)

is a continuation of this challenge—as well as being a comment that prepares us for the end of the play. The question

> Vous croyez être donc aimé d'elle?   (236)

and the further question (238–9) about rivals contribute to pro-ducing the same effect on Alceste—Philinte may *seem* here to be attempting to warn Alceste of the danger of loving Célimène, but the result is that Alceste reiterates his declaration of affection for her. It is then easy for Philinte to probe further (243–7) and discover that Alceste is not interested in Éliante. To this passage we must return later.

The *scène du sonnet*, I. ii, has 188 lines, of which only six are spoken by Philinte. He is silent for the whole first section of the scene—until Oronte begins to recite his sonnet. What reactions must he have? There can be only one answer: he is enjoying the spectacle of Alceste's embarrassment, especially in view of the incident which provoked Alceste's anger just before the curtain went up. Five of his lines are in praise of Oronte's sonnet, and the sixth—which he does not hasten to deliver, we may feel—is to separate Alceste and Oronte who are quarrelling. We do not need here to enter into discussion on the merits or defects of Oronte's sonnet: what is of interest to the actor playing Philinte is why Philinte approves of it so fulsomely. There are various possibilities. (1) He really thinks it wonderful. (2) His comments are purely automatic, the reflex action of current politeness. (3) He is trying to avert trouble between Oronte and Alceste. (4) He cannot resist provoking Alceste. We can, surely, exclude (1) at once: Philinte, who is no fool, can hardly be sincere when he says,

> Je n'ai jamais ouï de vers si bien tournés.   (336)

There is, equally surely, an element of (2)—we need only refer back to the previous scene in this connection:

> Mais quand on est du monde, il faut bien que l'on rende
> Quelques dehors civils que l'usage demande.   (65–6)

If (3) is his aim we must assume (a) that he does not hear any of Alceste's asides (though the stage direction *bas, à Philinte* is early attested), and (b) that he is particularly stupid, for although his interventions may please Oronte, they are bound to infuriate Alceste. We are left with (4), and for a number of reasons this may seem the most plausible way to play the passage. It fits the teasing tone we have already seen from Philinte in I. i, it is in accord with a passage in the *scène des portraits* (see below, p. 83) and with the opening speech of IV. i where he describes to Éliante with amusement Alceste's appearance before the Maréchaux de France. In short, Philinte finds Alceste's eccentricities funny. We have seen him warning Alceste of the dangers of seeming ridiculous, and he may here even be trying to force Alceste into a position of absurdity as a kind of object lesson. (Later in the scene, after Alceste's *chanson*, actual laughter overcomes him.) Finally the repetitive quality of the comic device—so frequent in Molière—with five comments from Philinte and five angry asides from Alceste, makes the tone of the passage quite clear.

What does all this represent in practical terms for director and actor? At the simplest it is a question of blocking—i.e. the positions of the actors on the stage. If it were desired to use interpretation (3) above, then Oronte had better be between Philinte and Alceste, with the latter some distance off, making his asides out front to the audience. If however (4) is desired, then Philinte needs to move between Oronte and Alceste on, for instance, 'Je suis déjà charmé de ce petit morceau', and remain facing Oronte with his back to Alceste, so that the latter's asides can be delivered as it were over his shoulder.

But however much Philinte may derive a kind of boyish amusement from the situation, there comes a moment when he presumably sees that things are going a little far—hence the tardy intervention of 435 and the vain attempts to reason with Alceste in I. iii. From that short scene we need to note the opening couplet

> Hé bien! vous le voyez; pour être trop sincère,
> Vous voilà sur les bras une fâcheuse affaire;   (439–40)

which indicates a clear desire to give Alceste a lesson, and the final line

> Vous vous moquez de moi, je ne vous quitte pas   (446)

which foreshadows the final couplet of the play. Philinte is devoted to Alceste and will remain so however angrily he is rebuffed.

The *scène des portraits*, II. v, sets many problems in performance nowadays. It is the section of the play most closely linked with the manners of the time and is difficult to sustain in places for that reason. And some of the *portraits* from Célimène (e.g. 571–4 and 617–22) are not very amusing. Acaste and Clitandre are a great help in the course of the scene, but it is all too easy for them to overplay in the laudable desire to enliven the proceedings and as a result to blur some of the subtleties of the text.

For those playing Philinte and Éliante the scene *can* be little short of exasperating. Philinte has seven lines to speak, and Éliante —apart from her *morceau de bravoure* on love (711–30)—has five. What do they do during the ten to twelve minutes that the scene takes? The easy solution for the director is to ensure that some part of the stage is underlit, and tell them to remain there as

inconspicuously as possible, but to join discreetly in the reactions
both to Célimène and Alceste. However there are indications—if
slight—which enable more to be done than this.

Éliante opens the scene with what is apparently a purely
functional 'entrance' line to Célimène:

> Voici les deux marquis qui montent avec nous:
> Vous l'est-on venu dire?   (559–60)

But who are 'nous'? Éliante and Philinte. We know from 251
that Éliante and Célimène have been out of the house. At the end
of Act I Alceste and Philinte leave together. Alceste seeks and
finds Célimène and brings her home (456) for II. i. What does
Philinte do? He follows Alceste, presumably meets Éliante (with
Célimène) and returns, rather more slowly, with her. We may
assume that this suits him very well in view of what he has told
Alceste in I. i:

> Pour moi, si je n'avais qu'à former des désirs,
> La cousine Éliante aurait tous mes soupirs.   (243–4)

So they come in together, and, as is shown by the stage direction
à Philinte before 583, they are side by side during the first part of
the scene.

Apart from the formal entrance lines quoted, Éliante's first
words in the play come in the couplet commenting on Célimène's first two *portraits*:

> Ce début n'est pas mal; et contre le prochain
> La conversation prend un assez bon train.   (583–4)

They are curious first words. First because they show that the
sincère Éliante has a sense of humour and is not a killjoy. Secondly
because the remark is in a sense distinctly fatuous. Why does
Molière give it to Éliante here? Leaving aside the strong possibility
that Mlle de Brie said to Molière at an early stage in rehearsal,
'Look, you must give me *something* to say from time to time',
we might conclude that the remark, addressed *à Philinte*, is
meant to set up a kind of collusion between them in the scene.
Were it addressed to the company at large, there would be, one
feels, an awkward silence with perhaps a steely smile from dear

cousin Célimène; but meant only for the ears of Philinte it has a different resonance—that of the slight unease between two close friends who are more than half in love without having yet admitted it.

Both Éliante and Philinte participate mildly in the *médisance* of Célimène, and they certainly do not disapprove it as does Alceste. Éliante's contribution (627) is kindly, but it does give Célimène the opening she wants.

Philinte's first intervention (631–2) gives rise to several observations. Célimène, for the first time in the scene, hesitates. Her reply to Philinte's query about Damis is 'Il est de mes amis' (632). However, Philinte insists—praising Damis—and Célimène delivers her destructive judgement, which is the last of the series, since Alceste then interrupts the proceedings. It would seem that here again we have an instance of the mischievous streak in Philinte. Damis—as described by Célimène—shares some of Alceste's characteristics, and it is hard to believe that Philinte's choice is accidental. The six lines (639–44) which begin

> Il veut voir des défauts à tout ce qu'on écrit,
> Et pense que louer n'est pas d'un bel esprit

take us back to the scene in Act i with Oronte, and the final four lines

> Aux conversations même il trouve à reprendre;
> Ce sont propos trop bas pour y daigner descendre;
> Et les deux bras croisés, du haut de son esprit
> Il regarde en pitié tout ce que chacun dit (645–8)

must surely put everyone on stage in mind of Alceste. . . . (Indeed, less than 100 lines back—555–6—we heard Alceste saying to Célimène when he learns that Clitandre and Acaste are about to enter:

> Ces conversations ne font que m'ennuyer
> Et c'est trop que vouloir me les faire essuyer.)

And this is perhaps why Célimène hesitates for a moment: she is quick enough to see what Philinte is up to, but decides to go ahead. (The point is easily—some would say too obviously—

made for an audience if Alceste, who is clearly apart from the group during the whole first part of the scene, is standing with his hands folded from about 640 onwards.) The similarity between Damis and Alceste is underlined in a sense by Philinte's reproaches in 683–6.

We next come to Éliante's longest speech in the play (711–30), the adaptation by Molière of a passage of Lucretius. An awkward moment: the speech stops the action dead. It is hardly likely to appeal to Acaste and Clitandre, Célimène presumably wears an indulgent smile while her cousin does her little piece, and Alceste —as shown by his rude interjection at the end (731)—is simply waiting for her to finish. Poor Éliante! Why does she do it? Molière no doubt felt that by this time it was indeed necessary to establish Éliante rather more firmly, but from Éliante's point of view there are perhaps three reasons. First to drop the mounting tension between Alceste and Célimène, since the preceding eight lines (703–10) have been distinctly sharp. Secondly, Éliante is in love with Alceste (we have been told this and she is to confirm it herself in IV. i), and this little speech is her way of showing him the tenderness and gentleness of which she is capable. Thirdly—and she may well not be thinking consciously of this yet—the one person on stage who would agree with all she says is Philinte, with whom she has been throughout the scene. The speech—though perhaps a little over-formal—is fully in keeping with her temperament, and after she has said (715–16) that true lovers '. . . comptent les défauts pour des perfections, Et savent leur donner de favorables noms' it comes as no surprise to hear her say later on of Alceste:

> Et la sincérité dont son âme se pique
> A quelque chose, en soi, de noble et d'héroïque. (1165–6)

The end of the act, with the arrival of the Garde, gives us a few more lines from Philinte of no great import. His view of the *scène du sonnet*—'d'Oronte et de vous la ridicule affaire' (754)— and his tone of sensible authority and support *vis-à-vis* Alceste (759 and 766–7) increase our favourable impression of him.

By the end of Act II the actors playing Philinte and Éliante

ought to have established themselves in the mind of the audience
not only as characters, but also as a *pair*: a pair different from that
composed by Alceste and Célimène and a good deal more
obviously viable.

Act III does not concern us here, for we next see Philinte and
Éliante in IV. i. Here they are alone together for the only time in
our presence. It is a scene of great subtlety, contains the justification of most of the points which emerge in this study, and is
capital for the full understanding of the personalities of both
Philinte and Éliante. If it is not played correctly then their coming
together at the very end of the play cannot but seem contrived,
artificial, and even comic.

Our contention is that there are signs all through the play
of a close understanding and friendship between Philinte and
Éliante, that the events of IV. i and IV. ii transform this into a
stronger feeling so that the marriage envisaged in the closing
scene comes as no surprise, but as an entirely natural and well-
prepared event.

The act opens with Philinte's account to Éliante of Alceste's
meeting with Oronte before the Maréchaux (1133–62). Of these
thirty lines, nineteen are direct speech quotation from Alceste,
and Philinte must surely imitate Alceste when delivering them:
the mood is comic. Philinte's own eleven lines are amused and
lightly ironical at the expense of Alceste, as in

> Et jamais différend si bizarre, je pense,
> N'avait de ces Messieurs occupé la prudence   (1137–8)

or

> Enfin toute la grâce et l'accommodement
> Où s'est, avec effort, plié son sentiment,
> C'est de dire, croyant adoucir bien son style:
> Monsieur,   etc.   (1155–8)

He is seeking to amuse Éliante by his description, certainly, but
also to make her talk about Alceste. The first line of her reply

> Dans ses façons d'agir il est fort singulier   (1163)

shows that, despite her feelings for Alceste, she sees the absurdity
of the situation. But—typically—she turns to his defence in the

rest of the speech (1164–8), and Philinte takes the point at once and changes key. In 1. i he discovered what Alceste felt about Éliante, and this is the moment to find out what Éliante really feels for Alceste. He does it quite ingeniously. The stages are as follows. (1) 1169–72: How can Alceste, with his particular humour, feel love at all? (2) 1173–4: And even more, how can he love Célimène of all people? (3) 1179: Do you think that Célimène loves him? (4) 1185–6: He is in for trouble. (5) 1187–90: *If he felt as I do*, he would turn to a wiser choice, and benefit from the goodwill you show him. (6) 1203–12: Of course I am in no way hostile to the favour you show him—ask him what I said about this. But should he and Célimène marry, then, I really would hope to have a chance with you myself. (7) 1213–16: Yes I mean it, and I am waiting eagerly for the moment to say so openly. (All this of course is punctuated by replies from Éliante which we must consider separately.) What emerges from this is that Philinte is not so hesitant in his love as some would have him to be. He knows Éliante very well, and realizes that so long as her *known* feelings for Alceste remain the same, she is too naturally loyal a person to think of anyone else. But the moment has come to state his true feelings—or rather to leave Éliante in no further doubt about these feelings—since both of them know (775–6) that Alceste has decided to seek a definite answer from Célimène. His ingenuity lies in causing Éliante to talk of Célimène's feelings for Alceste, and in drawing from her a clear statement of her own situation. He must be pleased to find that they are both trying to bring Alceste and Célimène together! . . . The best man, as it were, will then hope to marry the bridesmaid. . . . In short, Philinte acts *en fin psychologue*: his hesitations are neither because his love for Éliante is tepid, nor because he feels disloyal to Alceste—he cleared his conscience on this in 1. i (243–8)—but because he understands Éliante and wants to deal tenderly with her predicament. The actor needs to play this scene with a mixture of gentleness and sensuality.

But what of Éliante from 1175 onwards? It is clear that she has given thought to the situation between Alceste and Célimène—indeed, since she is more than a little in love with Alceste, she must have thought about it a great deal. The first result of this reflection (1175–8) is admittedly a little prosaic in appearance, and amounts to a more sententious version of Alceste's (248) 'Mais la raison n'est pas ce qui règle l'amour'. But there is another underlying note. In no way is there a *rapport d'humeurs* between Célimène and Alceste, but neither is there between Éliante herself and Alceste. So the thought is a consolation for Éliante, and even gives her a little hope. She must also have long reflected on whether Célimène really loves Alceste, and her comments on this (1180–4) show a mixture of understanding of Célimène and hope for herself. But it is in the more developed statement about her own situation with Alceste (1191–1202) that Éliante becomes fully clear to us. If the acress playing the part uses this speech as the key to her character then all the other scenes fall into place.

The first thing to note is the trust in Philinte's friendship and discretion that this speech implies: there is no one else in the play to whom she could say such things, and this it is perhaps which gives him the encouragement to make his careful declaration in reply. Éliante believes in honesty in matters of love—indeed she says so again with a touch of asperity to Célimène in v. iii (1660–2). And she is doing her best to bring about the marriage between Alceste and Célimène—Philinte must be pleased to hear it. There is no difficulty so far: the most interesting point is perhaps the half-equivocation of the couplet

> Et si c'était qu'à moi la chose pût tenir,
> Moi-même à ce qu'il aime on me verrait l'unir.   (1195–6)

Of course this refers both grammatically and in the context to Célimène, but is one wrong to see in the slightly involved syntax and the repetition *moi, moi-même* a concealed wish—'if only *I* were *ce qu'il aime*'? At least the tone is dreamy. . . . Having half revealed her hopes throughout the scene—and Philinte is certainly intelligent enough to sense this—Éliante is willing to tell the whole truth to Philinte. It is not easy for her to speak thus, and her emotion is betrayed in the complicated structure of the six-line sentence (1197–1202) and in the circumlocutory *préciosité*. It amounts, in simple terms, to saying that were Alceste refused by Célimène she herself would not feel humiliated at being a second choice. The two conditional statements which make up the sentence provide Philinte neatly with his cue: he invents another hypothetical circumstance, employs the same circumlocutory manner, and makes his declaration by saying that he would be delighted to be a second choice! What are we to make of Éliante's reply (1213) 'Vous vous divertissez, Philinte'? This line must certainly not be spoken in a tone of genuine surprise—otherwise it will get a laugh. Éliante is no fool and she is very fond of Philinte: the line is almost an encouragement for him to say more, and he takes it as such. He has timed his declaration impeccably. He says:

> J'attends l'occasion de m'offrir hautement   (1215)

and that *occasion* is indeed near at hand—after the next scene in fact. Philinte is no misanthrope and Éliante is not dim: this delicate scene between them prefigures Marivaux at his very best.

But before Philinte can say more, Alceste bursts in, and in the course of a famous scene, iv. ii, makes to Éliante the kind of offer she has just been envisaging. . . . Alceste's language here—much of it adapted from *Dom Garcie de Navarre*—confers in its exaggeration an undeniably comic tone to the scene, reinforced by the two rude replies (1234 and 1243–4) to Philinte. Indeed here Alceste must be either comic or odious in his egoism. The serious emotional content of the scene all concerns Éliante. Alceste knows that she is half in love with him, but that does not prevent him making a callous and insulting proposal to her. And we have just heard her telling Philinte what her feelings would be in a situation like this! Her first five replies (1219, 1224, 1227, 1231, and 1245) reflect her tender concern for Alceste: how happy she would be to have the task of helping and consoling him! When she hears him say

> C'est à vous que mon cœur a recours aujourd'hui
> Pour pouvoir s'affranchir de son cuisant ennui   (1247–8)

what must she momentarily feel? But from the next line onwards

> Vengez-moi d'une ingrate et perfide parente   (1249)

there is a change. One hardly sees Éliante helping anyone to have revenge, and it may even be that she has an inkling of what he is about to say. In 'Moi vous venger! Comment?' (1252) should there not be a touch of apprehension?

One can only describe Alceste's next lines ('En recevant mon cœur...' 1252–8) as the summit of self-regard. A slap on the face from Éliante would be appropriate indeed, but instead we have a reply which, while firm and clear, allows us in its gentleness to feel far more for Alceste than earlier in the scene. It must cost Éliante a good deal to speak as she does: the speech is evidence of her real love for him. She comes here to the realization that Alceste is not for her—

> On a beau voir, pour rompre, une raison puissante,
> Une coupable aimée est bientôt innocente; (1264–5)

and she is right, as we see in v. iv when Alceste says to Célimène:

> Oui, je veux bien, perfide, oublier vos forfaits;
> J'en saurai, dans mon âme, excuser tous les traits. (1757–8)

The *occasion* which Philinte is awaiting cannot be far away. But Alceste, typically, seems unaware that he had been refused: after he has dealt (!) with Célimène, he will bring back to Éliante

> Un cœur tout dégagé de ses trompeurs attraits. (1276)

We are then plunged into the magnificent scene (iv. iii) between Alceste and Célimène, and forget Philinte and Éliante, who leave together. But it would be interesting to know what they say to each other outside.

In v. i Philinte and Alceste are alone together for the first time since the first act. The subject of discussion is almost entirely Alceste's lost lawsuit and consequent decision (1486) to leave the society of men. Philinte to begin with is simply trying to calm Alceste and to point out that things are not as black as he makes out. His one substantial speech (1555–69) is less cynical and carries more conviction than the similar passages in i. i. There is no hint of insouciance here: the situation is serious for Alceste, and

Philinte is genuinely doing his persuasive best. By accepting Alceste's condemnation of society in the most general terms:

> Non, je tombe d'accord de tout ce qu'il vous plaît, (1555)

he imposes himself on Alceste's attention for a few moments, but it is interesting to note that Alceste's interruption is not an answer but merely a brusque statement that Philinte is wasting his time. So Alceste will try to persuade Célimène to accompany him in his flight from society. He has totally forgotten his last words to Éliante, and not even Philinte's suggestion (1581) that they should visit her reminds him. Instead he virtually sends Philinte off in her direction (1583). Philinte does not need to be told twice: he has business with Éliante now indeed, so he leaves on 'Et je vais obliger Éliante à descendre' (1586)—but it takes him a good five minutes of playing time.

Thus, since the end of IV. ii Philinte has had two conversations off stage with Éliante. In the second one he is able to tell her that the quarrel between Alceste and Célimène is over and that Alceste means to leave Paris—with Célimène if possible.

They come down together eighty lines later for V. iii and iv. Apart from Éliante's sharp refusal (1660–2) to help Célimène temporize with her two suitors Alceste and Oronte, the two of them are once more on stage for a long time—over 200 lines (1663–1795)—with no lines to speak. For a substantial part of this time (1660–1736) Célimène is silent too, and even Alceste has little to say until the exit of Arsinoé. There is little problem about Alceste: he is a bad-tempered solitary anyway and can be allowed to contemplate the proceedings from wherever is convenient. Célimène is here the victim and she must be in a prominent position (perhaps up-centre) so that all can observe her reactions. Philinte and Éliante come on together and could of course remain together throughout, but there is much to be said for giving Éliante a move of support towards Célimène and Philinte a similar move towards Alceste, either, for instance, after Clitandre has read his letter (1691), or perhaps on the intervention of Arsinoé (1709). They can rejoin each other when Alceste addresses Célimène (1733) or thereabouts, and indeed they must be together again before 1751 when Alceste addresses them both.

It is not necessary here to argue about how to play the separation between Alceste and Célimène. We are concerned first with
the very interesting exchange (1785–98) between Alceste and
Éliante, then with the reaction of Philinte (1799–1800), and finally
with the last couplet of the play (1807–8).

Célimène has left upon Alceste's refusal—*Célimène se retire, et
Alceste parle à Éliante* reads the stage direction. At once? No,
there must be a reasonable pause while Alceste remembers his
offer to Éliante. He must now liquidate that situation, and he
does so with no little embarrassment. His last words to Éliante
before this had been, as both of them and we must remember
(1274–6) 'Je vais . . . vous porter, après, Un cœur tout dégagé de
ses trompeurs attraits.' It is true that he has just said (1783–4)
in very similar words to Célimène '. . . ce sensible outrage De vos
indignes fers pour jamais me dégage.' But Alceste had not been
true to his promise to Éliante, and both of them know it. Éliante
has every reason to feel some resentment, but she has other
reasons now to be happy, and the most that she does is to allow
him to go on with his apology and retreat for ten lines before
cutting in and rescuing him. Moreover, she needs to hear him
withdraw his proposal. There is a touch of asperity in the first
two lines of her reply

> Vous pouvez suivre cette pensée;
> Ma main de se donner n'est pas embarrassée;   (1795–6)

which Alceste more than deserves. It is good to see Éliante dis-
playing this touch of spirit—as earlier in the act to Célimène.
Her final couplet—to Philinte—above all most not come as a
surprise to us or to Philinte. We should perhaps feel that this is
a formal statement of something that has already been implicitly
understood between them, even if Éliante insisted on hearing
first what Alceste had to say for himself. Therefore Philinte must
not in his reply (1799–1800) give startled indications of unexpected pleasure. If he does, the audience will surely laugh, and
that is unfair to Molière who has given us and the actors ample
indications of the developing understanding between them. It

becomes here a matter of timing and gesture. The four lines 1797–1800, taken without haste, and accompanied by smiles of complicity, emerge tenderly: this is a good theatrical moment, not the awkward planting of a conventional marriage at the end of a comedy.

And what of the last couplet of the play, which is spoken by Philinte? It is often thrown away by director and actors—drowned by applause, delivered up stage while moving off or as the curtain descends. True, Molière had to provide an exit line for Philinte and Éliante where a modern dramatist *might* have let the curtain come down fast on Alceste's exit. But Molière wrote *this* couplet, which says something very definite and cuts much of the ground from beneath the feet of any Alceste who has been playing the part with too many tragic overtones. It is essentially a happy comment from Philinte, because from now on he is not going to be alone in handling Alceste:

> *Allons, Madame, allons* employer toute chose
> Pour rompre le dessein que son cœur se propose.

And the combination Philinte/Éliante will be quite formidable.

We envisage therefore an Éliante whose temperament is not adequately represented by her little homily from Lucretius, but who has warmth and good sense, who is thoughtful of others but able to defend herself, and who is probably very relieved at the end of the play to have understood the real promptings of her heart.

We suggest that Philinte is not a middle-aged cynic who settles for one of Alceste's cast-offs, but an intelligent young man with a streak of puckish humour about him, who knows perfectly well whom he wants to marry, and who deserves the lively and responsive young wife whom he already understands so well.

Molière, for obvious reasons, did not make the theme of Philinte and Éliante into a sub-plot—as for instance an English Restoration dramatist might have done—but he provided all the requisite elements. This is one of the many things which make *Le Misanthrope* such a complete, compelling, and satisfying work.

MERLIN THOMAS

7. Expansion and Brevity in Molière's Style

MOLIÈRE'S style, long praised for its naturalness and truth to life, possesses a degree of artifice which suggests that its intention is quite different from this. It is the unobtrusive nature of this artifice, however, which both guarantees its success in achieving its aim and explains the fact that critics have been so slow to recognize it. Unlike that of many of his predecessors in seventeenth-century French comedy, the stylistic artifice of Molière is so integrated into the dramatic dialogue that it rarely draws attention to itself.

Although no play can be an exact transcription of real life in dialogue or in any other respect, we must admit that in many ways Molière seems to be attempting in his use of language precisely what so many have praised him for: truth to life. For one thing, his style shows variety. His language adapts itself to the individual character or type; his use of technical jargon and of dialects is wide as well as remarkably accurate; his style is suited to the occasion and to the kind of conversation entailed. Nor do we have the impression of a cerebral, wooden, and unconvincing language deriving not from real life but from the author's mind. Life is very much of the essence of the impression this language makes, for it is animated, fast-moving, and vigorous. In Molière's own day, too, it was for the naturalness of its style of acting that his theatre, unlike the rival Hôtel de Bourgogne, was noted.

There have nevertheless been critics, even as far back as Molière's own time,[1] who have sensed that Molière's comedies offer something different from the simple observation and imitation of human behaviour. The more apparent cases of exaggera-

---

[1] Cf. Donneau de Visé, *Lettre sur les affaires du théâtre*, in *Diversités galantes*, 1664, pp. 78–96; quoted in Georges Mongrédien, *Recueil des textes et des documents du XVIIe siècle relatifs à Molière*, Paris, C.N.R.S., 1965, I. 199.

tion in his plays have not been overlooked, nor has the stylization of the so-called *grandes scènes*, like that between Célimène and Arsinoé in *Le Misanthrope*, been ignored. Devices such as repetition and stichomythia have been noted, and the merits and demerits of Molière's versification have been debated. Few critics have begun to realize, however, that a characteristic stylization informs Molière's dramatic style as a whole, that the basic essentials of this stylization are common to the great majority of Molière's works, and that it is the simplicity and appropriateness of the techniques he employs that hide their artificial nature. Molière's style possesses a form and a discipline, and I believe a purposefulness, which are expressed in its thoroughly functional nature; but the style is functional, not in terms of a depiction of real life, but in terms of the interpretation of human experience which the plays present. This form and discipline are expressive of the essential factors in a situation, and the precision and acuteness of their presentation of these factors is of the comic kind.

One way in which control is unobtrusively, but decisively, exercised over this dialogue, at first sight so natural, is in the regulation of the length of individual speeches. This may seem an obvious or unimportant point, but we realize on closer investigation the extent to which this simple factor contributes to the effectiveness of entire scenes and even plays. It is, furthermore, a central way in which Molière's comic style may be distinguished from that of his predecessors. With them verbosity was a stock device, exploited with zest, and usually associated with a certain type of character. In Molière it is hardly ever found as a comic technique in its own right, nor does it often serve to characterize an individual. Indeed, it is only rarely found at all, and certain speeches which show traces of it, and which in some ways hark back to the types of verbose utterance in earlier comedies, derive their effectiveness primarily from other sources. Molière's longer speeches are not detachable pieces of virtuosity, boldly exceeding all limits of credibility in their uncontrolled expansiveness. They are effective, rather, by virtue of the context in which they stand, the way in which they arise in the dialogue, and the form and polish which they exhibit within themselves.

Orgon's expansive speech describing the development of Tartuffe's hold over him in Act I, scene v of Le Tartuffe² derives much of its comic effectiveness from the rounded regularity of its structure; while the lengthy definition of physics by the Maître de Philosophie in Act II, scene iv of Le Bourgeois gentilhomme occurs at a point of carefully prepared comic climax in the dialogue and is effective chiefly for that reason.³

It has been said that Molière's stylistic skill lies in his 'breaking up' of the dialogue of comedy, which makes for greater dramatic movement,⁴ and it is true that what may be called verbosity frequently occurs in Molière over a series of shorter speeches rather than in the form of a tirade. This is the case in both Act II, scene ix and Act v, scene ii of Les Femmes savantes, where Chrysale's reiteration of his intention to act like a man is the more comic for being spread over a whole series of speeches with interpolated responses from Ariste or Henriette.⁵ The art of brevity is another manifestation of the precise control which Molière possesses over his language.

Fundamentally, however, neither the avoidance of verbose developments for their own sake nor the skill Molière shows in the art of brevity represents his major achievement in the handling of dramatic dialogue. Molière recognizes that the nature of an utterance is of greater significance than its mere length, and he

² 281–310. We note how this speech, after its two lines of introduction, falls into two sections of eight lines each, followed by two sections of six lines.

³ Many other examples deserve attention, e.g.: Le Tartuffe, 121–40, centrally divided into particular and general sections; Le Tartuffe, 966–1000, where a seven-line introduction precedes two sections of fourteen lines each; Les Femmes savantes, 26–52, in which brief opening and closing sections enclose three central blocks of six lines each; Le Misanthrope, 1235–40, three couplets progressing by association in the reverse of the logical order, and expressing emotion; Le Misanthrope, 1246–51, where symmetry of arrangement aids the effect of mock heroism; Le Bourgeois gentilhomme, IV. i (G.E. VIII. 157–9) and Dom Juan, II. i (G.E. V. 102–6), both of which are comically effective because of the degree of stylization they contain. The abbreviation G.E. refers to the Grands Écrivains edition of Molière's works, ed. Despois and Mesnard, Paris, Hachette, 13 vols., 1873–1900.

⁴ Cf. Robert Garapon, La Fantaisie verbale et le comique dans le théâtre français, Paris, Colin, 1957, pp. 262 ff.; idem, 'Le Dialogue moliéresque', Cahiers de l'Association Internationale des Études Françaises, 16, 1964, 203–17.

⁵ 697–705, 1575–97.

also recognizes that expansion and brevity are qualities of language rather than mere quantities of it. He thus achieves something subtler and more flexible than simple verbosity, as he succeeds in conveying an expansive quality or tone which is more comically incisive than mere numbers of words; while similarly he uses brevity of utterance, not because of any desire to reach the ultimate in succinct pithiness, but only where the tone afforded by such utterances is appropriate to the comic context.

The contrast between expansive and brief verbal elements in this sense is one of the most frequently employed and decisively comic techniques in Molière's dialogue, and is a major source of that animation and variety of which we have spoken. The contrast occurs, however, not in order exactly to represent real life, but in order to convey a comic point and simultaneously to forward the dramatic movement. The artifice of the contrast is effective in relation to the embodying and illuminating of the essential comic clash or conflict which underlies the particular incident or scene. The variety of ways in which expansive and brief elements are thus brought together guards against excessive artifice, however, and prevents the monotonous recurrence of a standard verbal procedure.

The primary comic effect of such contrast between expansive and brief verbal elements, normally exploited in the reply of one speaker to another, is often found in the reciprocal emphasis achieved. This may take the form of a single contrast, as when Cléonte's long tirade on feminine ingratitude in Act III, scene ix of *Le Bourgeois gentilhomme* ('Je fais voir pour une personne . . .') provokes Covielle's terse reply: 'Je dis les mêmes choses que vous'; or of a multiple series, such as that in which Martine's eloquent comments on the relationship between Chrysale and Philaminte in Act v, scene iii of *Les Femmes savantes* are punctuated by Chrysale's 'Sans doute. . . . Il est vrai. . . . C'est parler comme il faut. . . . Oui. . . . Fort bien.' The comic stress may, however, fall more appropriately upon one or other of the elements. Anticlimax is thus frequently the basis of the single contrast of expansion and brevity, the stress here falling decisively upon the brief component. It is in this way that illusion an reality, fantasy and truth, theory and practice are often comically opposed; and in the last-mentioned case we find that on occasion it is the theory which is reasonable while the practice appears ridiculous, whereas at other times the theory is the ridiculous term and the practice represents what is reasonable. We recall Sganarelle's brief rejoinder to his master's words on the departure of Done Elvire:

DOM JUAN: Sais-tu bien que j'ai encore senti quelque peu d'émotion pour elle, que j'ai trouvé de l'agrément dans cette nouveauté bizarre, et que son habit négligé, son air languissant et ses larmes ont réveillé en moi quelques petits restes d'un feu éteint?

SGANARELLE: C'est-à-dire que ses paroles n'ont fait aucun effet sur vous.[6]

Henriette's incredulous 'Moi, ma mère?'[7] as the only response to Philaminte's expansive, emphatic, and carefully constructed speech in which she proposes Trissotin as her daughter's husband, provides us with a parallel verse example.[8]

As well as in the relationship of consecutive speeches, effects of the same kind are also to be found within single speeches of individual characters, for instance when Vadius's twelve-line condemnation of authors who seek praise for their works is comically rounded off by the couplet:

> Voici de petits vers pour de jeunes amants,
> Sur quoi je voudrais bien avoir vos sentiments.[9]

In other cases the same contrast occurs between an entire dialogue and a single remark, as when Monsieur Jourdain finally requests, after his investigation of the erudite fields of study successively proposed by the Maître de Philosophie: 'Apprenez-moi

---

[6] *Dom Juan*, IV. vii (*G.E.* V. 183).

[7] *Les Femmes savantes*, 1075.

[8] Cf. further, as an instance of reasonable theory and ridiculous practice, *Le Malade imaginaire*, III. iii–iv (*G.E.* IX. 404). Béralde's advice here, ignored by Argan as Monsieur Fleurant approaches with the syringe, is expressed in the same emphatic triple accumulation of noun-clauses which characterizes Dom Juan's speech.

[9] *Les Femmes savantes*, 967–8.

l'orthographe.'[10] Elsewhere again, a contrast may be effected between the cumulative expansiveness of the speeches of one character in a scene, and the brevity of some following remark from the same speaker. In Act v, scene ii of *Les Femmes savantes*, for example, it is only Chrysale's brief imperative 'Secondez-moi bien tous', uttered at the approach of Philaminte, which lends full comic force and significance to the accumulation of his outraged questions and absolute declarations throughout the scene.

It may be mentioned here that the fact that Molière, despite his art of brevity, is not at all a 'quotable' dramatist is attributable to the way in which his memorable individual lines are integrated into, or rather appear to arise naturally from, the surrounding dialogue. In this connection it is often from their contrast with the expansive build-up from which they emerge that the occasional single lines which seem to sum up whole aspects of the comic situation gain much of their force and effectiveness. This is the case, for example, with Alceste's pregnant line in Act v, scene i of *Le Misanthrope*: 'J'ai pour moi la justice, et je perds mon procès'; with Chrysale's paradoxical complaints concerning his household in *Les Femmes savantes* (II. vii): 'Et le raisonnement en bannit la raison' and 'Et j'ai des serviteurs, et ne suis point servi'; and with Argan's revealing declaration, which emerges at the climax of a whole expansive dialogue in *Le Malade imaginaire* (I. v): 'Je ne suis point bon, et je suis méchant quand je veux.'

Particularly within single speeches the contrast of expansion and brevity can well convey an effect of surprise, as when the final line of a speech suddenly contradicts the lines leading up to it. Philaminte's words to the valet Julien show this:

> Reportez tout cela sur l'heure à votre maître,
> Et lui dites qu'afin de lui faire connaître
> Quel grand état je fais de ses nobles avis
> Et comme je les crois dignes d'être suivis,
> Dès ce soir à Monsieur je marierai ma fille.[11]

---

[10] *Le Bourgeois gentilhomme*, II. iv (*G.E.* VIII. 84). Cf. also I. ii, p. 64, where the graceful stylization of the musical dialogue is met by Jourdain's abrupt 'Est-ce tout?'   [11] *Les Femmes savantes*, 1401–5. Cf. *Le Tartuffe*, 1310–12.

Contrasts of expansion and brevity occurring in a multiple series, although clearly not appropriate to the conveying of surprise or to achieving the once-for-all effect of anticlimax, are valuable means of providing added dramatic impetus for a scene, as we see from Act I, scene iv of *Le Malade imaginaire*, where the insertion of a brief reply from Toinette after each question of Angélique not only comically stresses the degree of Angélique's expansiveness by isolating each individual question, but also contributes to the dramatic animation and speed through the repeated contrast in length and by keeping us constantly in touch with both speakers. There are, finally, multiple contrasts of expansion and brevity where the primary comic effect derives not from the simple emphasis of one element by the other, but from the repetition itself and from the way in which this expresses the total situation of the moment. The pattern of the dialogue is here directly expressive of a basic relationship or conflict which underlies the scene. The pattern in *Le Tartuffe* (I. v), *Dom Juan* (III. i), and *Le Misanthrope* (III. i), for example, is that of verbal pursuit and withdrawal. Orgon will make no definite answer to Cléante's inquiries regarding his plans for Mariane's marriage; Dom Juan responds with meaningless brevity to Sganarelle's questions about his beliefs; and Acaste replies to Clitandre's series of questions with brief ironical declarations. In Dom Juan's interview with Monsieur Dimanche (*Dom Juan*, IV. iii) and Argan's with Monsieur Purgon (*Le Malade imaginaire*, III. v), on the other hand, the comic pattern formed by the contrast of expansion and brevity is that of one character's loquacity and the other's inability to speak.

Wherever we look at this technique of contrast between expansive and brief verbal elements in Molière's style, we find a combination of comic purposefulness and formal stylization. Let us now consider in greater detail, however, two special uses of the contrast to which we have not so far referred: verbal expansion following restraint, and the interruption of expansive language.

By the regulated use of verbal expansion following restraint Molière can succeed in conveying a comic situation and in ensuring constant movement. This restraint on the part of a character, although expressing itself occasionally in complete silence,[12] consists normally of brief utterances, which lead at a particular point to an expansive outburst. This is a technique used to advantage in the opening scenes of both *Le Tartuffe* and *Le Misanthrope*. Madame Pernelle and Alceste are each brought, after the first few lines of the play in question, to an expansive outburst which develops into a chief comic resource of the whole opening scene. It is Elmire's insistence on pursuing the departing Madame Pernelle and on requesting an explanation of her departure which causes the old woman to delay leaving and to express in full the reasons for her dissatisfaction. It is, likewise, Philinte's insistence in addressing the uncommunicative Alceste and, in particular, his incidental use of the word *amis*[13] which prompt the flood of exaggerated language from Alceste. If an opening scene is to be based on the expansive expression of strong feelings, it is clearly much more dramatically engaging that this expansion should emerge before us, as the direct consequence of a situation and a dialogue with which we are made acquainted, than that it should begin with an unprepared tirade immediately the curtain rises. Both by virtue of its fragmentation and integration in the dialogue and by its emergence from the initial brief exchange in each case, the expansiveness escapes any likeness to a static recitation. Comically, it is the one who at first had to be persuaded into speaking whose subsequent expansiveness predominates in the scene.[14] The example from *Le Misanthrope* is perhaps the more striking of the two, as it is also the more directly related to the presentation of the central character; and here the outburst of Alceste is reinforced by means of interruption and of seizure upon a word quite incidentally uttered:

PHILINTE: Dans vos brusques chagrins je ne puis vous comprendre,
    Et quoique amis, enfin, je suis tout des premiers . . .

---

[12] For example at *Le Bourgeois gentilhomme* III. x (*G.E.* VIII. 133–4), where Cléonte and Covielle refuse to respond to Lucile and Nicole.

[13] *Le Misanthrope*, 7.

[14] The double reference to Flipote, which adds roundedness to the first scene of *Le Tartuffe* and brings out the comedy of delay, would not have been possible, either, if Madame Pernelle's outburst had occurred statically as the curtain rose.

ALCESTE: Moi, votre ami? Rayez cela de vos papiers.
J'ai fait jusques ici profession de l'être;
Mais après ce qu'en vous je viens de voir paraître,
Je vous déclare net que je ne le suis plus,
Et ne veux nulle place en des cœurs corrompus.[15]

As long as Philinte's questions and remarks were brief and direct, Alceste's responses remained curt and uninformative; but once Philinte seems to have given up trying to elicit an answer and seems about to launch into a full-length speech, he is made to say something which causes Alceste actually to cut him short. Molière's simple technique here prepares us for what will be a recurring source of comedy in the presentation of Alceste: the alternation of restraint, be it surly or polite, and exaggerated outburst.[16]

Expansion following restraint is often employed to convey the comic effect of indirect expression giving way to more direct utterance. In *Les Femmes savantes* (II. iii) the main source of comedy in the first part of the scene is the suspense in which Bélise keeps Chrysale and Ariste by asserting that it is not Henriette whom Clitandre loves, without, however, revealing straight away her belief that it is really she herself. Despite Ariste's repeated objections Bélise refuses either to withdraw or to substantiate her assertion. Her responses are brief and lack content, and even when she speaks for five consecutive lines[17] she still reveals nothing new. Indeed, her greater fullness here is comic in that it simply restates at greater length what she has already said, whereas what is wanted is an explanation. The techniques of delay and of seizure upon an insignificant word (in this case the exclamation 'Hay!') are again used here in order to prompt the expansive flood of direct language.

ARISTE: Mais, puisque vous savez tant de choses, ma sœur,
Dites-nous, s'il vous plaît, cet autre objet qu'il aime.
BÉLISE: Vous le voulez savoir?
ARISTE: Oui. Quoi?
BÉLISE: Moi.

[15] 6–12.   [16] Cf. in this connection, 182–202.   [17] 365–9.

ARISTE: Vous?
BÉLISE: Moi-même.
ARISTE: Hay, ma sœur!
BÉLISE: Qu'est-ce donc que veut dire ce 'hay',
          Et qu'a de surprenant le discours que je fai?
          On est faite d'un air, je pense, à pouvoir dire
          Qu'on n'a pas pour un cœur soumis à son empire;
          Et Dorante, Damis, Cléonte et Lycidas
          Peuvent bien faire voir qu'on a quelques appas.[18]

It is especially clear in this instance that the essential comic contrast is not so much between brevity and length as between restraint and outburst, the former affording a build-up to the latter: it is the nature of the language rather than its mere quantity which is significant. A further point to be made on the basis of this example is that the switch from indirect to direct language marks, as it frequently does, the turning-point of the whole scene. Not only is Bélise's direct outburst the culmination of the sustained indirect build-up and, more immediately, a response to Ariste's expression of surprise; but her speech also contains within it the elements of which the rest of the scene is composed, in that the names of her supposed lovers are used individually by Molière later in the scene as the basis for a rising sequence of single-line exchanges which prompts Chrysale's use of the word *chimères* and the end of the scene.

Indirect language gives way to direct, again with similar technique and effect, in two well-known scenes: Alceste's outburst concerning Oronte's sonnet, and the point in the same play at which Célimène finally turns to a direct attack upon Arsinoé. In both cases we sense that the moment for direct expression has come: either Alceste's indirect responses to Oronte's questions have come as close to directness as they can without crossing the borderline,[19] or the insinuations of Célimène and Arsinoé have

---

[18] 370–8.
[19] We note the increasing directness of Alceste's successive indirect speeches, the development into the second person, the multiple use of imperatives, the emphatic function of line 373 ('C'est ce que je tâchai de lui faire comprendre'), and the switch from the question form to statement and demand in the reply of Oronte at 374–5.

become as patent as may be conceived while still retaining the verbal overlay of objective politeness.[20] There may be greater apparent form in the words with which Célimène scornfully attacks her rival, but in fact the outburst of Alceste (beginning at line 376: 'Franchement, il est bon à mettre au cabinet'), for all its comparative lack of poise, is just as skilfully formed—in this case to translate the comedy of the man who, having previously refused to make any statement, now speaks in such a way that the normal gaps and pauses left for others to reply simply do not appear. Not until some forty lines later, when Alceste has said all he has to say, does Oronte make any reaction at all, and then his brief rejoinder 'Et moi, je vous soutiens que mes vers sont fort bons' only re-emphasizes the expansiveness of Alceste. In this scene and in that referred to between Célimène and Arsinoé (III. iv) we again see how the turn from indirect to direct expression marks a kind of watershed in the scene and hastens on its conclusion. Alceste's outburst of direct criticism of Oronte is both the culmination of the indirect speeches which precede and the basis for the increasingly insulting sequence of brief *répliques* which forces the interview to a close. Célimène's direct attack on Arsinoé, beginning 'Et moi, je ne sais pas, Madame, aussi pourquoi', gains in effectiveness by virtue of her foregoing ironical restraint, but it also serves to prompt, particularly by its stinging final couplet, the long speech of Arsinoé which leads by a persuasive logic, which is of the language only, to the ridiculous concluding assertion: 'Que l'on a des amants quand on en veut avoir.' Célimène's rejoinder to this claim ('Ayez-en donc, Madame, et voyons cette affaire') forces Arsinoé to capitulate, thus bringing the scene to an end.

Not infrequently Molière draws our attention to verbal expansion by an explicit reference to it, as we see in Philaminte's line, referring to Trissotin: 'Si nous parlons toujours, il ne pourra rien dire',[21] or in Sganarelle's words to Gusman in Act I, scene i

---

[20] Here we note the particularly provocative and emphatic use of words by Célimène in the last lines of her two speeches beginning 'Au contraire, Madame' and 'Madame, on peut, je crois' respectively (971–2, 983–4). Direct speech and invented conversation are employed here too (937–44).

[21] *Les Femmes savantes*, 759.

of *Dom Juan*: 'Écoute, au moins: je t'ai fait cette confidence avec franchise, et cela m'est sorti un peu bien vite de la bouche.' It is not that we need to have the expansiveness pointed out to us, but rather that these comments are themselves comic in the mouths of their respective speakers. In the first case Philaminte's recognition and stating of the obvious is a form of the comedy of the over-explicit, at which Molière excels; and in the case of Sganarelle realization of the frankness and spontaneity of his own outburst concerning his master comically underlines the forced duality of his own character and language.

In this last speech of *Dom Juan* (I. i) we see again verbal expansion following upon restraint for comic ends. All Sganarelle's previous speeches concerning the reasons for Dom Juan's departure from Done Elvire have been either brief and undeveloped or expressed in indirect or guarded terms. Again it is a turn of phrase from his interlocutor which prompts Sganarelle to abandon his indirect language: Gusman's 'je ne comprends pas' prompts Sganarelle's 'Je n'ai pas grande peine à le comprendre, moi.' Yet even now the full outburst is withheld until Sganarelle has safeguarded himself by a series of attenuating clauses and phrases ('Je ne dis pas que . . . tu sais que . . . par précaution . . . *inter nos* . . .'), although rather than attenuate, they comically stress by delay the outburst when it occurs ('. . . que tu vois en Dom Juan, mon maître, le plus grand scélérat que la terre ait jamais porté . . .'). The length of Sganarelle's preamble only adds to the comedy of the contrast with what follows, for instead of the preamble foreshadowing an equally restrained description of Dom Juan's failings, all caution is left behind in the preamble, in order to allow full verbal indulgence in the body of the speech. As elsewhere in Sganarelle's role, the extremes of reticence and frankness are boldly juxtaposed. Even within the expansive speech once launched, however, there is a form and clear use of certain characteristic devices. Accumulation is regulated, as usual, to achieve but not to overshoot the comic point in view, and thus we find here the technique, frequent in Molière, of pursuing a line of thought just a little further than it would be pursued in reality. Dom Juan 'ne croit ni Ciel, ni Enfer, ni loup-garou'; together with Done Elvire 'il aurait encore épousé toi [Gusman], son chien et son chat'; he treats marriage lightly 'et c'est un épouseur à toutes mains'. We note too how the accumulated form of the three clauses in the sentence beginning 'Suffit qu'il faut . . .' gives them a comic lack of emphasis, considering the extreme nature of their contents:

> Suffit qu'il faut que le courroux du Ciel l'accable quelque jour; qu'il me vaudrait bien mieux d'être au diable que d'être à lui, et qu'il me fait voir tant d'horreurs, que je souhaiterais qu'il fût déjà je ne sais où.[22]

The construction of this sentence also fulfils a formal purpose with regard to the speech as a whole, for its summarizing and concluding tone, especially when taken within the context of the sentences immediately preceding and following, makes for the greatest comic effectiveness in the prompt appearance of Dom Juan himself, who has just been so decisively summed up. It is most satisfying that Dom Juan should appear, thus, at the very moment when Sganarelle's expansive speech seems to have reached a definitive conclusion. We see by this, as we have seen in the other instances discussed, how Molière does not lose dramatic impetus by overplaying his effects, any more than he seeks to maintain it at the cost of stylistic form. He does not indulge in a situation which has been, so to speak, 'achieved': once these expansive outbursts have been released, Molière, while deriving comic effect within them from expansive verbal means, uses such expansion only in order to precipitate a further stage in the dramatic development.

The interruption of expansive language is a second characteristic form which Molière's exploitation of the contrast between expansion and brevity assumes. A more striking impression of a character's expansive tendency may often be conveyed by cutting short an expansion which we might have expected to continue, than by allowing it to proceed to a conclusion. The dramatist's control of his characters' expansiveness by this means serves a well-defined comic purpose and, indeed, enhances the effect of the expansive language which is suppressed.

[22] *G.E.* V. 83–4.

It is often the expansiveness of convention which is interrupted. Thomas Diafoirus is introduced in Act II, scene v of
Le Malade imaginaire by means of the long set speeches, over-
flowing with conceit and metaphor, which he addresses to Argan
and Angélique. Their length and superficial erudition contrast
with the obvious empty-headed stupidity of the speaker, and their
lack of spontaneity contrasts with the supposed feelings they are
intended to convey. Thomas's repeated questions aside to his
father make this lack of spontaneity ridiculously obvious. But
we also recall the false start made by Thomas to Angélique and
his interruption by Argan:

THOMAS DIAFOIRUS *à Angélique*: Madame, c'est avec justice que le
Ciel vous a concédé le nom de belle-mère, puisque l'on . . .

ARGAN: Ce n'est pas ma femme, c'est ma fille à qui vous parlez.[23]

The false start is interpolated between two fully developed
expansive addresses, and as well as providing variety in the dialogue, it sheds comic light on the nature of the completed compliments. We note, first, how the interruption serves to emphasize
the superficial and conventional nature of the speeches: they
bear no relation to the actual person addressed. Secondly, the
interruption gives comic expression to the complete lack of
adaptability of the speaker, stopped unexpectedly and unable to
proceed in any way other than that which he has learned. Thirdly,
the speech thus curtailed foreshadows the situation in II. 6, when
Thomas, finally confronted with Béline, is still unable, as a result
of the latter's untimely interruption, to conclude the same ill-
starred compliment. The interruption of Thomas's incipient
expansiveness thus both comically stresses the conventional
nature of that expansiveness and assists the dramatic construction
and impetus of the scene and the play.

When such interruption is employed in the verse plays, the
verse form can give added force through the rhyme. High-flown
expansive developments are halted before they have got under
way, and the direct rejoinder, reducing the situation once more
to the terms of reality, gains in force by the way in which it is

[23] *G.E.* IX. 351.

made to rhyme with the last full line of the interrupted speech. Two examples from *Les Femmes savantes* show how the element of surprise is particularly strong in verse interruptions:

TRISSOTIN: Je ne sais que vous dire en mon ravissement,
  Madame, et cet hymen dont je vois qu'on m'honore
  Me met . . .

HENRIETTE: Tout beau, Monsieur, il n'est pas fait encore

and:

ARMANDE: On voit briller pour vous les soins de notre mère,
  Et son choix ne pouvait d'un plus illustre époux . . .

HENRIETTE: Si le choix est si beau, que ne le prenez-vous ?[24]

The close combination of often insincere expansiveness and trenchant brevity within one rhyming couplet stresses the true situation and destroys the apparent finality of tone of the interrupted utterance. Once again, also, such interruption is used to speed the scene onward, sometimes by means of provoking a highly stylized verbal exchange as in the second example quoted, and sometimes, as with the first example, by precipitating the rapid conclusion of the scene as a whole.

Interruption is also appropriately employed in relation to the expansive language of enthusiasm. Eagerness to convey some vital piece of information can result, as with Nicole at the beginning of *Le Bourgeois gentilhomme* (III. viii), in an enthusiastic expansiveness which is interrupted, comically, before the actual information is conveyed, and thus misunderstanding is credibly introduced. Enthusiasm for one's own merits also expresses itself in verbal facility. In both individual speeches and patterned sequences a constant ready flow of words characterizes, for instance, Trissotin and Vadius in *Les Femmes savantes*. A single word may serve as the basis for the interruption of the one by the other, as does the noun *vers* in Act III, scene iii.[25] Vadius's speech which ends with the offer of a recitation of love poetry provokes a response from Trissotin, arising from the word *vers*, which is comic as an interruption of Vadius's intention. The interruption occurs, however, at precisely the point where the stark comic contrast—already referred to—between Vadius's

[24] 1080–2, 1086–8.   [25] 967, 969.

theory and practice is clearest. It also has the function of deflecting any reading of Vadius's poetry (we have already heard Trissotin's), and of combining comic delay in this connection with an increase of tempo in the to and fro of brief replies thus unleashed. It is in the interest of the comic structure of the scene that here and twice more (at lines 988 and 1006) the incipient expansiveness of Vadius is curtailed, but its curtailment on three successive occasions increases rather than reduces the impression one receives of his expansiveness. The suggestion of the latter may be much more effective, dramatically and comically, than its full development.[26]

What is commonly referred to as comedy of character arises at times from the incipient expansive utterance which is interrupted. The irascible aspect of Orgon is shown up in this way when, after attempting to silence Dorine during his conversation with Mariane, he finally breaks forth in expansive exasperation:

ORGON: Te tairas-tu, serpent, dont les traits effrontés . . .
DORINE: Ah! vous êtes dévot, et vous vous emportez![27]

The effectiveness of breaking off Orgon's metaphor, rather than allowing it to develop unhindered, is apparent, for Dorine's unanswerable interruption at the point of climax of Orgon's anger gives the most pointed comic expression to the situation. Again here rhyme assists the effect, and the speed of the scene is maintained.

It is not by any means always the case that expansive language is interrupted by Molière shortly after it has begun: the dramatist's discipline and skill are also seen in his choosing the best moment at which to interrupt a speech which he has seen fit to develop at some length. Not infrequently self-interruption, having an intrinsic comic potential, is how this manifests itself. This self-interruption often derives its comic power from the absolute contradiction between what precedes and what follows; and this comic contrast would be impossible, were there not a considerable degree of expansion before the interruption takes place. It is

26 Cf. *Le Tartuffe*, 815–22; *Le Misanthrope*, 731, 1027.
27 *Le Tartuffe*, 551–2.

the fact that Lucile in *Le Bourgeois gentilhomme* (v. v) gets as far as she does in her declaration to her father that she is unwilling to marry anyone but Cléonte which makes her sudden and complete swing to obedient submission (and her father's acceptance of this) so pointedly comic. The same comic effect of stark juxtaposition is produced by Sganarelle's self-interruption on catching sight of Dom Juan while talking to the peasant girls at the end of Act II, scene iv of *Dom Juan*. The effectiveness of the contradiction here again depends upon the amount Molière has allowed Sganarelle to say before he notices Dom Juan, as the second part of Sganarelle's speech beginning 'Mon maître est un fourbe' consists of an exact and explicit negation of the four declarations of the first part. Whether or not Sganarelle is in control of his verbal flow, Molière certainly is.

It is not always some outward cause such as sudden recognition or the appearance of another character that prompts self-interruption in Molière. It can also arise from inability, real or feigned, to say more on a certain subject. It is fitting, in the well-known line of Orgon in Act I, scene v of *Le Tartuffe*: 'C'est un homme . . . qui . . . ha! un homme . . . un homme enfin', that Orgon should be unable to proceed beyond the very first element in his attempt to give a full and adequate description of Tartuffe. However, in the case of Toinette, ironically and calculatedly extolling Béline in Act III, scene xi of *Le Malade imaginaire*, the best effect is to be derived from allowing a fuller expansive description first. The comic impact increases with each patently untrue declaration of Toinette's, and the same effect could not have been obtained had Argan himself replied to Béralde's accusation concerning Béline; but Toinette's pretended inability to express to the full Béline's devotion to Argan emphasizes her ironical words better than any further attempt at description could have done.

Frequently, advanced expansiveness in a speaker is interrupted by another speaker. Dorine and Mariane both interrupt each other in the midst of expansive speeches in Act II, scene iii of *Le Tartuffe*, and in both cases it is at a crucial point for the comic progress of the scene. The first occasion is at the point where Dorine assumes an ironical attitude towards Mariane, in order to spur her to positive opposition to her father's plans; the second is thirty lines later, at the point where Mariane can stand no more of Dorine's ironical expansiveness. In the first instance the degree of expansion which Molière has allowed to Mariane in the speech which is interrupted and which forms a climax to all she has said before makes the impact of the interruption more comically effective. The pattern established in the interrupted speech itself leads us to expect and anticipate the completion of at least her third rhetorical question.

> MARIANE: Mais par un haut refus et d'éclatants mépris
> Ferai-je dans mon choix voir un cœur trop épris?
> Sortirai-je pour lui, quelque éclat dont il brille,
> De la pudeur du sexe et du devoir de fille?
> Et veux-tu que mes feux par le monde étalés . . .[28]

Dorine's interruption, however, gives a new turn to the dialogue, thus guarding against monotony and sluggishness. The same device of interruption is used, on the second occasion mentioned, in order to curb the excessive development of Dorine's ironical words. Each of the accumulated strokes in Dorine's picture of provincial life with Tartuffe overcomes Mariane with greater horror, and Dorine's picturesque speech clearly seems capable of expanding still further. The 'Si pourtant votre époux . . .' at the close would lead us to expect a further development of several lines, presenting a full alternative to the pastimes described in the previous lines. Again Molière chooses the most appropriate moment at which to curtail Dorine: she is interrupted in mid-line, suggesting that her inventiveness is inexhaustible, and at just that point where we feel that Mariane can contain herself no longer. The interruption also allows a switch to shorter speeches which both affords variety and hastens on the climax of the exchange in Dorine's resolute 'Non, vous serez, ma foi! tar-tuffiée.'

Tartuffe's bold approaches to Elmire in Act III, scene iii of the same play are rendered comic by a repeated use of this inter-

---

[28] 631–5.

ruption of partially developed expansive language. Three times Elmire interrupts the expansive Tartuffe, and all three interrupted speeches are cut short half a line after an expansive use of the conjunction *et*.[29] Elmire's interruptions have the effect not only of breaking up the speech of Tartuffe into briefer elements, thus assisting the dramatic movement, but also of comically deflating each of Tartuffe's attempts to express his lustful feelings. The structure of the dialogue thus renders comic, rather than distasteful or crude, Tartuffe's first advances towards Elmire; and the emphasis is placed, through the judicious use of interruption, on the quickness of Elmire in rebuffing Tartuffe rather than on Tartuffe's action itself.

We should note lastly, in connection with the interruption of expansive language, that Molière exploits the possibilities of combining verbal with active interruption. The entry of a character frequently serves to interrupt the dialogue to comic effect, as when Arsinoé appears during Célimène's denunciation of her in *Le Misanthrope* (III. iii–iv). The carefully patterned expansion of Célimène's speech beginning 'Oui, oui, franche grimace' is used to prepare effectively for Arsinoé's appearance. The speech is long enough to establish a verbal pattern which we expect to continue, but the pattern also suggests that Célimène's diatribe is approaching its emphatic completion:[30] interruption occurs at exactly the point where it produces the strongest impact and the most comically pointed effect.

Physical action other than the entry of a character sometimes causes the comic interruption of expansive language, and one last example may suffice. Sganarelle's speech in *Dom Juan* (III. i) beginning 'Mon raisonnement est qu'il y a quelque chose d'admirable dans l'homme' strikes us and remains in our memory principally because it is comically interrupted by his falling to the ground. This interruption stresses with comic intensity the

---

[29] At 911, 914, 916.

[30] Every sentence in this speech consists of two main clauses joined by 'et'. From 857 onwards we find two groups of four lines, each divided equally in this way, followed by a similar two-line group after the turning-point 'Cependant', and then a further four-line group and half of another—the last one introduced by the concluding 'Enfin' and cut short after the central 'Et'.

recurring succession in Sganarelle of expansive indignation and resigned brevity before his master's conduct and beliefs. Had the speech been a completed whole, such a comically pointed contrast would not have been achieved. Further, the whole expansive build-up of Sganarelle's argument is instantly deflated and emptied of all power to convince by the abruptly physical nature of the interruption. Sganarelle thus, comically, destroys his own argument; and since the nature of the interruption is intimately related to the content of the argument, our attention is drawn not simply to a farcical incident which makes us forget whatever serious content the foregoing speech might have possessed, but to a practical negation of the words so persuasively built up. Had the speech not been as expansive as it is, the deflating effect could not have been so pointed.[31]

The interruption, at an early or advanced stage, of expansive language reveals especially clearly Molière's attitude to the degree of verbal fullness in comedy. It may be true, as we said at the outset, that the mere number of words used is less significant than the quality or tone of the utterance; but it is equally true that Molière's regulation of the length of his speeches is a vital means towards the conveying of the tone intended and the obtaining of the comic effect. The great marks of Molière's style are, it seems to me, its correspondence to the underlying situation of the scene or play, and its constant movement. Verbal expansion is only the outward expression of an element in a situation—if we may use the term, the 'conservative' element, that which tends towards continuance and unhindered development on the basis of the foregoing. It is in the opposition it meets that this verbal expansion betrays its comedy, and the opposition which combines brevity with interruption is especially pointed and vivid. The precision evident in Molière's use of the technique demonstrates that his object is not to indulge in verbosity, but to give fitting expression to a comic situation. It is to be noted, however, that it

---

[31] Cf. also how the reaction of Cléante at *Le Tartuffe*, 164 ('Voilà-t-il pas Monsieur qui ricane déjà!') cuts short what threatens to be unparalleled loquacity on the part of Madame Pernelle, and precisely at a point where her stylized speech seems to be on the verge of further development.

is a comic situation in the dramatic sense of the word, for the opposition or conflict which Molière's language embodies originates not in the real world, but in the mind and imagination of the artist, which is capable of perceiving *le ridicule*.

J. CAMERON WILSON

II. THEMES

8. Ploutos, Éros, Molière et les vieillards

Le théâtre de Molière n'est pas un théâtre érotique, ni dans le tout, ni en ses parties, comme pourrait être qualifié le théâtre de Shakespeare, par exemple, où l'Éros (les drames historiques mis à part), sous ses avatars les plus divers, du badinage obscène ou précieux à la folie de possession la plus meurtrière, habite les personnages, conditionne l'action et conduit au dénouement — que ce soit un embarquement pour Cythère, ou une descente vers les sombres demeures de Thanatos. Rien d'étonnant à cela. Dans la dramaturgie de Shakespeare, l'amour est un phénomène humain individuel, qui n'est pas conditionné par des structures sociales, encore qu'il ait besoin d'un environnement ou même d'un cadre historique, phénomène qui se suffit à lui-même, n'a d'autre éthique que ses propres exigences, et, sous une forme ou sous une autre, poursuit aveuglément sa réalisation, son assouvissement ou sa propre destruction. Je crains que la tyrannie littéraire de l'amour-sentiment ou de l'amour-passion n'ait trop retenu la critique et lui ait fait négliger l'aspect fondamental de l'érotisme shakespearien qui échappe aux classifications classiques dont les esprits cartésiens, et peut-être les caractérologues, se contentent trop aisément. L'Éros shakespearien certes débouche assez souvent sur le mariage-fécondité (dans ce domaine Shakespeare est symboliquement, incurablement, optimiste), mais si l'aboutissement des appels s'inscrit dans la conjonction des désirs et la quiétude sociale, l'aspect le plus important de sa nature est qu'il est une pulsion irrésistible vers l'autre, un effort contrarié et désespéré pour franchir les bornes d'une intolérable solitude, faire irruption dans le domaine d'autrui, s'y faire accepter, et atteindre la plénitude dans la conquête et l'abandon. Ce phénomène concerne les protagonistes porteurs du germe en tant qu'êtres humains, il échappe à l'analyse psychologique courante, ainsi qu'aux tabous ou recommandations de la société où vivent les personnages — ils y échappent, dussent-ils en mourir. Si les corps ne peuvent se joindre et savourer leur union, l'esprit accepte, et parfois désire ardemment, toute conscience morale abolie quels que soient les impératifs ou les interdits d'une quelconque religion, l'effacement, corps et âme, de soi.

Aussi, introduire Éros chez Molière peut paraître fantastique et ridicule. L'érotisme semble exclu du domaine d'une comédie qui n'admet pas les jeux verbaux ni les gaillardises gratuites, et encore moins les grands sentiments qui conduisent au désespoir. Les amoureux de Molière, la chose est bien entendue, sont des amoureux de comédie. Ils sont presque toujours ridicules par quelque côté puisqu'ils sont les purs produits d'une convention dramatique essentiellement littéraire, personnages typés dans une fonction, soumis à la servitude d'un emploi (comme disent les comédiens), où l'on compte avec eux les servantes et leurs maîtres, les barbons et les fâcheux, les pédants et les marquis — bref, tous ceux que l'on rencontre sous les arcades du Palais-Royal quand la fête du répertoire bat son plein.

C'est que les membres de cette société n'ont pas l'amour pour unique souci. Cette société — ou plutôt ces familles, car l'action se passe toujours — ou presque toujours — au sein d'un milieu familial qui a ses propres lois, lui-même enclos dans une communauté plus vaste qui se serre les coudes sous la protection vigilante des vertus bourgeoises, élaborées au sortir d'un XVIème siècle dont la turbulence s'est apaisée au profit d'une éthique de mesure et de raison consacrant le pouvoir du père, de la respectabilité, et de l'argent — ces gens sont ridicules par rapport à une norme dont ils excèdent les limites, et leurs excès sont sévèrement condamnés par ce qu'il faut bien appeler le bon sens, c'est-à-dire une pondération des appétits et des sentiments, qui s'applique aussi bien à l'exercice de l'autorité qu'au volume des ambitions, et conditionne le comportement des individus dans le groupe familial ou social dont ils ne peuvent songer à se libérer. Ce bon sens trouve ses justifications dans le confort matériel, moral et intellectuel qu'assure l'heureux épanouissement de la cellule bourgeoise, où règne l'autorité du père, où les servantes sont dociles, les épouses fidèles, les filles obéissantes et les prétendants à leur

main respectables et pourvus de bonnes rentes. Toute transgression de ces idéaux va sous le nom de dérèglement — puisque,
en effet, ce sont les règles qu'on n'observe plus, et ce sont les
instincts, les mauvais instincts qui poussent à la transgression.

Dans cet univers comique par excès ou par déraison les personnages que nous pouvons observer à travers la grisaille de la
lecture ou, mieux encore, dans la mouvance et sous l'éclairage
des artifices du théâtre assument étrangement les servitudes de
leur condition. Molière se fait de la société dans laquelle il vit,
et pour laquelle il travaille, une image très personnelle, convain-
cante, et sans doute issue du réel. Mais il ne peut qu'il ne transpose
en mots, en situations, en personnages, les appétits, les obsessions
de cette société, lesquelles relèvent d'une certaine idée de l'homme
et de ses rapports avec ses semblables, colorent cet univers, et
donnent un sens à la vie. Le fait littéraire fige en quelque sorte les
données humaines, élabore en termes clairs une règle de conduite
pour l'ensemble du cercle de cette société, fermée pour l'histoire,
incapable d'ouverture ou de développement, et satisfaite de sa
vision des choses, dussent les participants recevoir le châtiment
de la déconvenue, du ridicule et de l'échec.

L'appétit du bien vivre est le souci fondamental de tous.
L'éthique des personnages moliéresques se construit à partir de ce
concept, qu'on a bien dû qualifier de bourgeois, et qui consiste à
croire que la poursuite du bonheur est la seule justification de
l'effort humain au sein d'une société qui s'ingénie diversement à
en rendre la conquête difficile et la possession précaire. En face
d'une aristocratie méprisante et désinvolte qui jouit d'un prestige
inégalé parce qu'elle paraît ne faire aucun effort pour posséder
les moyens d'être heureux, nantie de fortune et de charges
enviables, apparemment libre de se livrer à ses caprices et à ses
plaisirs, assurée du lendemain, n'ayant rien à craindre sauf la
défaveur du roi, une catégorie sociale (on n'ose pas dire une
classe) — la bourgeoisie mercantile, sans manières (estiment les
autres) et sans culture, envieuse de ce qu'elle sent qui lui manque,
et besogneuse pour y accéder, s'efforce d'échapper à sa médiocrité, de s'établir durablement dans la possession des richesses et
des bonnes manières, de savourer ses acquêts, et de montrer ses

aptitudes au dépassement de soi. Ce n'est pas sur le mol oreiller du doute qu'elle prétend s'endormir et rêver, mais sur des livres de rentes et des sacs d'écus sonnants et trébuchants qui lui permettront de dormir sur ses deux oreilles, à moins que l'obsession d'un coup de la fortune toujours possible ne lui donne des cauchemars.

La cellule familiale est donc la citadelle au sein de laquelle s'organise, sous l'autorité du père, la cohésion domestique dans l'aisance, et s'il se peut les bons sentiments. Les affaires de famille, régies par le code d'une morale contraignante, à forme paternaliste fondée sur le respect mais rigoureuse, comporte l'accroissement et la gestion des biens, la sauvegarde du patrimoine, l'éducation des enfants et la dotation des filles, en vue d'un mariage avantageux, qui doit engendrer la consolidation des avantages acquis, et la prolifération de ces petits mondes où l'on retrouvera l'image de soi. Rien à dire à cela, sinon que c'est la représentation banale d'une fraction importante de la société qui aspire à l'existence et à l'expansion en face d'une aristocratie qui la méprise. Elle n'est pas méprisable en tant que classe et dans ses prétentions légitimes, mais en ce qu'elle fournissait à l'observateur muni de ce fameux bon sens qui lui donne le droit à la raillerie plus qu'au mépris, le spectacle de ses faiblesses et de ses excès dont la comédie pouvait s'emparer pour les tourner en ridicule.

On ne peut reprocher au bourgeois de chercher à s'enrichir dans une société où déjà les privilèges de la naissance n'assurent plus toujours la sécurité dans le démérite. A peine un demi-siècle plus tard Voltaire mettra les rieurs de son côté, et ses coups de bourse effaceront les coups de bâton. Mais ce qui est ridicule dans la libido des richesses, c'est lorsque le 'petit' bourgeois s'y adonne avec des petits moyens. Entendons-nous: c'est ici la médiocrité foncière des vertus mises au service des passions qui est bafouée. L'avarice n'est rien d'autre qu'un manque de courage, c'est-à-dire de sens moral, car c'est un rapetissement de soi qui passe facilement de la mesquinerie à l'abjection. Harpagon, le type même de l'avaricieux, est ridicule par les procédés mécaniques de style, de comportement et de situation auxquels Molière le soumet, mais il devient odieux dans la mesure (inévitable) où la passion de posséder et la terreur de perdre la possession la rendent inutilisable au possesseur et la détruisent, en même temps qu'elles l'aliènent au monde et rendent impossible tout contact humain avec ses proches. Ainsi les rapports de l'avare et de son argent déshumanisent le personnage, et font perdre à l'argent sa puissance d'achat, et donc son éminente qualité de pourvoyeur de satisfactions. Le plaisir de la possession se mue en angoisse perpétuelle de voir cet argent s'envoler : le propriétaire se dépouille ainsi de sa possession, laquelle s'anéantit dans la folie scandaleuse d'un accaparement sans objet. L'argent n'est plus de l'argent. Il a même cessé d'être un symbole : il est devenu une obsession vide de sens, une abstraction vénéneuse qui fomente le délire et la déraison. Ploutos trahit son zélateur trop zélé, lui oblitère le bon sens et lui racornit le cœur. Le voici livré au ridicule et au mépris, écarté de la communauté des humains. Du moins le Juif de Malte de Marlowe, et le Volpone de Ben Jonson jouissaient intensément de leur or. Harpagon crève dessus. Il n'est pas dans le théâtre de Molière de pièce plus cruelle et plus déprimante que cet *Avare*, dont on rit...

L'argent, l'amour : les deux facteurs de l'établissement et de la perpétuation des familles. En va-t-il de même avec Éros qu'avec Ploutos ? La passion de l'argent peut trouver sa justification dans le désir d'assurer le bien-être à la famille dont on a la charge, à condition de la considérer comme un moyen, non comme une fin en soi. S'élever au-dessus de la mentalité du propriétaire dans le contexte des rapports du couple, cela pose-t-il chez Molière les mêmes problèmes que ceux des rapports de l'homme et de l'argent ?

Il convient ici de mettre *Dom Juan* hors de question, pièce exceptionnelle de la conquête amoureuse qui situe son protagoniste dans l'aventure ininterrompue de la séduction. Sans doute, Éros règne en maître dans le cœur de Dom Juan, au mépris de toute règle, de toute loi morale, et il s'y ajoute, presque dans chaque cas, la joie perverse de la conquête difficile, dans un domaine où il semblerait que l'assouvissement du désir aille de pair avec la sincérité des sentiments. Mais Dom Juan n'appartient pas à la race des marchands (confronté avec l'un d'entre eux il a l'insolence et le superbe mépris qui, selon lui, conviennent à la différence d'état et de nature) — et s'il s'acoquine avec la race des valets, c'est (mise à part l'utilité d'un si précieux accessoire dramatique) moins pour être servi que pour affirmer, à l'épreuve d'une conscience apeurée (à la limite d'un sentiment de culpabilité) qui est en tous points le modèle pusillanime de la conscience bourgeoise, les principes scandaleux qui en sont la négation. Il commet allègrement la mauvaise action, poursuivrait sans désemparer jusqu'au crime, semant sur sa route défis et blasphèmes, et cueillant au passage les fleurs consentantes qu'il étreint et flétrit au galop de ses désirs. Sa prodigalité érotique est le contraire même de la mise en réserve et de l'accaparement roturier. Les femmes, pour Dom Juan, ne valent point par leur fidélité, leurs vertus domestiques, ou même leurs aptitudes à l'amour, mais parce qu'elles ont l'attrait, pour lui irrésistible, de leur nature de femme, et qu'il lui faut les séduire et les posséder. Ce sont autant de pièces d'or acquises par les artifices du mensonge et de l'hypocrisie, mais quel que soit leur éclat, aussitôt démonétisées que soumises et utilisées. C'est, sans doute, la fougue d'un tempérament jeune et ardent qui peut ainsi nourrir le désir et assurer ses victoires: un Dom Juan vieilli serait un séducteur méprisable, auquel, d'ailleurs, on ne pourrait croire, car il serait par là même démythifié. Il dépasse de cent coudées les quinquagénaires égrotants et tyranniques, dont les maladresses en amour et les inepties en matière de galanterie, relèvent de la même mentalité roturière, qui faisait d'eux les piètres détenteurs d'une fortune aux avantages et aux virtualités si mal appréciées et si mal utilisées.

Ces bourgeois d'âge mûr, ces vieillards, qui gravitent entre quarante et soixante ans — mais à quarante ans, sous Louis XIV, on est classé dans la catégorie des 'barbons', si aisément ridiculisés quand ils veulent jouer aux 'muguets' — fondateurs d'une famille (ils ont garçons et filles à marier), veufs (ils brûlent de se remarier) ou encore célibataires (ils aspirent à convoler), sont les dociles adeptes d'une conception du mariage et de l'amour si ancrée en eux qu'il y faut la cuisante expérience de l'échec et de la déconvenue pour leur faire entrevoir leur erreur. Installés dans l'état de mariage, sacro-sainte institution qui assure et consacre la citadelle familiale, ils veulent y régner en maîtres, tout régenter, pourvoir aux besoins de tous, accroître le domaine, asservir femme et enfants à leur volonté, tels un marchand qui tient boutique, et ne permet pas la moindre infraction aux règles de fonctionnement prescrites par l'usage.

Cette autorité maritale et paternelle n'a pas à tenir compte des sentiments ou des désirs de la personnalité d'autrui. La passion du propriétaire s'exerce sur les membres de la famille qui deviennent ainsi ses objets, toute sensibilité exclue. L'épouse doit être le servile instrument du mari, avoir toujours présente la conscience de ses devoirs, obéissance, chasteté, fidélité, soumission à toutes les décisions (et caprices) du 'seigneur et maître', se plier à toutes les interdictions qu'il lui plaît d'édicter, abdiquer tout espoir critique, c'est-à-dire renoncer à l'exercice de son intelligence, et subir pour ses goûts, ses divertissements et ses lectures la censure maritale, c'est-à-dire pareillement renoncer aux joies sensibles de sa nature de femme. Le vaste domaine des interdits et des devoirs est couvert d'exhaustive façon par le sententieux Arnolphe:

> Le mariage, Agnès, n'est pas un badinage:
> A d'austères devoirs le rang de femme engage...

dans l'extraordinaire discours de la scène ii, acte III — et cruellement détaillé dans 'l'écrit important' qui a nom *Les Maximes du mariage* ou *Les Devoirs de la femme mariée*, qu'il oblige Agnès à lire à haute voix. Le catalogue s'arrête à la dixième maxime, mais il est édifiant: fidélité du lit, choix des atours réservé au mari, ni fard ni maquillage, marcher les yeux baissés pour éviter le regard du séducteur, pas de visites personnelles, pas de cadeaux à recevoir, pas de quoi écrire, pas de réunions mondaines, pas de jeux de société, pas de parties de campagne — ce sont les interdits: on rêve de ce que peuvent être les injonctions positives!

Le Sganarelle de *L'École des maris* ne tient pas un autre langage:

> ... mais j'entends que la mienne [de femme]
> Vive à ma fantaisie et non pas à la sienne   (I. ii)

et presque tous ces messieurs les maris, bons bourgeois replets, le visage épanoui, l'œil coquin ou méchant suivant le cas, ont même ambition et pareille mentalité. Mais ils ont d'autres choses en tête qu'il serait amusant (et édifiant) d'examiner.

C'est, en vérité, leur vanité mise à part (mais elle vient de loin), l'idée qu'ils se font de la femme qui conditionne leurs prétentions et leur comportement. La malédiction qui pèse sur la créature féminine a certes perdu son caractère dramatique. On est loin de la répugnance mystique du vase du péché: le mythe de la pureté mariale, et, dans ce siècle même, les chimères de la préciosité et de l'amour courtois, héritées des poètes, des philosophes, et passées dans le monde cultivé, ont passablement nuancé les anathèmes et les méfiances, tandis que, de leur côté, les femmes dans la société, les lettres et les arts, et, plus simplement, dans la vie courante, ont suffisamment donné de preuves de leurs vertus et de leurs qualités pour ne pas se résigner à n'être que des servantes, ou des 'objets' de désir. Mais avec nos bonshommes, les choses sont beaucoup moins compliquées. Le mari bourgeois a la préciosité en sainte horreur. Il n'est pas question avec lui d'amour courtois, de raffinement des sentiments ou de langage, dans ses rapports avec le sexe faible — car c'est ainsi qu'il faut appeler le sexe opposé. Le 'je vis de bonne soupe et non de beau langage' est une excellente règle de vie hygiénique (pour le corps, il faut se défendre contre les mauvais aliments pour éviter les maladies, et pour l'esprit, il convient de s'en tenir à un langage utilitaire clair, d'où sont exclues subtilités et ambiguïtés — ou tous autres jeux), règle qui pourrait s'appliquer au commerce avec l'épouse: je vis de bon amour (non de bel amour) avec une femme bien à moi, qui ne s'embarrasse pas plus que moi de l'analyse des sentiments, de subtilités romanesques, et qui songe encore moins aux évasions dans le domaine de l'imaginaire, ou aux chutes possibles dans l'inconnu des amours défendues.

En somme, pour les femmes, pas de droits à l'amour, mais des devoirs de soumission (on ne saurait dire d'amour) envers les hommes qui les ont choisies, qui leur font l'honneur d'accepter et de gérer leur dot, de les abriter sous leur toit, et de les prendre dans leur lit pour leur faire des enfants. Quelle conception de

l'amour peuvent donc avoir ces maris-propriétaires, qui prétendent à l'exclusivité de leur possession? Faut-il faire d'Arnolphe
un symbole, puisqu'il semble que ce personnage domine de très
haut la cohorte burlesque des maris en mal d'aimer, ou peut-
être devrait-on dire en mal de femme? Le Sganarelle du *Mariage
forcé* est une figure de farce, encore qu'il ait des traits dont le
grossissement caricatural n'altère pas la portée, et, à sa façon,
est un frère cocasse du grave Arnolphe, moins avancé en âge
(Sganarelle a 52 ans d'après les computations de Géronimo et
Arnolphe 42 — c'est un pimpant vieillard!) mais bien plus
réfléchi, ayant longuement médité sa tactique et mûri ses desseins.
Sganarelle donc est frappé à cet âge avancé du mal de femme — il
apprécie en connaisseur les charmes de Dorimène: 'Quel air, et
quelle taille! Peut-il y avoir un homme qui n'ait, en la voyant, des
démangeaisons de se marier?' — *se marier* signifiant ici, d'abord,
'coucher avec vous', sans préjudice du reste. D'ailleurs, il précise,
il détaille, il développe. S'il était tant soit peu poète, il composerait
des blasons. Il vaut la peine de citer:

> Vous allez être à moi depuis la tête jusqu'aux pieds, et je serai maître
> de tout; de vos petits yeux éveillés, de votre petit nez fripon, de
> vos lèvres appétissantes, de vos oreilles amoureuses, de votre petit
> menton joli, de vos petits tétons rondelets, de votre... Enfin,
> toute votre personne sera à ma discrétion, et je serai à même pour
> vous caresser comme je voudrai. N'êtes-vous pas bien aise de ce
> mariage, mon aimable pouponne? (*Le Mariage forcé*, sc. ii)

Quelle déclaration! et combien directe et simple! On ne cherche
pas la purification des instincts animaux, et si le sein était découvert (peut-être d'ailleurs sa rotondité gracieuse était-elle pro-
vocante chez la belle Dorimène) ce Sganarelle-là ne demanderait
point qu'on le cache. Ce texte est clair comme de l'eau de roche.
Ici, pas d'érotisme sournois, habillé à la Tartuffe. C'est le corps,
jeune et splendide, de la superbe fille, qu'il convoite avec des
pourlèchements de matou. Le visage y passe morceau par morceau, et chaque épithète est un régal; puis on descend aux tétons
rondelets, pour s'en tenir, par pudeur bourgeoise, bien sûr, à
l'évocation du 'je ne sais quoi', comme dans les chansons grivoises
fin de siècle. Cette passion sensuelle d'un 'vieillard libidineux'

(car tel est bien le nom qu'on devrait lui appliquer — encore qu'il y ait dans sa *libido* quelque chose de sain et d'enjoué qu'on ne retrouve pas chez Arnolphe) n'est pas, en soi, déplaisante tant qu'elle reste sur le rythme allègre du désir. Éros ici fait son métier, il donne des 'démangeaisons' de se marier qui ne sont en rien romanesques.

Mais où les choses se gâtent, c'est lorsque Dorimène lance au nez de ce soupirant trop pressé sa profession de foi libertaire, qui fait d'elle la première proclamatrice agressive et sans complexe des revendications féminines. Sa réplique (que je n'ai pas la place de citer) pourrait servir de manifeste au Mouvement de Libération des Femmes, et devait sonner curieusement recevable aux oreilles 'amoureuses' des jeunes personnes en mal de liberté. Mais ce qui nous intéresse ici, c'est qu'elle fait aussitôt monter des 'vapeurs' à la tête de ce pauvre Sganarelle. Voilà que son désir retombe comme un serpent quand on ne joue plus de la flûte, et la pouponne bien-aimée, qui prétend ne pas être sous la coupe d'un mari loup-garou, devient, d'objet convoité, objet de méfiance.

La grande peur des maris bien pensants, c'est, en effet, que la femme ne leur échappe et ne les fasse cocus. Aussi bien, le reste de la comédie est-il la mise en condition, tambour battant, du cocu prédestiné, malgré les fuyantes réponses des philosophes consultés. Car, enfin, prise dans le carcan de tels mariages, que peut donc faire la femme (dans l'esprit des maris propriétaires) sinon user de tous ses talents, et mettre à profit toutes les occasions, pour pratiquer l'art du cocuage? Le cocuage, privilège des hommes — et, disent les femmes qui pratiquent cet art, c'est bien fait pour eux — est un état (à les en croire) presque noble, mais, pour les victimes, c'est une menace constante, l'épée du ridicule suspendu sur leur tête, c'est une obsession, une calamité. Et quand on ne l'est pas, on a tellement peur de l'être, qu'on se jette dans la fuite en avant, on s'imagine qu'on l'est — ce qui est le comble du ridicule (*L'École des maris*). Ridicule? c'est peut-être pire, car on pourrait y voir l'expression pathologique d'un complexe d'infériorité vis-à-vis de la femme souveraine et maîtresse du destin des maris. Poussant les choses plus loin, l'époque 'moderne' (un peu dépassée aujourd'hui, il faut bien le dire) finit par en tirer gloire (*Le Cocu magnifique*) — mais alors le cocuage n'est plus ridicule — encore qu'il faille peut-être s'en rapporter à l'humour souriant du sage Chrysalde, lequel, dans un vers embarrassé (faut-il croire que Molière l'a fait exprès?), mais au sens très clair, déclare:

> Encore un coup, compère, apprenez qu'en effet
> Le cocuage n'est que ce que l'on le fait;
> Qu'on peut le souhaiter pour de certaines causes,
> Et qu'il a ses plaisirs comme les autres choses.
>
> (*L'École des femmes*, IV. viii)

Quoi qu'il en soit, je le répète, le Sganarelle du *Mariage forcé* est un personnage de farce, et la comédie dont il est le pivot est une des farces les meilleures sur le thème du mariage. Ce Sganarelle-là n'a pas le temps de réfléchir, ni de se prémunir contre ses infortunes prochaines. Du moins, pouvons-nous penser, malgré l'ironie des derniers mots de la pièce, que le futur cocu aura sa nuit de noces, et que Dorimène, se réservant l'avenir, ne se dérobera pas. Après tout, comme dit Alcantor, réjouissons-nous de cet heureux mariage!

Heureux Sganarelle, mais malheureux Arnolphe! Car si Sganarelle sait qu'il va être cocu (on ne change pas le destin) Arnolphe ne le sait pas, il le craint. Sganarelle est un bon vivant; il lui en cuira, mais il s'accommodera de la chose. Arnolphe est un saturnien, calculateur et inquiet, qui redoute affreusement l'humiliation. Il prend le cocuage très au sérieux. D'abord, parce que cela le prive de l'exclusivité de sa possession. Cocu, il se verrait outragé dans sa vanité de propriétaire, bien plus que bafoué dans ses sentiments. Il deviendrait la cible des railleurs toujours prêts à se réjouir des malheurs conjugaux de voisins trop sûrs de la fidélité de leurs femmes. Il faut donc s'assurer contre cette infortune, se prémunir contre tout accident, se fabriquer l'épouse idéale, aimante et docile, pudique et modeste, refusant la tentation; ignorante même de celles qui peuvent s'offrir, et en tous points conforme au modèle dont il a conçu les traits. Le postulat dont il part, dont partent tous ses pareils, c'est que la femme est une créature imparfaite dans sa chair et dans son esprit, encline à céder à l'appel des sens, et n'ayant pas la volonté de s'en tenir aux injonctions du devoir. Le plaisir amoureux s'offre à elle de toutes parts, et comment y résister? Combattre la propension à s'y laisser glisser, cultiver les vertus de chasteté, fidélité, constance dans l'amour accepté et rendu, de l'époux seul, à l'époux seul: voilà à quoi on doit s'employer.

Arnolphe veut détruire l'image affolante en lui de la femme légère et infidèle. Il s'adonne avec application, et durant de longues années, à faire pousser et fleurir cette fleur fragile et suave que le hasard a déposée dans son jardin. La claustration d'Agnès, les soins attentifs dont il l'a entourée, toutes les précautions prises l'ont, croit-il, façonnée en l'objet idéal de ses convoitises — car cette fleur, épanouie lorsque s'ouvre la comédie, il compte bien la cueillir, en respirer tous les parfums, et la conserver pour lui seul. Et cette longue constance qu'il a mise à modeler cette créature de rêve, usant de la tendresse et de la menace tour à tour (les 'chaudières bouillantes' de l'enfer réservées aux 'femmes mal vivantes'), écartant d'elle les tentations, et les enseignements du monde, voilà qu'elle s'est muée en passion amoureuse, dont il était si difficile de rire lorsque Jouvet l'exprimait par ces hoquets asthmatiques désespérés qui vous faisaient monter le cœur à la gorge.

Car il faut bien dire que chez Arnolphe, c'est Éros tout entier à sa proie attaché. Et qu'est-ce donc que l'amour, sinon un désir passionné de possession absolue? On n'en rit pas lorsque Oreste ou Phèdre en sont possédés. Mais les sentiments d'Arnolphe sont risibles, tant ils sont entourés d'éléments tragi-comiques: décourageante disproportion des âges et des situations, absurde obstination dans les précautions destinées à infléchir le destin, erreurs d'estimation et de prévision, caprices du hasard qui introduit l'élément nouveau capital — bref, impuissance générale à gérer l'avenir souhaité, et qui se résume à l'impuissance très particulière à disposer d'un être humain contrairement à sa nature profonde. Mais si le plasmateur que veut être Arnolphe n'est pas souverain, du moins il aime, que dis-je il aime? — il idolâtre cette 'innocente' Agnès qui aime ailleurs!... Si la familiarité du langage, si terre à terre, si touchant dans son ingénuité désarmante, ne donnait pas un *ton* de comédie à un de ses derniers discours (ô rhétorique! ô stylistique des aveux!), ne serait-il pas aussi pathétique, et certainement aussi humain, que les fureurs d'Oreste ou les lamentations de Phèdre? Ajoutez que cette passion s'inscrit sans dissimulation sur le plan de la sensualité érotique que répudie la tragédie classique, où la litote seule a droit de cité.

Je crois qu'il faut ici recopier la tirade, et la soumettre à l'analyse réfléchie du lecteur. Agnès vient de déclarer à Arnolphe l'incapacité où elle se trouve de l'aimer. Arnolphe l'a menacée de représailles funestes (les coups de poing) — c'est la fureur — mais à la vue de la résignation d'une Agnès si sûre d'elle-même, et si sincère, la colère d'Arnolphe tombe brusquement — et ce sont les accents d'une tendresse infinie qui accompagnent les élans sensuels, dont il convient pareillement de mesurer l'ardente sincérité:

> Mon pauvre petit bec, tu le peux, si tu veux [lui complaire].
> Écoute seulement ce soupir amoureux,
> Vois ce regard mourant, écoute ma personne,
> Et quitte ce morveux et l'amour qu'il te donne.
> C'est quelque sort qu'il faut qu'il ait jeté sur toi,
> Et tu seras cent fois plus heureuse avec moi.
> Ta forte passion est d'être brave et leste,
> Tu le seras toujours, va, je te le proteste;
> Sans cesse, nuit et jour, je te caresserai,
> Je te bouchonnerai, baiserai, mangerai;
> Tout comme tu voudras tu pourras te conduire:
> Je ne m'explique point, et cela, c'est tout dire.
> (*bas, à part*)
> Jusqu'où la passion peut-elle me faire aller!
> (*haut*)
> Enfin, à mon amour rien ne peut s'égaler:
> Quelle preuve veux-tu que je t'en donne, ingrate?
> Me veux-tu voir pleurer? Veux-tu que je me batte?
> Veux-tu que je m'arrache un côté de cheveux?
> Veux-tu que je me tue? Oui, dis si tu le veux.
> Je suis tout prêt, cruelle, à te prouver ma flamme.   (v. iv)

Cruelle: c'est bien ce qu'est Agnès, comme Junie pour Néron, Hermione pour Oreste, Andromaque pour Pyrrhus... Mais, en plus, n'est-elle pas futée? Cette splendide candeur, cette sereine innocence qu'on lui attribue, ces airs désarmants de sainte-nitouche (que Dominique Blanchar, et Margaret Marchesi — mon ami W. G. Moore ne me contredira pas — savaient prendre avec un inébranlable à-propos) mais ne font-ils pas se rebiffer bien des critiques méfiants qui admirent plutôt son ingéniosité? Qui croira que l'innocence de ses récits — 'le petit chat est mort' — l'adresse (calculée ou spontanée?) avec laquelle elle reçoit et fait passer des messages, l'impavidité et l'insensibilité qu'elle oppose aux protestations, furieuses ou pathétiques, d'Arnolphe, émanent d'un cœur innocent? Et cependant, il y a là tant de naturel, tant de détermination de s'en tenir à son refus et à son choix, qu'on tremble de terreur et d'admiration devant la Belle dame sans merci, qui envoûte et livre aux gémonies le méprisable soupirant dont enfin elle va être délivrée.

... Cependant, ne dramatisons pas. Ne faisons pas d'Agnès la réplique scandaleuse d'Andromède, liée sur son rocher par Neptune, et délivrée du monstre par Persée. On peut simplement se demander si Agnès n'eût pas mieux fait d'épouser Arnolphe, car rien ne nous assure que le dameret Horace, la bouche en cœur, et un œillet à la boutonnière, soit digne d'elle, et possède même (à part la fortune — mais Arnolphe a du foin dans ses bottes) les premières vertus exigibles de son juvénile amour. Mais on peut aussi lire la pièce comme un conte de fées. Le Prince Charmant est apparu. La vierge séquestrée est délivrée, après mainte péripétie et grâce à maint stratagème, du vilain vieillard qui abusait de sa situation et aurait volontiers, poussé par un Éros qu'on peut qualifier d'irresponsable et de pervers, accepté de troubler l'ordre social, qui est celui de la raison.

Il n'est pas raisonnable que les barbons épousent des jeunesses, et Molière — qui sait jusqu'où s'en sont allées ses nostalgies? — est délibérément du parti des jeunes, comme le prouve la morale amoureuse de toutes ses comédies, laquelle accorde sa sympathie aux jeunes couples en rébellion contre les tyrannies diverses qui prétendent les accabler. Les 'vieillards' jouent avec Éros un jeu difficile et dangereux, dont il faut sans doute rire au lieu de se scandaliser, mais leurs touchantes prétentions ne sont pas répréhensibles en soi: elles courent le risque de la raillerie et de l'échec, mais, faut-il se contredire, elles appartiennent pareillement à l'ordre naturel.

HENRI FLUCHÈRE

9. Masters and Servants in the Plays of Molière

SERVANTS are everywhere in Molière's plays, or almost everywhere. They frequently play a significant part in the dramatic structure of the plays and, above all, they are important agents of comic effect. In the farces, and not only the farces, they help to propel the intrigue towards its dénouement by their tricks and 'fourberies', what the immortal Scapin so euphemistically calls 'gentillesses d'esprit', and 'galanteries ingénieuses'. In the high comedies they introduce a bright vein of farcical slapstick or they act as catalysts to bring out the full force of the manias and idiosyncrasies of their masters (Dorine/Orgon, La Flèche/Harpagon, Toinette/Argan). Frequently they are used to produce special effects of comic incongruity, echoing on a lower plane the more high-flown sentiments of their masters: thus the 'low life' quarrel between Sosie and Cléanthis following the 'noble' indignation of Amphitryon and Alcmène (*Amphitryon*, Act II, sc. ii and iii); thus Cléonte and Covielle, lamenting in contrasting terms the unkindness of their respective mistresses (*Bourgeois gentilhomme*, Act III, sc. ix).

All this is familiar ground; but can we also learn from Molière's presentation of his servants and in particular of the master/servant relationship something of the working of seventeenth-century society, of the way in which its theoretical assumptions work out in practice? The scanty evidence we possess as to how Molière viewed his own work would seem to suggest that he himself certainly saw his plays as 'miroirs publics' in which the society of his day was reflected. Contemporaries saw them as such: angry if they saw themselves among the 'illustres originaux' of his comic types, delighted if the shafts of his ridicule appeared to be directed at others. However true it may be that 'Molière is for everyone' and that the comedies have survived changes in the structure of Western society and its ethos of which no one in the seventeenth century could have dreamed, they nevertheless have their roots, unquestionably, in topicality and possess a historical interest which has never been denied by later critics. What else, asks Béralde, discussing the comedies with Argan in the *Malade*, could Molière depict but 'les diverses professions des hommes'? and if doctors, pedants, notaries, then what about servants, their characteristics, and their behaviour in the families to which they are attached?

It might be argued that to ask this question is to ignore the fact, the indisputable fact, that it is in just this area that Molière draws most heavily on theatrical tradition, that his valets and maidservants have a great deal in common with the servants of the *commedia dell'arte* and for that matter with the *commedia erudita* and behind these with the slaves of Latin comedy: that they represent therefore a long-established stage convention and are likely to have little to do with the realities of French seventeenth-century life. But should we, in fact, assume that conventions of this kind survive when they have ceased to correspond meaningfully to social realities? Should we assume that an artist as great as Molière, a playwright so explicitly concerned with his own contemporary society ('Vous n'avez rien fait si vous n'y faites reconnaître les gens de votre siècle') would in the case of this one group of people, his servants, depart from his usual practice and paint types and relationships which had no relevance to life as his contemporary society knew it? Molière apart, is it not a matter of observation that comic conventions of this kind only survive in social comedy or even in farce as long as they are seen to stand in some recognizable relation to contemporary life? We have illustrations of this in twentieth-century English popular comedy and farce. The highly successful Aldwych farces of the between-wars period, and a whole host of 'drawing-room' comedies as well, tended to favour a country-house setting, country houses well equipped with butlers, with pert parlourmaids, crotchety gardeners, grumbling handymen, who all exhibited stock characteristics of the servants of traditional comedies. Yet they have virtually vanished from the Rix farces of the 1960s and from the light entertainment on stage and television which has replaced the old 'drawing-room' comedies. In their place we may occasionally find a fearsome Mrs. Mop or a haughty or amorous au pair girl but just as the drawing-rooms have vanished, so too have the servants, since neither parlourmaids nor drawing-rooms are part of the everyday realities of later twentieth-century life. If a writer of popular farce today wishes to revive the old master/servant jokes he is likely to set his play in an earlier period, as in the case of *Up Pompeii* with its richly Plautine echoes. Or again, what could be more tradition-soaked, more stylized, than the antics of the circus clown? Yet even here the modern clown demonstrates his sad and risible inability to cope, through the paraphernalia of the contemporary world. It is no longer the horse or the mule but the ancient and demon-possessed motor-car which defies all his efforts at control.

It would seem, then, not unreasonable to assume that if Molière's servants have a great deal in common with the servants of older traditions it is because Molière was still living in a social context which had not yet greatly changed in relevant essentials, that they represent no alien stylized importation but, along with the doctors, the would-be poets, and the *femmes savantes*, were recognizably topical, 'des gens de notre siècle'.

Recognizable, but of course exaggerated for comic effect. The comic vision allows of no straight and naturalistic presentation of the reality it depicts. M. Jourdain is not a portrait of any aspiring bourgeois who ever lived. He is quintessential. Purgon and Diafoirus, father and son, are not portraits of seventeenth-century doctors. Mascarille and Scapin, Dorine and Toinette are not type-studies for the sociologist, not seventeenth-century servants talking and behaving exactly as they would have talked and behaved in real life. But they stand in the same relationship to reality as do Jourdain and the doctors.

'Servants, obey your masters.' Homiletic writing reveals that in the domestic sphere as in others the principle of authority was in the seventeenth century as yet unchallenged. The assumption was still intact that there are those who should give orders and those who should obey. Those who are served and those who serve. Those who own and those who are owned. We should hardly expect to find in the plays of Molière any signs of deep social unease or the social questioning of later ages. Nor, perhaps, has it ever been the function of the comic writer as such to question the fundamental ethical or social norms on which his society rests. Rather, he needs these norms in order to demonstrate how human nature accommodates itself, or, in fact, fails to accommodate itself to them and in this process demonstrates its absurdity.

The need for obedience, the axiom that it is for the master to command and the servant to obey, is questioned by neither side in the comedies. Both sides accept that the natural and virtually inevitable results of disobedience will be the *bastonnade*, or, at the very least, the cuff on the ears. Maître Jacques in *L'Avare* resents a beating from the Intendant whom he regards as a mere glorified servant but admits that as far as Harpagon is concerned it is a different matter: 'Passe encore pour mon maître, il a quelque droit de me battre' (Act III, sc. ii.). But this does not mean that Molière's servants *do* obey, *do* become automata, blindly and unthinkingly carrying out the behests of authority. Quite the contrary. If there is one attribute which they most notably possess it is a capacity to make their own judgements both of their masters and of whatever is going on in the family to which they are attached. And this is as true of the servants of the farces as it is of those who appear in the high comedies. In *L'Étourdi* Mascarille is well aware that the dim-wittedness of his young master is a byword:

> Vous êtes si fertile en pareil contretemps
> Que vos écarts d'esprit n'étonnent plus les gens.
>
> (Act I, sc. iv)

Mascarille also knows all about Pandolphe's plans for his son's marriage to Hippolyte, the daughter of his friend Anselme, and he knows just why Pandolphe is planning this move, that he is at his wit's end as to how to put a stop to his son's wild capers and hopes that a steady marriage will settle him down. Scapin in the *Fourberies* has the father of Léandre well weighed up: 'avare au dernier degré ... vous savez que pour l'esprit, il n'en a pas, grâces à Dieu, grande provision, et je le livre pour une espèce d'homme à qui l'on fera toujours croire tout ce que l'on voudra' (Act II, sc. iv). Toinette reads her master like an open book. She knows perfectly well that Argan is a hypochondriac and is unimpressed by his sighs and groans and by the paraphernalia of remedies with which he surrounds himself. She sees clearly that the doctors realize this too and are greedily exploiting Argan's self-deception for their own profit: 'Ce monsieur Fleurant-là et ce monsieur Purgon s'égayent bien sur votre corps; ils ont en vous une bonne vache à lait' (*Malade imaginaire*, Act I, sc. ii). She has spotted that Béline has her eye on Argon's fortune and knows that when Béline tries to persuade Argan to put his daughters into a convent, 'la bonne bête a ses raisons' (Act I, sc. v). Dorine has the same shrewd insight into the set-up in the Orgon household. She has watched Orgon and she has seen the deterioration in his character under the influence of Tartuffe and realizes that Tartuffe is bent on manipulating Orgon for his own profit: 'Lui qui connaît sa dupe et qui veut en jouir' (Act I, sc. ii). She knows that Tartuffe has his eye on Elmire: 'Je crois que de madame, il est, ma foi, jaloux' (Act I, sc. i). Dom Juan's Sganarelle is clearly not the brightest of men but he knows his master through and through and has no illusions about him. He has watched Dom Juan and can explain to Gusman that his abandonment of Elvire certainly indicates that he is meditating a new conquest, that he is incapable of fidelity and for this and other reasons 'le plus grand scélérat que la terre ait jamais porté' (Act I, sc. i), a rogue, an unbeliever and a sensualist, 'véritable bête brute, un pourceau d'Épicure' (ibid.).

In play after play the pattern repeats itself. One may deceive oneself, one may seek to deceive others, but there is always a servant, an insignificant person, a watcher on the side-lines, passionately interested, noting, observing, and drawing his own conclusions from what he sees. Today most of us lack this sharp-eyed observer in our family circle who can so devastatingly read our character and predict our actions. We have exchanged him for the faceless and impersonal bureaucrats, perhaps soon for the frighteningly omniscient computer. But Molière's families have their own human computers in their midst.

But if the servant has the members of his famil
he understands their characters and watches all th
goings, can he and does he make use of his kn
merely the watcher on the side-lines? He is of cou
He is always ready to have his say, to interven
opinion or advice, frequently with a rashness whi
shower of insults and threats of a beating for his impertinence.
For it is to the family that the servants talk. Good comic capital
could have been made out of 'below-stairs' gossip, but Molière
only very rarely uses this device. The opening scene between
Sganarelle and Gusman in *Dom Juan* is exceptional. The servant's
opinions, highly pejorative, are frequently delivered directly to
his master's face, or in muttered asides when reactions are too
angry. Or else he talks about his master to other members of the
family group. 'Not in front of the servants' would seem to be an
adage unknown in the families Molière represents, and when it
comes to a family council the servants are talkative participants.
Neither Cléante nor Elmire has any objection to discussing
Orgon with Dorine. Young men discuss their parents, and parents
their children, with the ever-interested servant. It is this involvement of the servants, their readiness to have their say, and the
willingness of some at least of the family to listen to them, that
more than anything else gives the impression of a close-knit unit,
of a group of people, family and servants, living in each other's
pockets, sharing common interests, ganging up against the
member of the group who seems to be threatening those interests,
even if that member is the head of the house.

But just how bold are the servants when it comes to telling
their masters exactly what they think of them? They are all
ready and anxious to do this but with varying degrees of audacity.
It is often the maidservants who are most outspoken. Toinette is
a case in point, and her outrageous exchanges with Argan produce
some of the funniest scenes of the *Malade imaginaire*. She can
tease him unmercifully. She can insult him in the most vigorous
terms. She can even claim her rights to advise and correct him·
'Quand un maître ne songe pas à ce qu'il fait une servante bien
sensée est en droit de le redresser' (Act I, sc. v). She can

tronizingly encourage him when she thinks that, for once, he is showing good sense and is willing to give Angélique to the suitor of her choice. When she disapproves she can mimic the tones of authority: 'Non, je ne consentirai jamais à ce mariage' (ibid.). And Argan, though he strongly resents her impertinence, is quite unable to check her: 'De quoi te mêles-tu, coquine, impudente que tu es?' (ibid.). He can only take refuge in spluttered and totally ineffective vituperation or launch himself into an undignified scuffle in which she is nimbly able to evade his blows.

In their self-assurance and impertinence Toinette and Dorine are sisters. Dorine, too, can tease her master and skilfully lead him on into complete betrayal of the full extent of his infatuation with Tartuffe. Orgon cannot always see when Dorine is teasing him, but other people can. As Cléante tells him: 'A votre nez, mon frère, elle se rit de vous' (Act I, sc. v). When necessary she can be as blunt as Toinette and call him a fool in so many words. Like Argan, Orgon protests quite ineffectively that she is taking liberties:

> Vous avez pris céans certaines privautés
> Qui ne me plaisent point; je vous le dis, ma mie.
>
> (Act II, sc. ii)

But Dorine merely tells him briskly not to interrupt and not to lose his temper. This particular scene ends with Orgon's furious and ignominious exit:

> Ses discours insolents m'ont mis l'esprit en feu
> Et je vais prendre l'air pour me rasseoir un peu.
>
> (ibid.)

Martine, in *Les Femmes savantes*, with a much smaller part, is equally resistant to reprimand and equally ready to speak her mind as boldly as she pleases. Unlike Dorine she is only a 'servante de cuisine', but this does not stop her asserting her right to speak just as she pleases and break the laws of grammar in defiance of Philaminte. Of the same stuff as the other maid-servants is Nicole who collapses into helpless laughter at the sight of M. Jourdain in his finery and is quite unable to stop, in spite of all his efforts to call her to order. In all these cases the maidservants take obvious delight in making rings round their masters and cracking the whip with good-humoured laughter and gusto. But not all Molière's servants are so bold, and the men are generally more cautious when in the presence of their masters. Sosie, for example, is a timorous creature who, when faced with an angry Amphitryon, misguidedly tries to placate him:

> Si vous le prenez sur ce ton
> Monsieur, je n'ai plus rien à dire,
> Et vous aurez toujours raison.
>
> (Act II, sc. i)

Sosie knows the rules of the game ('Non, je suis le valet, et vous êtes le maître', ibid.) and can ask his master:

> Parlerai-je, monsieur, selon ma conscience
> Ou comme auprès des grands on le voit usiter?
> Faut-il dire la vérité,
> Ou bien user de complaisance?
>
> (ibid.)

But even Sosie can occasionally dig in his heels and present an ultimatum to his master:

> Si vous vous mettez en courroux,
> Plus de conférence entre nous.
>
> (ibid.)

But if poor, puzzled Sosie is docile enough, there is someone else in the play who can amuse himself by teasing Amphitryon with the same uninhibited gusto as that shown by the maidservants or by the valets of the farces towards their young masters. That, of course, is Mercure disguised as Sosie: *alter ego*, perhaps, who dares to say what the 'real' Sosie only dares to think (Act III, sc. ii).

The Sganarelle of *Dom Juan* is a good deal bolder than Sosie but it is a boldness mixed with a strong dose of caution. He has the strongest of urges to reprimand Dom Juan, to counsel and exhort, and there are times when Dom Juan deliberately provokes and encourages him to have his say. But he is all too easily confounded by his master's fine phrases and casuistical rhetoric ('Vous tournez les choses d'une manière qu'il semble que vous avez raison', Act I, sc. ii), or abashed by his master's very silence or an angry look or gesture. Yet for all his caution, his timorous retractions and his naïve evasions ('Je ne parle pas aussi à vous, Dieu m'en garde', ibid.), Sganarelle does in fact manage to speak his mind. However abjectly he may come to heel in fawning agreement, he is always ready to bob up again and return to the attack and, finally, to throw caution to the winds when Dom Juan announces his new policy of hypocrisy: 'Faites-moi tout ce qu'il vous plaira; battez-moi, assommez-moi de coups, tuez-moi, si vous voulez: il faut que je décharge mon cœur et qu'en valet fidèle je vous dise ce que je dois' (Act v, sc. ii).

Servants, then, have their own views on their masters in the plays, generally unflattering. They vary in the degree of audacity they can summon up to express these views openly. Yet it would seem on the whole that the servant will go as far as he dares. Foolish masters like Argan and Orgon are fair game. They may splutter and protest but their defences are weak and their personal ascendancy nil. A Dom Juan, even an Amphitryon, is recognized as a master who will allow just so much licence and no more.

But the servants are no mere talkers. They actively participate in family affairs. Sometimes the participation is passive and involuntary. Like everyone else the servants are tossed about in the storm which rocks the household, the storm which arises from the egotism of one member or the whirlpool of cross purposes and conflicting aims. Harpagon's servants—even, for that matter, his horses—have, like his children, to suffer the consequences of his avarice. Andrée and little Criquet have, in the *Comtesse d'Escarbagnas*, to submit to a provincial lady's idea of how fashionable servants should comport themselves. Sosie is caught up in an Olympian charade which only directly concerns Amphitryon and Alcmène. But much more frequently the servants involve themselves actively and willingly at the direct request of a member of the family and concern themselves with trying to resolve the crisis of relationships within the play. It is generally the young people who enlist the servant's help, in the farces and in the *grandes comédies*, and the plea for assistance assumes both that he is the right and natural person to call on and that he can be relied on to think up a way out of the impasse which baffles his master. The servant is very well aware of this and, knowing that it puts him in a position of strength, often needs considerable persuasion before he will consent to apply his talents as requested. The master is obliged to become the suppliant, to beg and to flatter. So Lélie woos Mascarille with extravagant compliments:

> Je sais que ton esprit, en intrigues fertile,
> N'a jamais rien trouvé qui lui fût difficile,
> Qu'on te peut appeler le roi des serviteurs,
> Et qu'en toute la terre. . . .
>
> (*L'Étourdi*, Act i, sc. ii)

Mascarille is well aware that the butter is spread thick for a purpose. When masters want a favour from us, he says, 'nous sommes les chéris et les incomparables', but at other times we are mere 'coquins qu'il faut rouer de coups' (ibid.). So, when the opportunity presents itself, how sweet to prolong it, to keep young master on tenterhooks and produce a whole series of counter-arguments before final capitulation, before he declares that he will help, that of course he is on the side of youth and nature and scorns 'les sermons d'un vieux barbon de père' (ibid.). But from then onwards there is no doubt as to who is in the saddle, and Lélie, realizing his position of total dependence, has to swallow commands, reproofs, and insults without protest. In *Les Fourberies de Scapin* the young men of the play, Léandre and Octave, are as dependent as was Lélie for the solution of their amorous and matrimonial problems on the resourceful inventiveness of a servant. Scapin, like Mascarille, thoroughly enjoys the power which the young men's need for help bestows on him. Like Mascarille too he knows that their fair words and compliments result from their need of his services. '" Ah! mon pauvre Scapin." Je suis "mon pauvre Scapin" à cette heure qu'on a besoin de moi' (Act ii, sc. iv). He is as touchy as a prima donna when his good intentions are not appreciated and enjoys extracting grovelling apologies from his master. He too is zestfully masterful, organizes his confederates like a drill-sergeant, and is cockily confident in his own superior abilities: 'A vous dire la vérité, il y a peu de choses qui me soient impossibles, quand je m'en veux mêler' (Act i, sc. ii). Scapin, more perhaps than any of Molière's servants, anticipates Jeeves in his assumption of personal superiority, and of course the young men he serves have much in common with the feather-headed Bertie Wooster and his cronies.

But the readiness of the servants to involve themselves actively in family affairs, and in particular to come to the rescue of the other underdogs who are the younger members, is by no means confined to the broader farces. Toinette in *Le Malade imaginaire* shows a quasi-maternal affection for Angélique. It is to her that Angélique pours out her troubles, and Toinette promises help with all the self-assurance of a Scapin but with a warmth of feeling that Scapin never shows: 'Moi, vous abandonner? J'aimerais mieux mourir. . . . Laissez-moi faire, j'emploierai toute chose pour vous servir' (Act. I, sc viii). Toinette will help her young mistress out of love, but it is clear that she also enjoys the opportunity of scoring off Argan and Béline. Dorine is another who allies herself with the younger generation, though she is also in active partnership with Elmire and Cléante. She is a real power in the Orgon household. As well as attempting to make Orgon himself see reason, as well as skirmishing with Tartuffe and making it very plain to him that she, at least, sees through his little games, she can persuade Cléante of the very real threats posed by Orgon's infatuation and Tartuffe's villainy. She can stiffen the resistance of a tearful and despairing Mariane and tease her into standing up for herself. With Mariane, indeed, she puts up a virtuoso performance, alternately teasing, scolding, and reassuring, and in the following scene (Act II, sc. iv) she copes equally skilfully with the lovers' quarrel between Valère and Mariane, promises them her help, drills them in the parts they must play, and assures them that she will whip up the support of Cléante and Elmire. In the third act it is Dorine who calms and counsels the outraged Damis and persuades him that it will be more effective if Elmire interviews Tartuffe alone.

A close involvement, then, with the affairs of the family, partisanship in its disputes, active commitment to some of its members. But what are these servants like as people, how are they presented as representatives of the social group to which they belong? In the popular comedy of Italy, servants tend for the most part to be easily classifiable as either fools or knaves. The fools are bumbling idiots whose generally well-meant thick-headedness serves to irritate and frustrate their masters. Molière is not very often concerned with this category, though Alain and Georgette are obvious examples. His servants are more likely, certainly in the farces, to be sharp-witted and in their own way imaginative: imaginative in their capacity to think of ingenious ways of tricking authority, quick-witted in extricating themselves from disaster when their plans go wrong. They are versatile in that they can play many parts, fluent of speech, and endlessly resourceful. But theirs is an earthy, guttersnipe sort of cunning, a slippery self-taught ingenuity. They resemble Panurge but are without his twisted learning and, for the most part, his brutality. They are people who tread a tightrope and know that only their own wits can protect them from a fall. Yet, placed as they are at the bottom of the social ladder, they are cautious rather than servile. When prudence demands, they will play the role society expects and make the proper gestures of subservience. But how zestfully they seize any opportunity to assert their own significance, how confidently they assert their own prowess in the arts which they understand so much better than their masters! Scapin on his own territory is a master-mind, knows it, and boasts cheerfully of it: 'Je puis dire, sans vanité, qu'on n'a guère vu d'homme qui fût plus habile ouvrier de ressorts et d'intrigues, qui ait acquis plus de gloire que moi dans ce noble métier' (Act I, sc. ii). And Scapin, like his fellows, relishes the situation which gives him the experience of being in command, whether it merely gives him the chance to tease or the richer joy of being the giver rather than the victim of the *bastonnade*. Moments like this must be relished and prolonged, every drop of savour squeezed from them. These are men who have learned in the hard school of experience that what a man wants he must fight for with whatever weapons and talents he happens to possess. They are not enemies of society. They accept the social hierarchy and their own place in it. They accept the fact of authority but they lose no chance of thumbing their noses at it. They are supreme opportunists. They can throw themselves zestfully beyond and, indeed, against the call of duty into the task of furthering their young master's interests, not, it would seem, out of any particular loyalty or affection, but for the fun of the thing, for the joy of exercising their wits and talents. They will help him but this will not stop them feathering their own nests at his expense. Scapin steals his master's wine and the watch he had undertaken to deliver as a love-token to 'la belle Égyptienne'.

The maidservants have something in common with their male counterparts; they have bouncy gusto; they too enjoy pitting their wits against authority, but they are warmer creatures who show affection for their young mistresses. They have a sentimental fondness for love and lovers. Lisette in *L'Amour médecin* speaks for them all when she tells Clitandre that 'Le Ciel m'a faite d'un naturel le plus humain du monde, et je ne puis voir deux amants soupirer l'un pour l'autre, qu'il ne me prenne une tendresse charitable, et un désir ardent de soulager les maux qu'ils souffrent' (Act III, sc. iii). They have their own homespun philosophy, mostly concerned with the rights of youth and love and nature. Dorine advises Orgon:

> Sachez que d'une fille on risque la vertu,
> Lorsque dans son hymen son goût est combattu.
>
> (Act II, sc. ii)

Lisette assures a doubtful Lucinde that 'pourvu que l'honneur n'y soit offensé on peut se libérer un peu de la tyrannie d'un père' (Act I, sc. iv). Dorine argues vigorously with Mme Pernelle in defence of innocent social pleasures:

> En quoi blesse le Ciel une visite honnête
> Pour en faire un vacarme à nous rompre la tête?
>
> (Act I, sc. i)

and pours scorn on prudes and killjoys.

But there is one of Molière's servants who merits special consideration and that is the Sganarelle of *Dom Juan*. The mere mention of this most enigmatic of Molière's plays evokes the voice of controversy past and present. But it concerns us here on one level only, concerns us because it is here that Molière seems most clearly interested in juxtaposing the social classes of his day. Not indeed the bourgeoisie, the appearance of M. Dimanche is too brief for this, but on the one hand the nobility, on the other, servants and peasants. Dom Juan, the 'grand seigneur méchant homme', and the obligations of caste and privilege as he, Dom Louis, and indeed Dom Carlos and Dom Alonse see them. Over against them Sganarelle, Pierrot, Charlotte, and Mathurine. In Sganarelle we have a servant who plays one of the two most important roles in the play, who appears in almost every scene, and whose character can therefore be far more fully developed than is usually the case with Molière's servants. How is he depicted and how does he compare with other servants in other plays?

In Sganarelle we see no trace of the gay and irresponsible knavery of a Mascarille. In one sense at any rate, Sganarelle is 'good' whereas his master, Dom Juan, is 'bad'. Sganarelle subscribes to all the orthodoxies, religious, moral, and social, and he is shocked by Dom Juan who flouts these orthodoxies in so cavalier a fashion. He is the 'decent chap' who has accepted, without reflection and certainly without question, traditional beliefs and superstitions. God and 'le moine bourru' are equally articles of faith. Moral principles are sacred but so is the medical profession and its wisdom: 'Quoi? vous ne croyez pas au séné, ni à la casse, ni au vin émétique?' (Act III, sc. i). He is a transmitter not a questioner of tradition. He is shocked to see the proprieties flouted and he does them no good by his confused efforts to defend them. He is soft-hearted. On the emotional plane too his responses are those of the 'decent chap'. He is moved to tears by Elvire's last plea to Dom Juan (Act IV, sc. vi). He is sorry for the little peasant-girls and gives them good if prosy advice, which they will certainly not take: 'Ah! pauvres filles que vous êtes, j'ai pitié de votre innocence, et je ne puis souffrir de vous voir courir à votre malheur. Croyez-moi, l'une et l'autre: ne vous amusez point à tous les contes qu'on vous fait, et demeurez dans votre village' (Act II, sc. iv). Sganarelle is *bien pensant* and kind, but he is doomed to be ineffective. His very 'goodness' is limited and conventional. The extremes of good and evil lie beyond his field of vision. To him, Dom Juan is a conventional 'bad man', a breaker of rules. Absolute evil, the need to dominate, and the need to destroy are outside his ken. So too is heroism: the moral heroism of 'le pauvre' whom he urges to give in to Dom Juan's command: 'Va, va, jure un peu; il n'y a pas de mal' (Act III, sc. ii). Still less can he understand the gratuitous heroism of chivalry, a man who goes to the rescue of one man attacked by three: 'Mon maître est un vrai enragé d'aller se présenter à un péril qui ne le cherche pas' (Act III, sc. iii). His code is simple, it acknowledges the obvious blacks and whites but permits the smaller meannesses. Sganarelle enjoys and does his clumsy best to second Dom Juan's tactics against M. Dimanche. This is fair sport, and anyway he too owes money to Dimanche. There are two bedrock absolutes for Sganarelle, his personal safety and his pocket, and when these are threatened fine principles and fine feelings fly out of the window. *Ruat coelum*, but 'mes gages, mes gages'.

Molière's servants, then, are variously conceived: a more extended study would reveal further and subtler differentials. But if in Sganarelle we have an extended and convincing portrait of one kind of servant, one kind of 'little man', are not the maid-servants and the valets of the farces also presented as figures of the contemporary scene and representatives of their social group? That many of their characteristics are those of the stock servants of the comic tradition would seem to be incidental. It is not even as if Scapin or Mascarille are improbable creatures, though the antics they perform in the plays are improbably exaggerated. In essentials they are still with us, both in fiction and in life. Over the centuries they have had different names, artful dodgers, coves and cards, more recently 'wide boys', part of the undergrowth of any society, living by their wits and their nimble and plausible tongues, indifferent as to whether their activities are a little outside or just within the law, people who can always 'put you on to a good thing', artists in their own way, smiling rogues who take pride and pleasure in their own small clevernesses. And where else, in the seventeenth century, should we expect to find this perennial type but among the servants?

They are curiously endearing figures, these servants of Molière; and if, as M. Bénichou has so convincingly argued,[1]

[1] P. Bénichou, 'Molière', in *Morales du Grand Siècle*, Paris, Gallimard, 1948, pp. 156–218.

Molière writes chiefly for nobles, and slants his comedies to their point of view, it is not surprising that his servants should be presented in a more friendly light than his bourgeois. Friendly but not sentimental: eighteenth-century idealization of the virtuous poor, as in Richardson's *Pamela*, is still a long way away. Molière paints his servants warts and all. But they are always on the 'right' side, the side to which our ordinary human sympathies are drawn. We can see and laugh at their defects and limitations, but we are more aware of their qualities because we want them, and the side on which they are fighting, to win. And if they are sometimes cleverer and more sensible than their masters, what else would a seventeenth-century master ruefully and amusedly see in this than a realization that this is in fact what happens, that in the small change of everyday life he is not the undisputed master he would like to be? Not only his sons and daughters but also his servants can twist his tail and ruthlessly spot the weaknesses in his defences. Comedy of this kind could only arise from a socially stable age when the master can look indulgently on insubordination because he knows it will never go too far and where the servant accepts his lot. For a later age it can remind us that human beings never quite manage to live according to the rules of any system, that human nature breaks through the conventions, and that participation is no new invention and can coexist exuberantly with hierarchy. Molière's servants complain about the behaviour of particular masters, but they do not complain about being servants. Except one, Sosie in *L'Amphitryon*:

> Sosie, à quelle servitude
> Tes jours sont-ils assujettis!
> Notre sort est beaucoup plus rude
> Chez les grands que chez les petits.
> Ils veulent que pour eux tout soit, dans la nature,
> Obligé de s'immoler
> Jour et nuit, grêle, vent, péril, chaleur, froidure,
> Dès qu'ils parlent, il faut voler.
> Vingt ans d'assidu service
> N'en obtiennent rien pour nous;

> Le moindre petit caprice
> Nous attire leur courroux.

(Act I, sc. i)

Why, asks Sosie, do we endure all this? and he answers: because we enjoy belonging to a master, a little of his lustre rubs off on to us and we delude ourselves that we are happy. Manifesto of the underdog? Rather, in the context of Sosie himself, the play, and the seventeenth century, a sly shaft at 'les grands' and a little man enjoying a nice but harmless grumble. But how different will be the implications of Figaro's diatribe in the great fifth-act monologue of *Le Mariage*.

MOLLIE GERARD DAVIS

10. Les Missions burlesques de Mercure

Comme chacun le sait, Molière accorde, dans son *Amphitryon*, une fonction aussi importante que comique à Mercure. Ses prédécesseurs, Plaute et Rotrou, avaient déjà confié à ce dieu un rôle considérable, mais sans lui ôter toute sa dignité et ses privilèges. Si le Mercure de Rotrou nous fait rire parfois, ce n'est jamais à ses dépens. Seul Sosie, le véritable héros de la pièce, et cette autre victime, le général Amphitryon, son maître, ont le triste avantage de déclencher l'hilarité moqueuse du public. Or, le Mercure de Molière est à peine moins comique que le valet Sosie dont il a usurpé l'identité. Bien sûr, le dieu réussit malgré tout à mettre les rieurs de son côté; et il faut dire qu'on ne se moque pas vraiment de lui, mais seulement de la situation paradoxale où il se trouve, situation qu'il est le premier à nous révéler sous forme de persiflage. Il devient en quelque sorte un spectateur ironique et parfaitement lucide de ses propres actions et, dans un sens, du ravalement burlesque de son propre mythe. Or, c'est justement cette lucidité qui le préserve de tout ridicule — lucidité qui, à un autre niveau, permet à Sosie de supporter allègrement son sort de valet battu, et cela d'autant plus que Molière lui réserve l'avantage de tirer l'amère morale de la pièce.

En se moquant tout le premier de sa situation, le dieu Mercure se sert le plus souvent du style burlesque, exploité une vingtaine d'années plus tôt par Scarron et ses émules, tandis que le valet Sosie montre un faible pour le style héroï-comique, anticipant ainsi la démarche de Boileau dans le *Lutrin*. C'est que Mercure a pour fonction, dans cette comédie où Jupiter s'humanise, de rabaisser les dieux, c'est-à-dire les puissants de ce monde, mais que Sosie, prisonnier de sa condition, cherche à en sortir par un biais, en prononçant tous les clichés de la 'belle' littérature et du 'bel' esprit, comme l'avait fait avant lui le Mascarille des *Précieuses ridicules*. Il suffira d'en citer un seul exemple pour chacun de ces personnages. Sosie, chargé d'apprendre à Alcmène la nouvelle de la victoire d'Amphitryon, repasse son rôle avant d'entrer dans la maison: 'Il dit moins qu'il ne fait, Madame, Et fait trembler les ennemis.' Cette plate banalité lui apparaît comme une trouvaille poétique, à tel point qu'il s'émerveille de son beau génie: 'Peste! où prend mon esprit toutes ces gentillesses?' Mercure, ayant pour mission de faire durer les plaisirs de Jupiter, rencontre une certaine résistance de la part de la Nuit, déesse pudibonde et collet-monté qui ne se soucie que de *décorum*. Aussi Mercure prend plaisir à se moquer d'elle:

> A votre aise vous en parlez,
> Et vous avez, la belle, une chaise roulante,
> Où par deux bons chevaux, en dame nonchalante,
> Vous vous faites traîner partout où vous voulez.

L'emploi d'expressions familières comme 'à votre aise' et 'la belle' joint à l'anachronisme de la chaise roulante fait de cette réplique un exemple assez typique du style burlesque. Voilà donc Diane réduite à la condition de femme riche et paresseuse, et Mercure lui-même, à la situation de factotum et de saute-ruisseau, car ces impertinents poètes, nous dit-il, l'ont forcé d'aller à pied comme un messager de village!

Quoique la pièce de Rotrou comporte elle aussi certains éléments qui s'apparentent au burlesque ainsi qu'un côté tant soit peu subversif, l'homme y affirme sa grandeur même si les dieux conservent toute leur puissance. Pourtant Mercure, dans son dialogue avec la Nuit, fait la même requête que dans *Amphitryon*:

> Preste avec moy ton ayde a ceste jouyssance
> Et de ta chasteté ne prend point de dispense.
> Absolu comme il est sur tous les autres Dieux,
> A nostre obeyssance il doit fermer les yeux.
> Le rang des vicieux oste la honte aux vices,
> Et donne de beaux noms à de honteux offices.
> C'est éloquence à moi que de servir ses feux,
> Que de persuader les objets de ses vœux,
> Et mon nom est celuy de messager du Pole,
> Qui de mon pere en terre apporte la parole.

L'attitude ici est nettement ambivalente, car il semble que ces offices n'en restent pas moins honteux quelle que soit la beauté des mots servant à les exprimer. Or, il ne s'agit pas seulement ici d'avilir les dieux (c'est-à-dire, comme chez Molière, les grands de ce monde) mais de souligner leur puissance, puissance dangereuse, capable d'abolir les valeurs morales que tout le monde feint d'accepter. Il y a dans le discours de Mercure une certitude de dépassement qui fait songer à Nietzsche.

Le pouvoir redoutable de Mercure se manifeste surtout dans le monologue qui suit le grand banquet où tous les dieux s'enivrent. M. Jacques Mallet a du reste souligné, dans un récent article, l'importance de l'ivrognerie au point de vue métaphorique.[1]

> Hommes, Dieux, animaux, sortez de mon passage,
> S'éloigne qui pourra, fuye quiconque est sage,
> Mais malheur à celuy qui ne m'évite pas.
> J'obeys à mon pere, et viens servir mon maistre,
> Tel un bon serviteur, tel un bon fils doit estre;
> Qui veut de son devoir s'acquiter dignement,
> Doit forcer tout obstacle, et tout empeschement;
> Ce soir m'a fait quitter une resjouissance,
> Par qui les dieux, d'un Dieu célèbrent la naissance,
> Car Hercule en doit naistre, et par un ordre exprès,
> Tous les Dieux en font feste, et boivent à longs traits.

Ce qui domine ici, ce sont les notions de puissance, d'obéissance quasi militaire, de hiérarchie.

N'empêche que le monologue de Mercure comporte, dans la description du banquet, un certain nombre de détails burlesques:

> Mars voit (pris comme il est) des troupes d'Encelades
> Qui dans le ciel encor dressent des embuscades,
> Et de son coutelas, son ombre poursuivant,
> Au grand plaisir de tous, se bat contre du vent.

Mars revit la fameuse guerre entre les dieux et les Titans, enivré comme il est pour avoir absorbé trop de nectar. Or, cette guerre est un des sujets préférés des poètes burlesques — de Hédelin au

---

[1] Jacques Mallet, 'Rotrou: la métaphore de l'ivresse dans *Les Sosies*', *Revue des Sciences Humaines*, XXXIV, 1969.

début du siècle dans son *Royaume de la fève* et de Scarron dans le *Typhon*. Or, dans le *Typhon* et dans les autres poèmes burlesques, les habitants de l'Olympe n'ont plus rien de divin et, devant les prouesses des géants, se montrent pusillanimes et lâches. Le désordre dû à l'ivresse où se trouve le dieu de la guerre ne lui ôte rien de sa puissance; et il est clair que s'il y avait là de vrais ennemis et non pas des adversaires imaginaires, Mars en viendrait aisément à bout.

Pallas et Vénus ne restent guère plus sobres que Mars :

> Pallas mesme, et Venus, trinquant à qui mieux mieux
> Noyent le souvenir de leur vieille querelle,
> Dedans cette liqueur, aux dieux si naturelle...

Le langage ici est familier à souhait grâce aux mots 'trinquant' et 'à qui mieux mieux', qu'on ne trouverait guère dans une tragédie classique. Mais il s'agit ici d'un relâchement temporaire et non d'une dévaluation systématique des dieux. Ils s'enivrent, certes, et perdent de leur dignité; mais ils maintiennent toute leur puissance qu'on pourrait à juste titre caractériser de dionysiaque.

Mercure est aussi ivre que les autres au moment où Jupiter l'appelle :

> Cette voix, de ma main a fait tomber le verre,
> D'où Venus a veu choir, sur ses riches habits,
> S'estant trouvé au droit, un ruisseau de rubits.
> Tout en désordre enfin, j'ay traversé les nuës,
> Par les routes de l'air à mes yeux si cognuës.

La situation si burlesque (du vin rouge versé sur les habits d'une déesse) est anoblie grâce à une métaphore; et le désordre où toute la terre et toute l'Olympe sont plongées, va éventuellement céder la place à l'ordre souhaité. C'est donc à bon droit que Mercure, plus tard dans la pièce, pourra parler de son 'immortelle essence, à qui rien n'est absent'. Rotrou et Molière, on le voit bien, ont une conception diamétralement opposée de la mythologie et de la démarche burlesque. C'est qu'entre *Les Sosies* (1637) et *Amphitryon* (1668) le pauvre Mercure et les autres divinités de l'Olympe avaient été fort malmenés par Scarron, Richer, Dassoucy et Furetière.

Dassoucy, l'empereur du burlesque, fait jouer un rôle peu enviable à ce malheureux Mercure dans *Le Ravissement de Proserpine*, mettant surtout en vedette ses fonctions de maquereau et de voleur.[2] Pluton, jaloux de la vie de plaisirs que mène son frère Jupiter, mande Mercure:

> Qu'on me fasse venir Mercure,
> Ce diligent porte-poulet,
> Qui sans cheval de Pacolet,
> Va plus vite du Ciel en Terre
> Qu'à Paris la coche d'Auxerre;
> Ce diligent porte-paquet,
> Qui toujours a l'oreille au guet
> Pour prendre bourse à la pipée.
> Ce gentilhomme à courte-épée...   (p. 11)

— la *courte-épée* étant évidemment le poignard de l'assassin. On reconnaît ici la même caractérisation que chez Rotrou à cette différence près qu'à la place de la puissance surhumaine nous trouvons un parti-pris de dénigrement. Ajoutons aussi l'emploi de l'anachronisme: *la coche d'Auxerre*; d'adjectifs composés: *porte-poulet* et *porte-paquet*, à la manière de Du Bartas, dont l'archaïsme faisait rire les lecteurs contemporains.

Le pauvre Pluton se plaint à Mercure d'un sort qui, à vrai dire, n'a rien de divin. Il n'a reçu, dit-il, que:

> ... l'enfer pour tout potage,
> Pour Soleil un pauvre Tison,
> Un Hyver pour toute Saison,
> Une nuit pour tout héritage,
> Un fourgon pour tout équipage,
> Une caverne pour maison,
> Et pour Palais une prison.   (p. 15)

En somme, son frère l'a laissé dans le dénuement le plus complet. Mais ce qui serait triste pour un petit hobereau de province devient, quand il s'agit du puissant dieu de l'Hadès, plutôt comique.

---

[2] Édition de 1664. L'édition originale parut en 1643.

Pluton se plaint aussi de ce qu'il s'ennuie comme un chien alors que Jupiter ne fait que prendre du bon temps:

> ... sur mille mets entassez
> Saoul de Phéniceaux fricassez,
> Il jette, crevé comme un raistre,
> Les ortolans par la fenestre.   (p. 15)

Les *Phéniceaux* sont de jeunes et tendres Phénix qu'on accommode sans doute à la manière des perdrix ou plutôt des perdreaux. Mais il faut dire que le Phénix a toujours eu comme destin d'être cuit sur la cendre plutôt que simplement fricassé. Remarquons aussi que Pluton voit son frère comme un goinfre et un 'crevard', ce qui est typiquement burlesque.

Le deuxième frère de Pluton, Neptune, mène lui aussi la belle vie, et bien sûr, du point de vue érotique aussi bien que gastronomique:

> ... avec Amphitrite
> Neptune mangeant sole frite,
> Fait à la barbe des Tritons
> Mille petits Amphitritons.   (p. 16)

Ce calembour est un des meilleurs de Dassoucy.

Quant à Pluton lui-même, il a, c'est le cas de le dire, le diable au corps:

> ... ennuyé du Celibat
> J'enrage dedans mon grabat
> Estendu dans une caverne,
> Sans mesche, fusil, ny lanterne,
> Roy des Taupes et des Hiboux.   (p. 17)

Un peu plus loin, il se définit comme un 'moine moinifié' ce qui, tout en rappelant Rabelais, annonce déjà la célèbre invention de Molière: *tartuffié*.

Dans *Le Jugement de Pâris*, où Dassoucy travestit Ovide, Jupiter ordonne à Mercure d'accompagner les trois déesses qui briguent la pomme d'or.[3] Le messager de Jupiter, arrivé auprès de Pâris, décrit son caducée:

> C'est ma clef, mon passe-par-tout,
> Mon coutelet, et ma lancette,

---

[3] Édition de 1664. L'édition originale date de 1648.

> Dont je saigne bourse et pochette,
> Mon tirebours et mon crochet,
> Dont je prends l'or sans trébuchet;
> Enfin la verge assoupissante
> Dont j'endors valet et servante.   (p. 27)

Mercure apparaît ici comme le dieu des barbiers et des voleurs et son caducée comme un instrument de travail. Son interlocuteur, Pâris, dont Ovide avait vanté le jugement, devient chez Dassoucy un paysan ignorant:

> Je ne fus onques à l'escole
> Ny de Cujas ny de Bartole.   (p. 29)

Dassoucy joint plaisamment l'archaïsme avec l'anachronisme, Bartole et Cujas étant de célèbres juristes des xivème et xvième siècles.

C'est surtout aux dépens des trois déesses que Dassoucy exerce sa verve burlesque. Par comparaison avec le visage de Junon, le Soleil

> Fait une grimace plus terne
> Qu'un sabot dans une lanterne.   (p. 33)

Voilà ce qui dépasse de loin toutes les 'belles matineuses' de Voiture, Malleville et autres précieux de l'époque. Dassoucy, comme le fera plus tard son ami Molière, prend un malin plaisir à se moquer des conventions littéraires de son temps.

Junon, qui ne se fie pas entièrement à sa beauté, promet à Pâris richesses et royauté:

> Tu donneras belles aubades,
> Festins, ballets et serénades,
> Jaunes ducats à tes flateurs,
> A tes amours gands et senteurs,
> A tes chevaux fraisches litières,
> A tes laquais les estrivieres,
> A tes bouffons gouvernemens,
> Aux gens de bien les complimens.   (p. 34)

Dassoucy, dans ce passage satirique, ne s'attend pas à ce que les grands de ce monde récompensent le mérite. Il est vrai que nous sommes à l'époque de la Fronde et que Louis XIV n'est encore qu'un enfant.

Pallas, qui tient le milieu entre une vieille fille et une virago, essaie elle aussi d'acheter Pâris par des promesses et de l'intimider par des menaces:

> Ou bien, Berger, prends garde à toy,
> Car fille estant de teste issue,
> Fille je suis un peu testuë.   (p. 38)

Et on songe aux vers de Valéry à propos du serpent de l'Éden: 'Bête je suis mais bête aiguë.'

Quant à la mère de Cupidon, elle a plus de cordes à son arc que ses deux rivales. Il lui suffit de décrire la belle Hélène:

> Un bouton de rose, un fleuron,
> Un Soleil, un jeune tendron,
> Une Hélène, de qui l'halaine
> Plus fleurante que marjolaine,
> Et plus odorante que thin,
> Va reschauffant soir et matin
> Dans sa riche et superbe couche
> Un mary froid comme une souche.   (p. 41)

Et elle va même jusqu'à s'offrir elle-même, mais d'une façon moins lyrique:

> Viens travailler dessus l'enclume
> Du Dieu qui sent soufre et bitume.
>
> .   .   .   .
>
> Mon Anchise, mon Adonis,
> Mon petit cœur, mon petit fils,
> Ma fressure, ma petite oie,
> Ma petite andouille de Troye;
> Malgré Mary sot et badin,
> Je suis à toy tripe et boudin.   (p. 42)

On ne pourrait mieux ménager le passage si graduel de la forge de Vulcain à une triperie. Il est vrai que c'est la ville de Troyes en Champagne et non la patrie d'Hector qui fournit les meilleures andouilles.

A la fin du poème, quand les trois déesses se dévoilent, on assiste à un remue-ménage planétaire et stellaire d'ordre franchement érotique:

> Le Soleil grimpe sur la Lune,
> Dessus Venus Mars et Saturne;
> Sur l'Ourse le rouge Lyon,
> Et la Vierge perdit son nom.   (p. 45)

Enfin, sans la présence de Mercure, obligé de prendre sa mission au sérieux, Pâris eût planté des cornes sur le front sourcilleux de Jupiter.

La mission du dieu Mercure se prolonge un peu trop longtemps dans un poème burlesque de Furetière, cet écrivain éminemment satirique, mais qui ne possède pas la dextérité prosodique et verbale de Dassoucy. Dans *Le Voyage de Mercure* l'auteur du *Roman bourgeois* et du fameux *Dictionnaire* fait systématiquement la satire de toutes les conditions et de tous les états.[4] Les écrivains y sont encore moins épargnés que le reste de l'humanité. Après avoir écrit, en vers, une espèce d'anti-épître dédicatoire, où il se moque de tous les poncifs du genre, Furetière raconte à sa manière la guerre entre les Dieux et les Géants. Les habitants de l'Olympe, courtisans sédentaires et douillets, se montrent incapables de résister à leurs puissants adversaires. Mercure ne brille guère par son courage:

> Mercure prit ses talonnières
> Pour gagner vite les frontières.   (p. 2)

Et tous les autres dieux se montrent aussi lâches ou incapables. C'est qu'ils souffrent de toutes les faiblesses et de toutes les misères humaines. Saturne tout le premier:

> Saturne en son vieux pelisson
> Eut redoublement de frisson.
>
> .   .   .   .   .   .
>
> ... Et blasmant les siecles presens,
> Loüa ceux de ses jeunes ans.   (p. 4)

---

[4] Édition de 1678. L'originale parut en 1653.

Vénus, il est vrai, a bien d'autres ressources, car elle compte 'en bonne gouge'

>Gouster un peu l'embrassade
>De Briarée ou d'Encelade.   (p. 3)

N'empêche qu'elle s'enfuit comme les autres:

>Vénus emporte en son manchon
>Un biscuit avec son bichon.   (p. 6)

Dieux et déesses se trouvent ainsi réduits au cliché ou au stéréotype qui leur convient le mieux, ou plutôt le moins bien. Saturne apparaît comme un vieillard gâteux et souffreteux, Vénus comme une dame d'atours aux mœurs faciles.

Mais ces divinités trop sédentaires et ramollies sont incapables de fuir bien loin:

>Tels se sentant estropiez
>Pestent contre les cors aux piez,
>
>.   .   .   .   .   .
>
>Car grâce aux mignonnes chaussures,
>Les gens de la cour de tout temps
>Ont eu les piez presque impotens.   (p. 9)

Or, Mercure parvient à les tirer de ce mauvais pas grâce à une ruse:

>Moy qui fréquente en maints quartiers
>Tant les Diables que les Sorciers
>
>.   .   .   .   .   .
>
>J'ay beaucoup de secrets appris
>Que je veux donner à bon prix.
>J'ay certain onguent d'Antimoine,
>Dont si vous vous graissez la coine,
>Il viendra quelque esprit folet,
>Fait en cheval de Pacolet,
>Vous enlever de mesme sorte
>Que des gens que le Diable emporte,
>Et qu'il va mener au Sabat,
>En figure de Chien, de Chat,
>D'Ours, de Lion, ou de Panthère,
>De Loup garou, de Dromadaire,
>Et mille autres que je ne di
>Et tutto per cinque soldi.   (pp. 9–10)

Mercure devient ici un sorcier de foire, — un Hermès Tris-mégiste doublé d'un charlatan italien — ce qu'on appelait à l'époque un *empirique*.

Mercure se met alors à métamorphoser les autres dieux, chacun dans l'animal qui correspond le mieux à son stéréotype burlesque : Vénus, bien sûr, en louve, Diane en hermine,

> Et Minerve en un Perroquet
> Qui comme elle a bien du caquet.
> Jupiter en coq se déguise,
> Dont il retient la paillardise
> Et sa jalouse [Junon] s'en doutant
> Se transforme en poule à l'instant,
> Car elle a peur qu'il ne coquette
> Avec quelque fausse poulette.   (p. 11)

Les géants occupent l'Olympe et se soûlent de nectar après avoir tout saccagé. Mais pendant qu'ils cuvent leur ambroisie, le feu prend, embrase le 'magasin des poudres'. Tout saute, et les géants avec :

> Le Samedi dans la Gazette
> Mercure apprend cette deffaite.   (p. 15)

Furetière, on le voit, manie l'anachronisme non moins bien que ne le fait Dassoucy. Bref, les dieux rentrent chez eux mais, par pré-caution, envoient Mercure dans notre bas monde comme observa-teur et espion. Ils vont même jusqu'à oublier leur sauveteur qui se voit forcé de gagner sa vie de toutes les façons possibles et imaginables.

Il se fait d'abord berger, à la façon de l'*Astrée*, ce qui permet à Furetière de se moquer du genre pastoral. Mais peu à peu, les bergers et les bergères deviennent des rustres ; et l'éloquence de Mercure ne produit plus d'effet, car les paysannes en amour préfèrent

> ... se donner maintes gourmades,
> Et coups de mottes au lieu d'œillades.   (p. 28)

En somme, elles se conduisent tout comme le fera la grosse Tho-masse du *Dom Juan* de Molière.

Mercure change alors de métier, devenant d'abord marchand, puis usurier, car il n'oublie pas qu'il est le dieu du commerce. Comme Harpagon le fera plus tard, Mercure prête aux fils de famille, non de l'argent comptant, mais des hardes:

> ... moyennant grosse remise
> Sur l'heure mesme il rachetoit
> A bon marché ce qu'il prestoit.   (p. 29)

Après de nombreuses péripéties, Mercure devient partisan. Et Furetière de s'indigner contre les gens sans scrupule qui lèvent les impôts pour le gouvernement royal. Mercure s'enrichit aux dépens du pauvre peuple, se fait construire un palais aux vastes jardins, munis de fontaines, de grottes et d'étangs, palais qu'il remplit de tableaux et de meubles précieux, tout comme le fera bientôt le fameux Fouquet à Vaux-le-Vicomte. Et toutes ces richesses

> Doivent par leur magnificence
> Rendre honteux les Roys de France,
> Qui depuis cent ou six vingt ans
> Plus pauvres que leurs partisans,
> N'achèvent point leurs galeries,
> Le Louvre, ny les Tuilleries.   (p. 39)

Louis XIV, à Versailles, va prendre Furetière au pied de la lettre en dépassant tout ce que les partisans avaient pu imaginer de plus somptueux.

Pourtant, Mercure sera ruiné à son tour. Il deviendra tour à tour maître d'école, avocat, poète et maquereau, soldat et enfin bandit. Les dieux le sauveront *in extremis* de l'échafaud. Or, toutes ces métamorphoses ne sont en fin de compte que des prétextes pour s'indigner contre la corruption du siècle. Et la tonalité burlesque du début cède la place à un style purement satirique. La verve caustique de Furetière est sans doute un peu trop systématique et l'on se demande si le tableau noir à souhait qu'il nous donne de la France de ce temps a un véritable intérêt historique. Le plus fort c'est que Furetière cherche à être complet, comme s'il s'agissait de faire une encyclopédie de la corruption — ou tout au moins un dictionnaire. Il pousse d'ailleurs les choses tellement au noir, que Sodome et Gomorrhe, par comparaison avec Paris, sembleraient des endroits idylliques où l'on pratiquerait toutes les vertus. Il est certain que l'observation et l'expérience cèdent souvent la place à des réminiscences littéraires. Voilà sans doute ce qui empêche *Le Voyage de Mercure*, malgré ses audaces, d'être une œuvre vraiment subversive, capable de miner l'ordre établi, comme le feront certaines comédies de Molière. Au lieu de se soucier de plaire, comme Dassoucy et Molière, Furetière se complaît dans sa satire. S'il s'attaque aux abus, c'est d'une manière trop convenue, pour ne pas dire trop classique. Bref, ce n'est pas tellement la corruption qui l'obsède, mais plutôt un certain projet littéraire.

Il faut dire, cependant, que Furetière va plus loin que Dassoucy en exploitant les possibilités satiriques de la mythologie et que son Mercure, lucide et malin, se rapproche davantage de celui de Molière, du moins à certains moments. C'est que le Mercure de Furetière change de personnalité selon que l'auteur a besoin, dans sa démonstration, d'un traître ou d'une victime. Mercure, par exemple, se voit forcé de s'abêtir quand il devient maître d'école et pédant; et devenu avocat, il perd son temps à faire de l'éloquence au lieu de suivre l'exemple de ceux qui réussissent, comme il l'avait fait lui-même dans d'autres professions. Mais, sans cette incohérence du personnage, Furetière n'aurait pas pu faire le procès de toutes les activités de son temps ainsi que le recensement de toutes les attitudes, y compris l'athéisme. Revenu sur l'Olympe, Mercure, entouré de tous les dieux, s'en prend aux courtisans:

> Ces gens prosnent de tous costez
> Que vous estes bien inventez,
> Et qu'une fine politique
> Forgea cette terreur panique,
> Pour tenir le peuple en raison,
> Et le brider comme un oison. (p. 99)

Ce n'est pas là l'athéisme de Dom Juan qui se garde bien d'exprimer des idées. C'est que Furetière, à la différence de Molière et de Dassoucy, n'est pas vraiment un créateur, mais un intellectuel qui retourne et ressasse habilement et avec audace tous les clichés et tous les stéréotypes de son temps. Il semble même qu'il se rebiffe contre les situations convenues et les idées reçues, qu'il leur oppose toute sa hargne, mais qu'il n'arrive pas à s'en débarrasser et à s'en libérer. Comme je l'ai déjà dit, c'est un obsédé. Or, il faut qu'il y ait des écrivains de cette trempe, capables de compiler, sans l'aide de personne, un gros dictionnaire, et de prendre de vitesse le restant des quarante immortels. Molière n'en aurait pas fait autant. C'est la rançon du génie.

J. D. HUBERT

11. The Wearing o' the Green: yet another look at 'l'homme aux rubans verts'

'Pour l'homme aux rubans verts, il me divertit quelquefois avec ses brusqueries et son chagrin bourru; mais il est cent moments où je le trouve le plus fâcheux du monde.'

Let us notice immediately that there is no internal evidence in this remark to connect the colour green with the *chagrin bourru.* It is we who read it in, if we do. Yet the extrapolation is fairly frequent, otherwise, whence the widespread idea that it was typical of Alceste 'le misanthrope' to wear an unfashionable colour? 'Voilà l'homme aux rubans verts', cries Doumic, 'gris et vert, couleurs *un peu surannées et provinciales,* convenant... à qui ne veut pas donner dans les élégances de la Cour et les nouveautés de la mode.'[1] And earlier: 'Celui qui est entré le premier porte un costume gris et or garni de rubans verts, costume de note un peu sévère, un peu ancienne...'[2] Chantavoine, in 1904,[3] Brisson in *Le Temps* (1916),[4] have maintained that the green singles out Alceste as an eccentric. Play has been made of a poem of 1605, 'L'Archisot', in which green is presented as the colour of madmen. Lalanne was saying something similar in 1891, going even further back in time to quote Henri Estienne: 'Le vert est expressément réservé aux fols' (1579),[5] and the *Journal de L'Estoile* of August 1589, which recounts that when the news of the assassination of Henri III reached Paris, 'le peuple, pour témoignage de la joie qu'il en avait, en porta le deuil vert, qui est la livrée des fous'. Truffier is even more sure of the matter: 'Il brave ouvertement la mode et se présente en gris un jour de réception chez la coquette mondaine. En gris! Faute contre l'étiquette (que) Molière a

[1] R. Doumic, *Le Misanthrope de Molière*, Paris, Mellottée, 1930, p. 157.
[2] Ibid., p. 87.   [3] *Revue de Cours et Conférences*, XI, 1904, 84.
[4] 14 Aug.
[5] L. Lalanne, 'Les rubans verts du *Misanthrope*', *Société de l'histoire de Paris et de l'Ile-de-France*, Bulletin XVIII, 1891, 125–7.

voulu que commît son héros, qui, par surcroît, *se larde* de rubans verts!'[6] Even Ramon Fernandez informs us that 'Molière faisait rire sous l'habit vert',[7] in spite of the fact that his coat was grey (although a recent Comédie-Française production did dress him entirely in green). Only the ribbons were green. And in any case, what sort of laughter had Fernandez in mind? Jasinski, in his turn, has it that 'l'habit sombre et les rubans verts d'Alceste contrastent avec les brillantes parures des jeunes marquis'.[8] Do we really know this?

Maurice Descotes voices the obvious objection to the views quoted, in relation to 'L'Archisot': '... soixante ans sont un délai plus que suffisant pour laisser place à de multiples variations de la mode.'[9] But even if we choose to neglect the rapid transience of colour fashion and colour symbolism which we may presume operated in the seventeenth century as now, could we not attach to the colour green an intriguing array of postulates, and not merely madness? We could see in it a reference to Alceste's virility, if we wished, or the fact that he is a tenderfoot when it comes to affairs of the heart. Is it not, in the old order of chivalry, the colour of young knighthood? It is used (at least by Marguerite de Navarre) as the colour of joy. It could also connote the fact that Alceste says (or tries to say) what he thinks.

Already, in 1880, Copin is presenting a more sober view.[10] Quoting the famous passage, he adds '... d'où il résulte qu'Alceste portait, porte, et portera une garniture de rubans verts'. Alceste being for him the very incarnation of Molière, green is obviously his favourite shade, although apparently he went around town more soberly clad. Copin goes on to instance the interior furnishing of the Molière household: 'le lit à pieds d'aiglon, feints de bronze vert... le dôme de taffetas aurore et vert, les rideaux et les franges de même couleur... teinture de tapisserie à fond vert... fauteuils à fond de satin vert, les devants de porte et de cheminée, et des carreaux de brocatelle de Venise,

---

[6] *Revue des Deux Mondes*, 15 June 1920. Quoted by M. Descotes, *Les Grands Rôles de théâtre de Molière*, Paris, P.U.F., 1960, p. 93.

[7] *La Vie de Molière*, Paris, Gallimard, 1929, p. 189.

[8] *Molière et le Misanthrope*, Paris, A. Colin, 1951, p. 309.   [9] Loc. cit.

[10] A. Copin, 'L'Homme aux rubans verts', *Le Moliériste*, I, 1879–80, 118–20.

toujours de même couleur'. There seems little doubt that it was in truth the comic poet's colour, and in wearing green ribbons for the role of Alceste, Copin suggests, Molière was in fact nailing his 'colours' to the mast.

Ludovic Lalanne returns to the attack in 1891, with the theory that 'Molière a voulu donner à l'avance au public une idée du caractère de ses personnages par la forme ou la couleur de leurs habillements', quoting Sbrigani in *Pourceaugnac* to this effect, and instancing Sganarelle of the *Médecin malgré lui*:

VALÈRE: Comment s'appelle-t-il?
MARINE: Il s'appelle Sganarelle, mais il est aisé à connaître: c'est un homme qui a une large barbe noire, et qui porte une fraise, avec un habit jaune et vert.
LUCAS: Un habit jaune et vart! C'est donc le médecin des perroquets?
(I. iv.)

The critic comes down, in short, on the side of a green signifying the risibly deranged. He does in fact use the word *toqué* of Alceste.[11]

Bray sides with, and adds to, the thesis of Copin. Of the twenty-five costumes of Molière which are known to us, he points out, ten expressly include green: they are those of the Sganarelles of *Le Mariage forcé*, *Dom Juan*, and *Le Médecin malgré lui*, Alceste, Dom Pèdre, Sosie, Pourceaugnac, Clitidas, Jourdain, and one which he attributes to Moron. Green is undoubtedly Molière's colour, and it may well be, says Bray, that it was 'à la mode'.[12] Descotes repeats and approves Bray's ideas.[13]

The Western world currently suffers from a rash ranging from mauve to deep purple. In the early seventeeth century, if we are to believe d'Aubigné, the infinite flexibility of nuance attaching to a secondary colour results in an explosion of locutions sufficient to delight the heart both of poet and linguistician: *vert naissant, vert gai, vert brun, vert de mer, vert de pré, vert de gris, merde*

---

[11] Op. cit., p. 126.
[12] R. Bray, *Molière, homme de théâtre*, Paris, Mercure de France, 1954, p. 199.
[13] Loc. cit.

d'oie,[14] *céladon* (a light green).[15] Molière certainly had plenty of choice. And could a shade which, we are asked to believe, symbolized madness for over half a century have enjoyed such affectionate lyricism?

Yet the history of *vert* helps to illuminate (if it does) only one-half of the expression 'rubans verts'. However fascinating the history of colour may be, that of the term *rubans* is scarcely less so, and it also casts a little light on the problem, although it has enjoyed less attention in this context. In roughly the second half of the century ribbons are at the centre of a vestimentary explosion. Mazarin decrees, in 1644, that all coats are to be without edging. The decree of 1657 forbids braid and ribbons. In the first half of the reign of Louis XIV the pourpoint begins to shorten, leaving beneath it a flood of lacework between pourpoint and breeches. Ribbons appear on the wrists of sleeves, at seams, on the shoes. It is the reign of the *petite-oie*: 'Que vous semble-t-il de ma petite-oie?', cries the Mascarille of the *Précieuses ridicules*. At the same time, the breeches become wider: the rhinegrave has arrived.

There can be no doubt whatever but that ribbons were high fashion in 1666. Ruppert has described the advent of the rhinegrave thus:

L'élément le plus original de l'époque est le haut de chausse en forme de juponnet qu'on a appelé *rhingrave*: jupe-culotte dont la doublure s'attachait aux genoux par une coulisse servant également à assujettir les canons. Tantôt le jupon est d'une seule pièce, tantôt il forme pantalon pour monter à cheval.[16]

[14] Becomes 'caca d'oie' in (for example) Giraudoux's *Intermezzo*:
L'INSPECTEUR: Que le tableau bleu reste ici! Qu'il reste avec la craie dorée, l'encre rose, et le crayon caca d'oie. Vous aurez un tableau noir désormais! Et de l'encre noire! Et des vêtements noirs! Le noir a toujours été dans notre beau pays, la couleur de la jeunesse.

[15] A. d'Aubigné, *Les Avantures du baron de Foeneste* (1617), Chap. II (cf. Paris, Pléiade edn., 1969, p. 680). Some of the colours other than green quoted by this author are too delicious to be omitted on mere grounds of irrelevance. For example: *temps perdu, baise-moi-ma-mignonne, de veuve réjouie, constipé, faute de pisser, singe envenimé, ris de guenon, trépassé revenu* ('cold death warmed up'?), *péché mortel, désirs amoureux, râcleurs de cheminée*. Before accepting them at their face value one presumably has to make some allowance for d'Aubigné's satiric intent.

[16] J. Ruppert, *Le Costume*, III: *Époques Louis XIV et Louis XV*, Paris, R. Ducker, 1932, pp. 8–14.

In the former case, that of the *rhingrave-jupon*, the breeches are invisible. From 1660 to 1668, Ruppert tells us, the rhinegrave was adorned with a frieze of ribbons at the belt. I take it that this is the rhinegrave worn by Molière in the frontispiece of the original edition of *Le Misanthrope*. The breeches are indeed invisible, and there may possibly be a belt with ribbons. The costume is clearly well within the fashion.

Now, if we look at the *inventaire* of 1673, we see that Molière's costume for the play is now '... hault de chausses et *justeaucorps*[17] de brocart rayé or et soie gris, doublé de tabis, garni de ruban vert...'. We next learn from Blum that in that author's third period of Louis XIV costume, which he places between 1670 and 1715, the rhinegrave tends to be replaced by the *justeaucorps*,[18] and that is the word used in the inventory. Is there not then a possibility that Molière changed the stage costume *to keep Alceste fashionable*? The rhinegrave of 1666 would certainly not have worn out by 1670, when, we are informed, it is in the process of becoming unfashionable. Happily, stage garments do not wear out at that speed. If Molière changed the costume in, say, early 1670, he would still have worn the new one on stage some fourteen times, according to the *Registre de La Grange*, since performances of *Le Misanthrope* from 1670 to the final staging (for Molière's lifetime) of 1672, were as follows: 25, 27 April 1670; 13, 15 June 1670; 19, 21 September 1670; 2 November 1670; 3, 22 May 1671; 19 November 1671; 14 June 1672; 25, 30 October 1672; 8 November 1672.

Fourteen consecutive Alcestes dressed in the fashionable *justeaucorps*. We can of course argue that it would be typical of Molière to round off this smart wear with an unfashionable colour. Nevertheless, the case for a fashionable Alceste, for an Alceste-the-sharp-dresser begins to appear worthy of consideration. And a passage from Dangeau's *Journal* tells us that in the second half of the reign, while Louis XIV was simply dressed, he was also dressed in fairly sombre colours: 'toujours une veste de

---

[17] Our italics.
[18] A. Blum, *Histoire du costume. Les modes au XVIIe et au XVIIIe siècle*, Paris, Hachette, 1928, p. 97.

drap ou satin rouge, bleue *ou verte* fort brodée'.[19] Which of us could place his hand on his heart and say that he can well imagine a Molière donning green to signal the ridicule of the personage he was portraying, in full knowledge of the fact that his sovereign was wearing it at the same time, habitually and as a matter of taste? Louis XIV could hardly have avoided being somewhat of an arbiter of *fashion*.

While totally inconclusive, these brief considerations must give us pause when we talk about our unfashionable green ribbons. Dr. Moore has taught us that the basic comedy of Alceste resides in the distance between what he tries to be and what he really— as a man in love—is:

> Alceste is ridiculous, in a fine sense, not because he rebukes the society of his day of insincerity. I think it could be shown that his honesty in doing so is not made to appear anything other than admirable. *He is ridiculous because he forgets that he is part of the picture.*[20]

And so Alceste dresses . . . not as a *misanthrope*, but for Célimène. He does not do so with any foolish excess of fashion, against which he snarls in Act II, scene i:

> Mais, au moins, dites-moi, Madame, par quel sort
> Votre Clitandre a l'heur de vous plaire si fort?
> Sur quel fonds de mérite et de vertu sublime
> Appuyez-vous en lui l'honneur de votre estime?
> Est-ce par l'ongle long qu'il porte au petit doigt
> Qu'il s'est acquis chez vous l'estime où l'on le voit?
> Vous êtes-vous rendue, avec tout le beau monde,
> Au mérite éclatant de sa perruque blonde?
> Sont-ce ses grands canons qui vous le font aimer?
> L'amas de ses rubans a-t-il su vous charmer?
> Est-ce par les appas de sa vaste rhingrave
> Qu'il a gagné votre âme, en faisant votre esclave?

He follows the mainstream of mode, but with restraint, and that is the essence of 'tone' itself.

---

[19] Our italics. Quoted by Blum, op. cit., p. 98.
[20] W. G. Moore, *Molière: A New Criticism*, Oxford, Clarendon Press, 1949, p. 124. Our italics.

If we are inclined to accept the admittedly ephemeral supposition that I have outlined, we are now in a position to add a marginal dimension to Moore's comic dialectic, and it is not the one we had hitherto supposed. It is simply this. Alceste's attire is not part of his over-all 'mask', but its contrary: it is a constant absence of that mask—paradoxically, one of the expressions of Alceste's nudity in the face of the world. The Alceste who rails against fashion is himself, sartorially speaking, in it up to his *rabat*.

We can still hang the poor man for the wearing o' the green: but the capital charge is different.

TOM LAWRENSON

12. *Le Bourgeois gentilhomme* as a Criticism of Civilization

NOBODY would deny that *Le Bourgeois gentilhomme* is a comic masterpiece and, when staged by a producer who makes the most of the ballet element, a dazzling spectacle. One might be tempted to think, however, that here the critical judgement derived from the comic does no more than pay lip-service to the conventional purpose of comedy: that is, to correct the vices and follies of men by making them ridiculous. Vanity and foolishness are obvious in Jourdain, and the play is undoubtedly the farcical story of a fool who, wanting to ape the upper classes, is in the process cheated by all those around him. But if vanity is indeed a vice, it appears in this particular case a rather harmless one and the discrepancy which constitutes the mainspring of the comic seems restricted to a clash, in manners and tastes, between the world of the bourgeoisie and the world of the aristocracy. Moreover, the slender and improbable plot, culminating in the *Mamamouchi* ceremony, suggests a frivolous approach to human actions and, on the part of the dramatist, an attitude of delightful irresponsibility as far as the implications of the comic are concerned.

From such basic ingredients we can expect no more than the pleasant mildness of good-natured satire and the fanciful sophistication of a flamboyant court entertainment. But it so happens that a comedy, even when created with no other purpose in mind than its immediate pleasurable impact within the compass of a very restricted subject, may be very rich in complex undertones. In the case of a man like Molière, who possessed to a very high degree the faculty of seeing at a glance all the possibilities of amusing discrepancy that a situation could afford, the fullness and the perfection of the comic vision carries with it, of necessity, a criticism of life — whether the dramatist intended it or not.

Le Bourgeois gentilhomme may appear a fairly straightforward comedy—simple enough, in fact, to be one of the first of Molière's plays French schoolboys are made to study. I do not think of it as simple. I think on the contrary that it requires of the spectator a certain maturity of judgement and a sharp perception of nuances in order to be appreciated as it deserves.

The first obvious feature of the play—that it is a *comédie-ballet*—raises immediately a problem of structure. The various dances, songs, and *intermèdes* might be considered as providing a rich ornamental frame for the comic picture, distinct from the rest of the play, and as such dispensable, at least in parts. They may be explained away as a concession by Molière to the taste of the court for auditive and visual pleasures, and even be thought of as a regrettable addition resulting in a kind of hybrid genre, in which the scope of the comic has been necessarily curtailed by the intrusion of music and dancing. Or on the contrary one might agree with M. Adam that everything in the play is subordinated to the ballet and that 'la comédie n'existe ici que pour aboutir à la cérémonie turque qui la termine'.[1]

Both points of view imply a rather precarious and uneasy relation between ballet and comedy. This may be true in the case of other *comédies-ballets* of Molière.[2] *Le Bourgeois gentilhomme*, on the other hand, shows in my opinion a remarkable harmony of design and structural tightness.

The importance of the ballet element cannot be underestimated.[3] Each of the five acts ends with an *intermède*. We have the dance of the professional dancers after Act I, of the tailors after Act II, of the cooks after Act III. At the end of Act IV the Turkish ceremony constitutes also another kind of dance. The final *Ballet des Nations*

[1] Cf. A. Adam, *Histoire de la littérature française au XVIIe siècle*, Paris, Domat, 1948–56, III. 379.

[2] In *Le Malade imaginaire*, for instance, the relevance of the first two *intermèdes* is very questionable, although Peter Nurse in a subtle way justifies the presence of Polichinelle in the first *intermède*. (Cf. Molière, *Le Malade imaginaire*, ed. P. H. Nurse, Oxford, O.U.P., 1965, p. 10.)

[3] I agree very much with Gaston Hall who in the Introduction to his edition of *Le Bourgeois gentilhomme* stresses the importance of mime and gesture in the structure of the play. (Cf. Molière, *Le Bourgeois gentilhomme*, ed. H. G. Hall, London, U.L.P., 1966, pp. 30–47.)

extends considerably the range of the songs and of the choreo-
graphy, as it includes a great variety of singers and dancers
belonging to different social classes (bourgeois and noblemen),
different French provinces (Gascony and Poitou), different
countries (Switzerland, Spain, and Italy), and even the audience
become joint performers with all the actors in singing the last
two lines of the play. Moreover, music and dance are present
inside the comedy. In Act I the music-master asks his musicians
to sing some fashionable songs for the benefit of Monsieur Jourdain. In Act IV the elegance of the dinner-party organized by
Dorante for Dorimène is enhanced by the added grace of two
drinking-songs. When, in Act II, scene v, the *maître tailleur*
brings the new clothes, he insists on Monsieur Jourdain being
helped into them by four apprentices to a dignified musical tune.

Undoubtedly Molière took into consideration the taste of the
court for instrumental and vocal music, the success of Lully's
compositions, and the prevalent fashion for *turqueries*, but it is
difficult to think of the variety and recurrence of the ballet
elements in the play merely as pleasurable adjuncts. In fact the
whole play is a ballet and the pattern of a dance is to be found,
in one form or another, throughout the play in the movement of
the dialogue as well as in the stage motions of the actors. Fernandez's well-known description of a scene by Molière as being
both a dance and a demonstration[4] applies to *Le Bourgeois
gentilhomme* even more than to any other of his comedies.

A dance is often nothing more than the over-developed expression of a single mood. In Act III, scene ii the servant Nicole
comes in and, faced suddenly with her master dressed up in his
beautiful new clothes, is taken by a violent fit of the giggles.
First she cannot even answer Jourdain's questions except by a
series of laughing noises. Then she tries to speak, but all her
short sentences are followed by the same uncontrollable giggle.
At some point she seems to have succeeded in keeping herself
in check but relapses, and again the same pattern is taken up: a
laugh instead of an answer, then a short answer followed by a
laugh. Jourdain's efforts to stop her laughing, his abortive and

---

[4] Cf. R. Fernandez, *La Vie de Molière*, Paris, Gallimard, 1930, p. 212.

repeated attempts at formulating his orders, represent also the elaboration of a mood and form a vigorous counterpoint to Nicole's stylized mirth. We must of course visualize the scene: Jourdain somewhat rigid and self-conscious in his superb costume and Nicole so shaken by her repeated fits of laughter that she finally falls to the ground. There are enough variations in the tone of Jourdain (interrogation, exclamation, imperative command) to prevent repetition from sounding mechanical; and the strong farcical element when Nicole rolls on the floor suggests the deliberately stylized buffoonery in this dance of the giggles.

Patterned dialogue with repetition, effects of opposition or of symmetry, is to be found in any comedy of Molière, but in *Le Bourgeois gentilhomme* the artificial characteristic of the dialogue is even more conspicuous than anywhere else.

This kind of rhetoric may appear as the climax of a scene:

MONSIEUR JOURDAIN: Mon gendre, le fils du Grand Turc!
COVIELLE: Le fils du Grand Turc votre gendre.   (IV. iii)

or may be extended to a whole scene, even to several scenes running. In this respect, in Act III, scenes viii, ix, and x, devoted to the lovers' quarrel, are particularly interesting. This type of stylized altercation is very conventional and frequently used by Molière for different purposes. What is striking here is the surprising amount of elaboration given to an incident seemingly irrelevant to the meaning of the play.

First the two men, Cléonte and Covielle, complain of the ungratefulness of the two girls, Lucile and Nicole. The symmetrical pattern of their grievances is finely modulated, the difference in diction producing a pleasant alternation of major and minor keys:

CLÉONTE: Peut-on rien voir d'égal, Covielle, à cette perfidie de l'ingrate Lucile?
COVIELLE: Et à celle, Monsieur, de la pendarde de Nicole?
CLÉONTE: Après tant de sacrifices ardents, de soupirs et de vœux que j'ai faits à ses charmes!
COVIELLE: Après tant d'assidus hommages, de soins et de services que je lui ai rendus dans sa cuisine.

CLÉONTE: Tant de larmes que j'ai versées à ses genoux!
COVIELLE: Tant de seaux d'eau que j'ai tirés au puits pour elle!
CLÉONTE: Tant d'ardeur que j'ai fait paraître à la chérir plus que
moi-même!
COVIELLE: Tant de chaleur que j'ai soufferte à tourner la broche à
sa place!   (III. ix)

The next scene, with the arrival of the two girls, contains even
more rhetorical elaboration and is even more suggestive of a
ballet, because the effects of symmetry and opposition are not
only in the pattern of the dialogue but also in the movements of
the protagonists. First the two girls run after the two men, beg-
ging them, in vain, to listen to them. Then comes the opposite
movement: the two men run after the two girls imploring them,
without success, to clarify the situation. The acceleration in the
pace of the dialogue follows the speed of the *chassé-croisé*. The
ballet ends with a short simple explanation given by Lucile: a
slight misunderstanding was the cause of the trouble. The whole
episode of the quarrel has as much grace and as little reality as a
beautiful bubble and the deft pinprick of the explanation is a neat
conclusion.

Similar creations of artificial patterns modelled on the technique of the ballet are very much in evidence in the attitudes of
Jourdain's teachers, from the solo dance of the fencing-master
giving a demonstration of his art to the complicated and highly
stylized exchange of insults and threatening gestures between the
masters.

Patterns and stylization are obviously meant to be enjoyed in
themselves, to please the eye, the ear, and the mind. They give
lightness and charm to the comedy; but, far from being merely
decorative, they are functional and significant.

Fastidiousness in the matter of clothes and food is the privilege
of the civilized man. Monsieur Jourdain's new garments truly
deserve to be donned with ceremony. The magnifying of the
event through a leisurely dance which breaks up the operation
into a series of rhythmical gestures is both comic and symbolical.
Food also is treated with a great deal of elaboration, the importance of a sophisticated approach to a meal being conveyed in

three different ways: by the dance of the cooks, by the presence of musicians singing drinking-songs, and by the mock-lyrical speech of Dorante in praise of gastronomy.

It is a delightful speech allowing Dorante to tell Dorimène in great detail what the menu of a dinner should be according to the sacred rules of the great experts. Here the comic lies in the focus-ing of the magnifying-glass on individual dishes and in the very forceful technicality of the terms, which at the same time have the most delicate poetic flavour:

> ... un pain de rive, à biseau doré, relevé de croûte partout, croquant tendrement sous la dent ... un vin à sève veloutée, armée d'un vert qui n'est point trop commandant ... un carré de mouton gour-mandé de persil ... une longe de veau de rivière, longue comme cela, blanche et délicate, et qui sous les dents est une vraie pâte d'amande ... (IV. i)

The wonderful symphony makes one's mouth water.

The pleasurable complications which civilization elaborates round the basically simple needs of man extend also to sex, which in our Western world has become love with a complex ritual during the wooing stage. Hence the relevance of the lengthy quadrille of the lovers' quarrel, as it is no doubt part of civiliza-tion that lovers should thus indulge in subtle games of hide-and-seek.

Dance, music, refinement of diction (which in Dorante's speech quoted above reaches a sort of Byzantine preciosity) are not only destined to glorify civilization. They also suffuse the play with an atmosphere of unreality in which most of the pro-tagonists seem elegant puppets conjured up by the great dream of Monsieur Jourdain—to become a man of quality. It is no more than a dream, and this is why it is so right that it should end with the bewildering transfiguration of the Bourgeois into an Eastern grandee. It would be absurd to look for any realism in the play, to question the solidity of the plot, or to pass judgement on any of the characters. Even the sharpness of the immediate satirical impact, directed against the contemporary parvenu, is softened by the atmosphere of fantasy. The *turquerie* strikes a note of oriental glamour which might bring to mind some tale from the *Arabian Nights*. Is not Jourdain another 'dormeur éveillé' incongruously thrown, for a joke, into a paradise of splendour and refinement?

Incongruity is of course the most evident source of comedy in the play. Therefore the complete orchestration is based on dissonances and the general pattern of the ballet is woven round the vagaries of wrong steps. The 'trompette marine', this coarse instrument, so dear to Jourdain, challenges violas, lutes, and harpsichords with its one raucous note. The Bourgeois is essentially the man who cannot dance. Physically and metaphorically he catches his foot every time he moves. His instinctive likings, his taste or lack of it, his ways of speaking are in constant opposition to the ideal he pursues. His *naïveté* and fumbling manners contrast with the slick cleverness of the cheats round him. Their movements are supple and easy; they can fence, dance, bow with grace. His own gestures are clumsy, inefficient, out of tune. He bumps into his fencing-master while trying to copy the teacher's technique and defeats the purpose of his bowing in front of Dorimène by asking her to step back and make room for that feat of gymnastics. Other people's remarks are to the point, neatly trimmed with the effortless precision of the expert. His own vocabulary is often shaky and approximate:

> Hé bien, Messieurs? qu'est-ce? me ferez-vous voir votre petite drôlerie?... Eh là!... comment appelez-vous cela? votre prologue ou dialogue de chansons et de danse.   (I. ii)

Far from being witty, he happens to sound merely irrelevant, as when he asks to be taught 'comment faire une révérence pour saluer une marquise ... une marquise qui s'appelle Dorimène' (II. i), and can turn an elegant compliment into a nonsensical comparison: 'Monsieur, je vous souhaite la force des serpents et la prudence des lions' (V. iii).

The dissonances produced by the clash in Jourdain between his bourgeois self and his aristocratic ideal are nicely echoed in other aspects of the play. The encounter between Dorante and Madame Jourdain is a minor duel between two social worlds,

Dorante being exceedingly polite and using elegant phraseology while Madame Jourdain expresses herself in down-to-earth language and is as rude as she can be:

DORANTE: Vous me semblez toute mélancolique. Qu'avez-vous, Madame Jourdain?

MADAME JOURDAIN: J'ai la tête plus grosse que le poing, et si elle n'est pas enflée.

DORANTE: Mademoiselle votre fille, où est-elle, que je ne la vois point?

MADAME JOURDAIN: Mademoiselle ma fille est bien où elle est.

DORANTE: Comment se porte-t-elle?

MADAME JOURDAIN: Elle se porte sur ses deux jambes. (III. v)

Social and linguistic dissonances are taken up again in the final ballet, particularly in the first *Entrée* 'Dialogue des gens qui en musique demandent des livres', which is a musical stylization of a chaotic noisy gathering of aristocrats and bourgeois, Parisians and provincial people.

The contrast between sophistication and vulgarity is not always given as a clash but can be suggested indirectly through parody. Nicole's dance of the giggles, although it follows an intricate rhythmical pattern, is a farcical performance, punctuated by inarticulate cries, developing through a crescendo of convulsive jerks, and ending in an indecorous fall.

Covielle's echoing of his master's complaints at the beginning of the lovers' quarrel is an amusing travesty of the conventional attitude of the perfect lover. It certainly sets off the elegant Petrarchan flavour of Cléonte's diction. At the same time it underlines the hollow artificiality of the *précieux* language. Cléonte's many sighs and vows do not weigh as much as the many buckets of water Covielle has drawn for Nicole, and the master's metaphorical flames seem singularly unreal compared with the actual heat which scorched the servant when he was turning the kitchen spit.

This is not the only place in the play where the unreality of the literary conventions which mould the fashionable language is implicitly or explicitly denounced. Monsieur Jourdain's vague recollection of his favourite song—'Il y a du mouton dedans'

(I. ii)—is one way of ridiculing the ever-present sheep. But the best attack against the contemporary pastoral fallacy is contained in the unwittingly absurd statement of the dancing-master: 'Lorsqu'on a des personnes à faire parler en musique, il faut bien que, pour la vraisemblance, on donne dans la bergerie' (ibid.).

Whatever the grace and subtlety of a civilized society, its values may be questioned and are questioned more than once in the play. Is not the young lovers' wooing ballet, so charmingly woven round the flimsiest theme, indicative of an unreal approach to love? A debatable point perhaps, but elsewhere comic criticism throws a very interesting light on the complex relations between civilization and reality.

The finest characteristic of civilized man, his ultimate luxury, is an intellectual attitude: a genuine and disinterested love for perfection in art, in technique, or in any other field. Such an attitude is at the back of the dancing master's rueful comments on the philistinism of Monsieur Jourdain. Money is not everything, and one should work as an artist for 'des personnes qui sont capables de sentir les délicatesses d'un art' (I. i.). Dorante's inspired description of exquisite food suggests ironically that the pleasures of the imagination and culinary art for art's sake may be more important than the mere necessity of eating.

It is, however, through one of the most comic sides of Jourdain, through his wish to become educated, that implied criticism goes deeper and further.

Jourdain's pursuit of social graces and of culture seems at first to be entirely utilitarian. He wants to do everything a man of quality does, in order to be mistaken for one. Yet even near the beginning of the play there is in him a semi-conscious hope that some mysterious process will operate a kind of magic alteration of his very self. Perhaps the fact of wearing his beautiful dressing-gown will produce the right attitude of mind to appreciate music: 'Donnez-moi ma robe pour mieux entendre' (I. ii). And in fact grace descends on Jourdain. It is during the lesson on vowels that suddenly he becomes an intellectual; that is, somebody who can enjoy knowledge for its own sake. Of course the scene is comic, since what he learns—that he has spoken prose all his life, that each vowel-sound necessitates a particular movement of his lips and tongue—is no more than an expanded statement of the obvious. But his enthusiasm is unquestionable. This is the genuine experience of the pleasures of knowledge with its corollary, the wish to communicate the mental excitement to less-favoured companions; and therefore this will lead Jourdain to impart his newly acquired science to his wife and his servant with the comic results we know. Once the gate to a paradise of intellectual delicacies is open he never looks back and is ready to marvel, with the delighted satisfaction of a connoisseur, at the idiosyncrasies of the Turkish language: 'Voilà qui est merveilleux! *Cacaraca-mouchen*, "Ma chère âme". Dirait-on jamais cela? Voilà qui me confond' (IV. iii).

This parody of the joys and pride of intellectual activity makes Monsieur Jourdain both endearing and grotesque. One might add that it makes him also very convincingly representative of a well-known phenomenon. We have all met the *nouveau riche* who starts buying pictures as an investment, or gramophone records as a mark of social status, and who then develops a real passion for Picasso or Beethoven. Does culture like any other luxury of our civilization depend on wealth?[5]

The comedy of Jourdain as an intellectual is part of a larger comic vision centred on knowledge. Through him and through his various masters, arts and science are made to appear in contradiction with life and with common sense.

First each branch of knowledge considers itself as the only true branch; hence the fierce and ridiculous battle between the masters. Specialization produces a distorted world-picture, imposing on reality the laws and criteria of the chosen technique. Such is the outlook of the music-master who claims that 'Tous les désordres, toutes les guerres qu'on voit dans le monde n'arrivent

---

[5] Wealth is obviously part of the general picture of civilization. Other implications of the fact are very much in evidence in the play which opens on a debate between the dancing-master and the music-master on the relation between art and money. Dorante's fastidious standards in matters of hats, horses, food, or courtship, as well as his scheming, offer the best possible proof that refined tastes are indeed essentially expensive.

que pour n'apprendre pas la musique' (I. iii); a statement which is echoed and contradicted by the dancing-master, for whom:

> Tous les malheurs des hommes, tous les revers funestes dont les histoires sont remplies, les bévues des politiques et les manquements des grands capitaines, tout cela n'est venu que faute de savoir danser.   (ibid.)

The divorce between knowledge and reality is equally emphasized by the contradiction in the master of philosophy between his stoic principles and his fit of temper; and perhaps even more by the claim of the fencing-master who teaches how to kill a man 'par raison démonstrative' (II. ii).

In the vowel scene the master is as comic as his pupil. It is the most wonderful scene in the play and the one which reveals most brilliantly the scope of Molière's comic vision. The Latin tag 'Nam sine doctrina vita est quasi mortis imago' takes us straight away into the rarefied atmosphere of cultural heights, and the master of philosophy appears as the kind of man who has taken all knowledge to be his province. Jourdain and the audience are given some impressive samples of his encyclopedic stock-in-trade: the abstruse jargon of logic, the high-mindedness of ethics, and an interminable list of natural phenomena falling under the heading of physics. Presented in this way, in rapid and random succession, cut off from any field of reference, those sciences sound remarkably meaningless and unattractive; and we side with Monsieur Jourdain in dismissing them. Then the tempo of the scene slows down. Comic criticism changes its direction and focuses, methodically and devastatingly, on what is the most basic feature of man's ambitious pursuit of knowledge, his wish to penetrate to the fundamentals of all sciences—that is, to language itself and to the components of language:

> Pour bien suivre votre pensée et traiter cette matière en philosophe, il faut commencer, selon l'ordre des choses, par une exacte connaissance de la nature des lettres et de la différente manière de les prononcer toutes . . .   (II. iv)

The lesson in phonetics becomes the centre of the scene. It is a masterpiece of comic criticism. The importance of the subject—is not articulate language the distinctive mark of *homo sapiens?*—is both intensified and made utterly ridiculous by the increasing earnestness of teacher and pupil. The process of detailed analysis and scientific demonstration is carried to the extreme, in slow motion, with preposterous vigour, necessitating the most grotesque facial expressions. The general effect is that of two lunatics vying with each other in a fit of delirious enthusiasm.

As is often the case with Molière, comedy seems here particularly relevant to our own times. The end of the scene might have been written for twentieth-century students of linguistics. I am not thinking so much of the lesson in phonetics as of the variations suggested by the master of philosophy on 'Belle Marquise, vos beaux yeux me font mourir d'amour':

> On les peut mettre premièrement comme vous avez dit ... Ou bien: *D'amour mourir me font, belle Marquise, vos beaux yeux.* Ou bien: *Vos yeux beaux d'amour me font, belle Marquise, mourir.* Ou bien: *Mourir vos beaux yeux, belle Marquise, d'amour me font.* Ou bien: *Me font vos beaux yeux mourir, belle Marquise, d'amour.*   (II. iv)

These fascinating grammatical or ungrammatical sequences of phonemes call for the comments of a structural linguist.

But the scope of the criticism is wider. We are tempted to think of Flaubert who, in *Bouvard et Pécuchet*, used the naïve enthusiasm of two fools to give us a picture of man's intellectual activities. Above all, we are bound to remember Montaigne's essay, 'De l'expérience', and his attack on system, classifications, scientific jargon, because they impose a stiff artificial pattern on the complexity of real life.[6] For the master of philosophy principles and categories are obviously the beginning and end of all knowledge. One might see here, and in Montaigne also, simply a condemnation of contemporary scientific methods. But in the case of both of them the criticism goes much deeper. Montaigne

---

[6] Montaigne's criticism of intellectual values has been admirably analysed by W. G. Moore. In this volume we think all the time of our debt to the latter when Molière is concerned. But it is an added pleasure here to refer the reader to the best study on Montaigne's last essay: W. G. Moore, 'Montaigne's Notion of Experience', *The French Mind, Studies in honour of Gustave Rudler*, Oxford, Clarendon Press, 1952.

denounces the almost inescapable tendency in man to move away from reality towards abstraction and to pursue 'cette chasse de cognoissance' which assumes a more accelerated rhythm as civilization moves forward. Certainly the mad duo between Jourdain and his teacher on vowels and consonants provides the right kind of comic pattern for that intoxication of the intellect, getting drunk on its own workings, inventing problems in order to decipher them and, carried away in the excitement of this wild-goose chase, losing all touch with reality.

As for Jourdain's rejection of the high principles of ethics put forward by the philosopher: 'il n'y a morale qui tienne, je me veux mettre en colère tout mon soûl quand il m'en prend envie'— this reaction might well have been approved by Montaigne, who saw in those unreal and inhuman moral systems the absurdity of mankind setting itself abstract ideals it could not possibly follow.[7]

Thus the serious implications of this essentially comic scene go very far. Language remains the focus. It is through the wonders of language that Monsieur Jourdain has stepped into the realms of culture, and later it is through the even more bewildering oddities of the Turkish language that he is lifted above his bourgeois station.

Comedy based on language goes on appearing in the play. The pseudo-Turkish language is of course comic in itself. It is also comic because it goes against the very purpose of language, which is communication. Hence the preposterous conversation between Jourdain and his wife:

MONSIEUR JOURDAIN: *Voler far un Paladina de Jordina.*
MADAME JOURDAIN: Comment?
MONSIEUR JOURDAIN: *Dar turbanta con galera.*
MADAME JOURDAIN: Qu'est-ce à dire cela?
MONSIEUR JOURDAIN: *Per deffender Palestina.*   (v. i)

In this particular instance (and most of the time) this burlesque language, however, conveys some meaning to the audience. Its strangeness is comic because we know that it is not a real language.

[7] 'A quoy faire ces pointes eslevées de la philosophie sur lesquelles aucun estre humain ne se peut rassoir, et ces règles qui excedent nostre usage et nostre force?' (*Essais*, III. ix).

In the same way the strange pronunciation of the Gascon and the Swiss in the first *Entrée* of the final ballet is comic as being a distortion of French words. Nevertheless the exotic flavour of sounds foreign to one's ears can also produce an altogether different effect and can be not comic but simply pleasurable; such are the songs in Italian and in Spanish near the end of the play. Their charm nicely balances the incongruities and clashes of the first *Entrée*, and the play finishes on an impression of harmonious linguistic symphony. We are thus back to the sophisticated elegance of a civilized world, and the audience can happily join in the final chorus:

> Quels spectacles charmants, quels plaisirs goûtons-nous!
> Les Dieux mêmes, les Dieux n'en ont point de plus doux.

In fact throughout the play civilization has remained eminently attractive. The shoes which hurt Jourdain's feet are elegant shoes. Music, songs, dances are graceful. Dorante may be an unscrupulous man, but his manners are extremely pleasant, and we do not object to his success with the charming Dorimène. Comic criticism in the play is not concerned with a moral issue. Madame Jourdain is probably a good woman, the embodiment of domestic virtues and of common sense; but the ultimate victory does not rest with her, nor with Nicole's giggles. At the end of the play we would not give a thought to the two women if it were not for Jourdain's final dismissal of his servant, and of his wife, with a flourish: '. . . et ma femme, à qui la voudra' (v. vi); this being a symbolical gesture, his final escape from his middle-class world.

Not that he escapes really. The absurdity of his personality—the 'bourgeois gentilhomme', a contradiction in terms—is unchanged. His too, too solid bourgeois flesh will not melt even in his triumph; but he is allowed to live his dream, further and further away from reality, moving at a vertiginous speed from dancing lessons to solemn enthronement, from his discovery of prose to his experiments with flowery compliments, from his lovely dressing-gown to the oriental splendour of his *Mamamouchi* costume, and we do not grudge him his well-deserved apotheosis.

Comic criticism is not bound to lead to a definite judgement of values. The clash between the allurements of refined society and down-to-earth bourgeois reactions is to be enjoyed without a moral to the story. It is enough that the values of a sophisticated approach to life should have been questioned, and that, as we saw, at a rather deep level, without their having been in any way shaken. This is equally true of *Le Misanthrope*, another play in which the relations between civilization and life are shown, through comic criticism, to be ambiguously bad or good. Who can assess the value of Célimène's smile?

ODETTE DE MOURGUES

13. Dualites d'*Amphitryon*

MOLIÈRE a fondé la force comique de son *Amphitryon* sur le rôle de Sosie, qu'il interprétait lui-même. Sa réussite n'empêche pas de discerner dans le mythe qu'il a utilisé une amertume, voire des reflets de tragique, qui ont été perçus par certains spectateurs. Michelet trouvait dans la pièce 'une verve désespérée'. Déformation romantique? Mais au lendemain de la création, le gazetier Robinet qui, dans sa platitude, exprime parfois des idées justes, notait dans *Amphitryon*

> L'aimable enjouement du comique
> Et les beautés de l'héroïque.

Sur les possibilités tragiques du sujet, ni Plaute ni Rotrou qui, avant Molière, ont commencé l'exploitation comique de la légende, ne peuvent guère nous renseigner. Par contre, dans la littérature grecque, quelques indications, malheureusement très fragmentaires, nous aident à comprendre la structure du mythe que Molière portera à sa perfection.

Ce mythe devait nécessairement se développer avec la popularité d'Hercule. Hercule est le plus grand et le plus connu des demi-dieux. Son culte est répandu dans tout le monde méditerranéen. Son père est le maître des dieux, Jupiter.[1] Sa mère, Alcmène, honore la ville de Thèbes, illustrée déjà par le plus célèbre des mythes, celui d'Œdipe.[2] Pourquoi faut-il qu'Alcmène soit mariée avec Amphitryon? Là est l'élément de divergence dans la structure du mythe. Il est à la fois l'origine de ses possibilités, tant tragiques que comiques, et la cause probable de la

---

[1] Dans un souci d'uniformité, notamment avec le texte de Molière, je conserve aux personnages leurs noms latins.

[2] En parlant dans la première scène, au vers 257, du roi Créon, Molière a pu vouloir indiquer discrètement que sa pièce se situe après l'abdication d'Œdipe, à qui son beau-frère Créon a succédé. Le devin Tirésias intervient également dans des textes antiques relatifs à Amphitryon.

gêne expliquant que les Grecs aient si peu développé une légende qui aurait dû leur tenir tant à cœur. Car enfin Jupiter, pour donner vie à Hercule, aurait pu, comme il l'a fait si souvent, s'adresser à une jeune fille. Le personnage d'Amphitryon crée un obstacle dramaturgique nouveau qui va orienter de manière décisive l'évolution de la légende. Si l'on exclut, comme Molière a le bon goût de le faire, le personnage d'Hercule qui n'est que futur,[3] et si l'on exclut aussi celui de Sosie, qui n'apparaît qu'avec Plaute, le schéma dramaturgique ancien se réduit à trois personnages: Jupiter, Alcmène et Amphitryon. Comment faire une pièce avec ces trois éléments? Le problème comporte trois sortes de solutions, toutes les trois entrevues par les Grecs, une tragique, une tragi-comique et une comique.

Nous savons qu'Euripide avait écrit une tragédie intitulée *Alcmène*. Nous n'en connaissons malheureusement guère que le titre. On peut conjecturer davantage en analysant les figures représentées sur deux vases grecs que conserve le British Museum. Ces figures semblent indiquer qu'Alcmène, qui est au centre de la version tragique, se serait rendue coupable d'un crime, peut-être l'adultère, et était sur le point d'être punie par Amphitryon, quand, au dernier moment, Jupiter serait intervenu pour la sauver. L'usage du *deus ex machina* qui efface le péché nous montre qu'il pouvait s'agir, si tant est que les choses se soient bien passées ainsi, d'une forme de tragédie du rachat attestée par des exemples plus célèbres. Dans Eschyle, Oreste, assassin de sa mère, est sauvé par l'intervention d'Apollon. En France, au xivème siècle, les *Miracles Notre-Dame* raconteront inlassablement comment la Sainte Vierge a arraché à l'Enfer les pécheurs les plus endurcis.

Ce qui semble exclu par ce traitement de la légende est la naissance d'Hercule. On voit mal comment Jupiter peut concilier la fonction de juge suprême avec celle d'amant de l'accusée. Cette première version tragique atteste seulement une liaison, dont la nature se modifiera profondément par la suite, entre Jupiter et le couple Alcmène-Amphitryon. C'est peut-être elle

---

[3] La naissance d'un fils qui s'appellera Hercule n'est évoquée qu'à la dernière scène d'*Amphitryon*, au vers 1916.

qui a donné l'idée aux mythographes postérieurs de faire naître Hercule dans la famille d'Amphitryon. Mais pour qu'Hercule puisse naître, il faut passer de la version tragique à la version tragi-comique.

Le tragi-comique est difficile à définir. Le genre de la tragi-comédie est mort, en France au xviième siècle, de n'avoir pas su préciser son originalité par rapport à la tragédie d'une part, à la comédie d'autre part. Plaute, dans un passage souvent cité du prologue de son *Amphitryon*, dit que sa pièce est une 'tragico-comédie', mais n'explicite pas le sens de ce mot; au reste, il a presque entièrement éliminé les éléments tragiques de son sujet. Pour que la notion de tragi-comédie ait une valeur dans le théâtre antique, il faudrait en outre qu'elle ne se limite pas à l'exemple unique d'*Amphitryon*; or c'est toujours celui-là qu'on cite, et l'on ne semble pas en connaître d'autre. S'il est unique, cet exemple est aussi peu convaincant et aussi peu susceptible de généralisation que celui, dans un autre domaine, qu'Aristote invoque, avec la *Fleur* d'Agathon, comme une illustration, restée mystérieuse, de ce qu'aurait été l'invention du sujet dans une tragédie.

En réalité, le problème posé par la version tragique de la légende d'Amphitryon n'est nullement celui de l'introduction du comique. Il est celui de l'introduction de la divinité dans une intrigue humaine. Jupiter, dans cette version primitive, restait extérieur au tragique. Il n'était qu'un *deus ex machina*. On conçoit que des mythographes, pour mieux le lier à l'action, aient voulu faire de lui un *deus in machina*. De sorte que la notion traditionnelle de tragi-comique serait ici plus justement remplacée par celle de divino-humaine.

Élaborer l'histoire des trois personnages en intégrant hommes et dieux aux mêmes niveaux de l'intrigue, tout en rendant compte de la naissance d'Hercule, c'est précisément ce qu'a voulu faire l'auteur du poème hésiodique du *Bouclier d'Hercule*. Son récit, extrêmement curieux, présente les faits de la manière suivante. Alcmène aimait son mari Amphitryon, bien qu'il ait naguère tué le père de la jeune femme. Elle ne lui permettait pas de partager son lit, mais pour une autre raison: elle voulait qu'il venge d'abord le meurtre de ses frères, tués par les Téléboens. Amphitryon est donc parti à la guerre contre ces Téléboens. Profitant de son absence, Jupiter s'est imposé à Alcmène. La même nuit, Amphitryon est revenu vainqueur de la guerre et a eu avec sa femme des relations conjugales. Alcmène a accouché de deux jumeaux, dont l'un, Hercule, est fils de Jupiter et l'autre fils d'Amphitryon.

Sanglant à souhait par ses prémisses et naïvement égalitaire par son traitement, ce récit montre comment son auteur invente, dans un désordre qui ne le gêne guère, des motivations nécessaires à un développement dramatique. Pourquoi Amphitryon a-t-il tué le père d'Alcmène? Pour avoir vis-à-vis d'elle une certaine sorte de culpabilité. Il n'y a sans doute aucun rapport de nécessité entre la mort de ce père et l'irruption de Jupiter dans le lit d'Alcmène; mais Amphitryon doit avoir commis quelque faute pour ne pas apparaître comme une victime parfaitement innocente. Aristote dira plus tard que le personnage tragique doit n'être ni tout à fait coupable ni tout à fait innocent; l'auteur du *Bouclier d'Hercule* semble l'avoir déjà compris. Au reste, la situation imaginée ici n'est pas sans exemple dans l'histoire du théâtre. C'est celle du *Cid*. Comme cet Amphitryon, Rodrigue a tué le père de celle que pourtant il épouse. Pourquoi Alcmène se refuse-t-elle à Amphitryon tant que celui-ci n'a pas vengé ses frères? Je suppose que c'est afin d'être vierge. L'auteur hésiodique a pu être choqué d'imaginer Jupiter succédant à un mortel. Le sentiment religieux s'est sans doute atténué par la suite, puisque cette exigence n'a pas été maintenue par les auteurs postérieurs. La guerre contre les Téléboens a d'ailleurs d'autres fonctions dramatiques. Elle permet naturellement à Jupiter de profiter de l'absence d'Amphitryon, mais surtout elle donne à celui-ci le prestige des actions d'éclat qui trouvent leur motif, non dans l'ambition ou dans la nécessité, mais dans l'amour. C'est pour conquérir sa femme qu'Amphitryon part se battre. C'est donc précisément pour sa bonne volonté, et non pour son crime, qu'il sera puni. Là encore, l'ironie tragique que codifiera Aristote a été implicitement comprise et mise en pratique par l'auteur du *Bouclier d'Hercule*.

Quant au thème des jumeaux, logiquement amené mais dont l'évolution reste à définir, il est commun dans les récits les plus archaïques. Les mythes africains, qui en font un usage fréquent, indiquent la solution dramatique du problème. Pour eux, il n'y a jamais de jumeaux paisiblement égaux, comme sont, par exemple, en Grèce, Castor et Pollux. Il y a toujours un bon et un mauvais jumeau, un important et un inutile. Ce dernier doit être éliminé; s'il ne meurt pas, on le tue. Dans le mythe d'Amphitryon, il n'est pas difficile de prévoir, en raison de la différence des pères, que le fils du chef thébain mourra et que son demi-frère deviendra Hercule.

La pièce de théâtre implicite dans le récit hésiodique est, ou peut être, parfaitement claire. Tout y est en pleine lumière et il n'y a ni stratagème ni tromperie. Les hommes comme les dieux y font ce qu'ils doivent faire, et Hercule peut naître avec une conscience tranquille. Comme le dira, avec un humour involontaire, Mme Dacier à propos de Plaute: 'Le véritable sujet de la pièce est l'accouchement d'Alcmène et la naissance d'Hercule.' Jusqu'à ce moment, les dieux comme les hommes ont dans le mythe leur juste place, et les uns n'éprouvent pas le besoin, par des déguisements qui introduiraient le comique, de se substituer aux autres.

La solution comique apparaît dans les inventions d'un généalogiste athénien de la première moitié du vème siècle avant Jésus-Christ, nommé Phérécyde, qui nous sont connues par un commentaire alexandrin sur l'*Odyssée*. Phérécyde a trouvé deux éléments complémentaires. Le premier, essentiel, est que Jupiter, pour faire céder Alcmène malgré sa fidélité conjugale, a imité l'apparence d'Amphitryon. Le second est un bol précieux que Jupiter dit être un butin de guerre et qu'il offre à Alcmène comme cadeau de noces. Molière transformera ce bol en un nœud de diamants. La ressemblance divine de Jupiter avec Amphitryon est l'instrument de la tromperie. Le bol est l'objet matériel qui sert de preuve et qui en réalité confirme la tromperie. Avec la tromperie peut s'introduire le comique, ignoré des versions tragiques ou sérieuses qui avaient précédé. C'est sans doute le thème des deux jumeaux qui a donné à Phérécyde l'idée de la ressemblance parfaite entre Jupiter et Amphitryon. Avant lui, cette ressemblance était inutile. Profondément religieuse, et n'ayant d'ailleurs pas

encore consommé son mariage, l'Alcmène hésiodique était dans
une situation fondamentalement différente de celle de Molière;
elle n'avait pas besoin que Jupiter fût pour elle Amphitryon.

Quant au bol, où les psychanalystes reconnaîtront sans peine
un symbole sexuel féminin, il sert lui aussi à la tromperie parce
qu'il a une double fonction, suggérée d'ailleurs par les éléments
antérieurs du mythe. Il est butin de guerre et présent de noces;
mais pour qui? Amphitryon est général, et marié avec Alcmène.
A son image, Jupiter obtient la virginité d'Alcmène et triomphe,
non des Téléboens, proie trompeuse, mais d'Amphitryon; il
conquiert Alcmène. Équivoque, le bol, dans cette dialectique de la
dualité, désigne cette nuit de noces paradoxalement double et
convient à la fois, en des sens différents, à Amphitryon et à cet
autre lui-même qu'est Jupiter. Bien entendu, Phérécyde n'a fait
sur la route du comique que les premiers pas. Les éléments de
comédie seront développés, comme la critique l'a dit cent fois,
par Plaute, puis par Rotrou, puis par Molière.

Si je me suis assez longuement attardé sur l'histoire primitive
de la légende,[4] c'est moins pour en souligner les mécanismes
dramatiques virtuels, parmi lesquels Molière a choisi, que pour
montrer les fondements historiques de l'intuition de ceux qui
voient dans son *Amphitryon* des aspects, secondaires mais per-
ceptibles, de tragédie. Sans aller jusqu'aux outrances de l'interprétation romantique (qui pour beaucoup n'est point si démodée),
on doit reconnaître que le comique de Molière, loin d'éviter le
sérieux, prend souvent appui sur lui pour porter plus loin et plus
profond. L'exemple le plus éclatant de cette alliance est le *Malade
imaginaire*, cette comédie si gaie sur la maladie et sur la mort,
et qui de surcroît est l'œuvre d'un malade promis à une mort
prochaine. *Tartuffe* ou l'*Avare*, parce qu'ils présentent des problèmes graves, ne sont pas moins comiques pour autant; ils le
sont peut-être davantage.

Molière a constamment éprouvé la tentation du tragique, dans
son métier de comédien comme dans son travail littéraire,

---

[4] Je dois plusieurs des détails de la tradition grecque que j'ai analysés au livre
d'Orjan Lindberger, *The Transformations of Amphitryon*, Stockholm, Almqvist
& Wiksell, 1956.

directement au début de sa carrière et ensuite d'une façon plus
subtile. A l'époque d'*Amphitryon*, il a renoncé à jouer les rôles
tragiques et il a abandonné la grande ambition qu'était *Dom
Garcie de Navarre*. Cette pièce manquée joue un rôle essentiel
dans l'idée qu'il se faisait de son talent. C'est la première grande
œuvre en cinq actes et en vers par laquelle il ait voulu s'imposer à
Paris. Il a mis des années à se consoler de son échec. Le *Misanthrope* et *Amphitryon* lui-même recueillent quelques épaves de
ce grand naufrage. Ce n'est pas seulement dans la structure du
mythe, c'est dans sa propre sensibilité qu'il pouvait discerner un
arrière-fond tragique rendant plus efficace le comique brillant
qu'il proposait aux spectateurs.

Plus précisément, les éléments tragiques qui subsistent dans le
mythe à l'époque de Molière sont au nombre de deux. Le premier
est le danger que court Alcmène. Dans la Thèbes pré-classique,
elle risquait, pour un crime réel ou supposé, d'être tuée par son
mari. Elle ne le risque plus, sous Louis XIV, avec un mari galant
et respectueux. Mais elle risque du moins le divorce et le dés-
honneur. Molière n'a pas insisté sur cet aspect de la situation;[5]
il fait confiance aux femmes; son Alcmène comme son Elmire
est une épouse triomphante. Par contre, le deuxième élément
tragique est fondamental. C'est l'amertume d'Amphitryon dépos-
sédé. Sosie exprime comiquement un sentiment parallèle lorsqu'il
clame qu'un autre Moi lui a pris son moi. Mais Amphitryon
éprouve plus humainement, plus douloureusement, cette même
angoisse existentielle. Un autre a pris, avec sa place dans le lit de
sa femme, son être même.

Cette structure de la dépossession, centrale dans la comédie
d'*Amphitryon*, anime plusieurs autres œuvres de Molière. Dans
l'*École des femmes*, Arnolphe a 'mitonné' Agnès pendant treize
ans et, au moment où il l'a 'sur la moustache', un autre, pour
continuer la métaphore culinaire, lui arrache cette nourriture
succulente; il reste sur sa faim. Dans *Tartuffe*, il ne s'agit plus de
ce qu'on mange ou de ce que l'on possède, mais de ce qu'on est;
Tartuffe démasqué n'est plus rien; comme son fils spirituel Dom

---

[5] Toutefois, à l'acte II, scène ii, Amphitryon et Alcmène, sous l'effet de la
colère, évoquent l'un et l'autre la possibilité d'un divorce (vers 1042–9).

Juan, il perd son être même. Il ne faut pas moins qu'un roi ou qu'un dieu pour provoquer une pareille annihilation. *Amphitryon* offre, sur le mode plaisant, une version nouvelle de cet écrasement de l'homme par un dieu, qui est la formule de la tragédie antique. L'année 1668, après avoir commencé par *Amphitryon*, se continue par un *George Dandin* qui, avec les moyens de la farce, raconte à nouveau l'adultère inévitable. Le Clitandre qui prend la place de George Dandin dans le lit de l'épouse consentante n'est plus Jupiter; il est un jeune aristocrate enhardi par les préjugés favorables de son milieu social; c'est dire qu'il est un Jupiter socialisé.

Ainsi la dualité du comique et du tragique anime en profondeur cet *Amphitryon*, à la fois parce qu'elle est inhérente au mythe et parce qu'elle rencontre un élément essentiel de la sensibilité et de l'imagination de Molière lui-même. L'aspect comique, de beaucoup le plus important, est fourni d'abord par Sosie, ajouté au mythe primitif pour en être à la fois la victime plaisante et le commentateur narquois. Pour lui sont très longuement développées, sans que l'intrigue l'exige, les deux premières scènes du premier acte, la première du deuxième, et la sixième du troisième. D'autres scènes, issues d'un procédé d'invention constant dans le théâtre de Molière, ont pour fonction de présenter dans l'univers des valets l'écho ou la dégradation des problèmes des maîtres.[6] Mais les plus nombreuses ont pour héros Amphitryon. Son désarroi, sa colère, la profondeur de son ressentiment devant une situation atroce qui s'impose à lui et qu'il ne comprend même pas, sont vécus par lui, de l'intérieur, avec une authenticité égale à celle de la tragédie; mais pour le spectateur, ses sentiments sont comiques. Ici, le comique est donc l'envers du tragique.[7] Au reste, plusieurs de ses accents sont tragiques par le ton comme par le contenu. Il déclare:

> Ce revers vient à bout de toute ma constance
> Et mon cœur ne respire, en ce fatal moment,
> Et que fureur et que vengeance.[8]

---

[6] Ce sont la quatrième scène du premier acte, la troisième et, plus rapidement, la septième du deuxième.   [7] Voir acte II, scènes i et ii, et presque tout l'acte III.
[8] Acte II, scène ii, vers 1031–3.

Au début du troisième acte, il ne peut, retardé par 'mille fâcheux',[9] trouver le frère d'Alcmène qui confirmerait sa version des événements: le thème des fâcheux révèle ici sa valeur tragique. A la fin de la même scène, il en est cruellement réduit à souhaiter que sa femme soit folle; son problème ne comporte en effet point d'issue rationnelle.

La dualité du tragique et du comique se prolonge en d'autres dualités qui, avec elle, fondent la cohérence d'*Amphitryon*. Molière a compris que ce mythe si délicat à manier ne pouvait être rendu acceptable, clair et comique que par un dédoublement perpétuel. Les principales dualités qu'il est possible d'analyser dans la structure de sa comédie portent sur les personnages, sur l'espace et sur la société.

Pour les personnages, leur dualité est évidente: Jupiter double Amphitryon comme Mercure Sosie. Ce dernier donne de la situation une formule plaisante, mais juste, lorsqu'il dit à son maître: 'De même que moi, Monsieur, vous êtes double.'[10] Il y avait plusieurs manières d'exploiter cette donnée mythique. Molière choisit les plus cruelles. Mercure ne se borne pas à prendre la place de Sosie et à l'empêcher d'accomplir ses activités les plus normales, ce qui suffirait à la conduite de l'intrigue. Il dit qu'il va lui voler 'son nom avec sa ressemblance'.[11] Effectivement, le vol de ce nom emplit et rythme toute la longue scène de leur première rencontre, ainsi d'ailleurs que celle de leur deuxième, au dernier acte. Or le nom, c'est l'être. Si Sosie n'est plus Sosie, que peut-il bien être? Il le demande en vain à Mercure, qui ne s'intéresse pas à la question. Un vide métaphysique est à la racine de ce comique qui, sous une autre plume que celle de Molière, risquerait de devenir angoissant.

La hantise du nom était si forte dans l'esprit de Molière lorsqu'il écrivait *Amphitryon* qu'on en trouve la trace jusque dans la dédicace au Prince de Condé. A travers les banalités d'usage et la désinvolture de Molière à exprimer ces banalités tout en les dénonçant, on ne peut manquer d'être frappé par une insistance sur le 'nom' de Condé qui, rapprochée de la dépossession de

---

[9] Acte III, scène i, vers 1445. [10] Acte II, scène ii, vers 977.
[11] Acte I, scène ii, vers 281.

Sosie, paraît suspecte. Ainsi Molière écrit: 'Le nom du Grand Condé est un nom trop glorieux pour le traiter comme on fait tous les autres noms. Il ne faut l'appliquer, ce nom illustre, qu'à des emplois qui soient dignes de lui.' A la différence de Sosie, Condé est un homme qui n'a pas perdu son nom. Et le rapprochement n'est pas seulement verbal. Cette dédicace qui ne veut pas en être une et qui l'est pourtant ressemble assez à l'infidélité d'Alcmène...

Amphitryon est traité différemment. Ce qu'on lui a pris de plus cher n'est pas son nom, mais sa femme. Comme le ravisseur est un autre lui-même, il éprouve de la jalousie les formes les plus pures. L'autre, c'est lui et ce n'est pas lui. L'enquête qu'il mène auprès d'Alcmène pour savoir ce qui s'est passé se situe dans un monde étrange de la dépersonnalisation. Un autre moi joue son rôle. Par des voies plus subtiles et plus amères que celles de son valet, il parvient au même vide métaphysique.

Les actions de ces personnages doubles se situent normalement dans un espace qui, lui aussi, est double. De cette dualité Molière metteur en scène a fait un usage discret, mais efficace. On passe du ciel à la terre et de la terre au ciel, pas trop souvent toutefois, parce que le voyage coûte cher. Molière a voulu faire d'*Amphitryon* une pièce à machines; mais comme ses moyens financiers ne lui permettaient pas un emploi intensif de la machinerie, il a limité les 'vols' qu'aimait le public au début et à la fin de sa pièce. La Nuit du Prologue chemine sur un char; elle se borne à évoquer par des paroles la descente de Jupiter, qui a quitté le 'sublime étage' des dieux pour 'celui des hommes'.[12] A la fin, Mercure et Jupiter s'envolent. Tout le reste de la pièce est pédestre.

Toutefois, l'espace humain est lui aussi divisé en deux parties inégalement valorisées. Le décor représente la maison d'Amphitryon et, conformément à une convention constante du siècle, la pièce se joue devant cette maison et non à l'intérieur. Divers procédés, qui risquent de ne pas nous paraître tous parfaitement vraisemblables, permettent que les explications aient lieu à l'extérieur de la maison. Même lorsque Jupiter y entre pour sa grande scène avec Alcmène, il ressort presque aussitôt, et le

[12] Vers 93–4.

spectateur est prié de croire que c'est parce qu'elle le fuit.[13]
Cette convention n'empêche pas que l'intérieur ait une supériorité
certaine sur l'extérieur. C'est nécessairement à l'intérieur que se
situent les rapports intimes entre Jupiter et Alcmène. Ils occupent
deux scènes distinctes. Hercule se serait contenté d'une, mais
Molière veut diversifier ses effets comiques. Mercure veille sur
l'intimité du couple; il empêche Sosie d'entrer la première fois et
Amphitryon la seconde;[14] sans doute du haut d'un balcon, il
domine le pauvre général et lui demande ce qu'il fait 'là-bas'.[15]
La maison apparaît ainsi aux humains dépossédés comme un idéal
inaccessible. Ne pas pouvoir entrer dans sa propre maison est la
forme spatiale de l'échec.

La dualité sociale, toujours profondément marquée dans le
théâtre de Molière, distingue en général les valets des maîtres.
La société d'*Amphitryon* est plus complexe puisqu'à ces deux
niveaux s'en ajoute un troisième, celui des dieux. Que les dieux
puissent être considérés comme une classe sociale supplémen-
taire, c'est ce que l'ironie du Prologue indique assez clairement.
Les dieux y sont peints comme des sortes de super-nobles et l'on
peut presque partout y lire Louis XIV entre les lignes. On est
donc conduit à esquisser une sociologie de ces dieux.

Ils sont, certes, tout-puissants. Ils dominent, même spatiale-
ment, l'intrigue. Ils créent la vérité, et sont capables de fournir
aux hommes les preuves qui appuient leur propre version des
événements. Toutefois, ils n'emploient pas d'armes divines à
proprement parler. Mercure, avec Sosie, se contente de soufflets et
de coups de bâton. Leur seul instrument de tromperie est leur
ressemblance parfaite avec les hommes qu'ils veulent tromper.
Elle leur permet d'arriver à leurs fins, mais elle a ses inconvénients.
Ils sont enfermés dans cette ressemblance, et ne peuvent pas en
sortir quand ils le voudraient. Ils ne peuvent pas être à la fois
Amphitryon et Jupiter.

C'est pourquoi l'ingénieuse distinction que ce dieu voudrait
introduire entre l'époux et l'amant ne peut pas être acceptée par
Alcmène. Au premier acte, elle n'est, comme il le dit, qu'un

'scrupule',[16] une satisfaction d'amour-propre qu'il voudrait se donner. Au deuxième acte, il est devenu paradoxalement vrai que l'époux est coupable et l'amant innocent.[17] Alcmène ne peut pourtant pas l'admettre, puisque l'époux et l'amant sont confondus pour elle dans l'image d'Amphitryon. Jupiter voudrait bien dissocier cette image, qu'il sait être double. Il ne le peut pas. Il est enfermé dans la situation qu'il a créée et dont l'ironie s'étend aux dieux mêmes.

Malgré cette infériorité dialectique, la supériorité des dieux s'exerce cruellement, sur les valets surtout, mais aussi sur les maîtres, qui sont traités comme les valets des dieux. Alcmène, simple moyen pour la naissance d'Hercule, est prise sans être consultée. Amphitryon doit s'incliner devant Jupiter; la légende l'exigeait. Mais elle n'exigeait pas qu'il soit traité par Mercure, dieu-valet pourtant, avec la cruauté que révèle la scène ii du dernier acte. Méconnu et empêché d'entrer chez lui comme un Sosie, Amphitryon reçoit en outre la nouvelle de sa seconde infortune conjugale. Si Molière peut aller si loin, c'est parce que les convenances sociales, dans cette aventure aussi dépaysante pour la conscience commune qu'aujourd'hui les anticipations de la science-fiction, se sont écroulées en même temps que l'unicité du moi.

Un dernier trait confirme que la sociologie de ces dieux est tout humaine et qu'aucun véritable esprit religieux n'anime les sociétés que peint Molière. C'est qu'on ne pense jamais à eux. A l'étrange aventure qui fait le sujet de la pièce les personnages cherchent les explications les plus variées: songe, ivrognerie, folie,[18] vapeur,[19] magie,[20] habile imposture.[21] Jamais ils ne soupçonnent une intervention divine, et il faut que les dieux déclinent leurs noms pour qu'on les reconnaisse. Les hommes de Molière ne dépassent jamais l'étage des hommes, et c'est peut-être pourquoi les dieux sont obligés de leur ressembler.

Devant ces dieux qui les dominent, les hommes, maîtres ou valets, ne peuvent guère agir. La pièce est la démonstration précise

---

[16] Scène iii, vers 569.
[17] Scène vi, vers 1305 et suivants.
[18] Acte II, scène i, vers 746–7.
[19] Acte II, scène ii, vers 904.
[20] Ibid., vers 970.
[21] Acte III, scène i, vers 1466 et suivants.

de leur impuissance. Leur seule réaction possible est le silence. Ils s'en servent, une fois qu'ils ont compris, avec une intensité significative, qui est en elle-même une éloquence. Au dénouement, Alcmène est absente, Amphitryon est présent, mais muet, Sosie coupe court avec bon sens aux discours imprudents: si le meilleur est de ne rien dire, c'est que laisser aux dieux la responsabilité des grands événements est la seule façon pour l'homme d'affirmer son autonomie. Mais à trop expliciter la pensée de Sosie, on glisserait de Molière à Giraudoux.

JACQUES SCHERER

III. TRADITIONS

14. Voltaire and Molière

WITHIN the walls of the great institution which enshrines their aspirations to artistic fame, two men for ever face each other. The foyer of the Comédie-Française is dominated by Houdon's great seated statue of Voltaire. His head is turned slightly to the right, no doubt to keep an eye on his old enemy Jean-Baptiste Rousseau, whose bust looks blandly back at him from that side of the long room: but confronting him at the far end is an empty chair—the chair in which Molière sat during that last ironical performance of *Le Malade imaginaire* from which he was carried home to die. Perhaps it is an accident of history that the relic and the effigy are thus strikingly counterposed—one would not now choose Voltaire to play Melpomene to Molière's Thalia—but the relationship they seem to symbolize deserves some thought. Where does Voltaire stand with respect to Molière? To what extent did Molière concern him, and what was his attitude to Molière's work? Are there, beyond these historical considerations, links of a deeper kind, affinities between them perhaps as masters of the comic, which are rewarding to explore?

It would be surprising indeed if Molière and his works failed to appear with some degree of frequency, in the form at least of quotations and allusions, in the thoughts and words of a cultivated eighteenth-century French writer with a serious interest in the theatre: the earliest Molière reference in Voltaire's correspondence, a quotation from *Amphitryon*, occurs when he was nineteen, and the last in the final weeks of his life.[1] Between these extreme dates,

---

[1] Voltaire to Olympe Du Noyer, *c.* 4 Dec. 1713, Best. D 12; Voltaire to Amelot de Chaillou, 2 Apr. 1778, Best. 19977.

References to Voltaire's correspondence will be given, by the serial number of the letter, to the definitive edition (Best. D) where possible (*The Complete Works of Voltaire*, ed. Th. Besterman *et al.*, vols. 85 ff., Geneva, Institut et Musée Voltaire, 1968–in progress); otherwise (Best.) to *Voltaire's Correspondence*, ed. Th. Besterman, Geneva, Institut et Musée Voltaire, 1953–65, 107 vols.

there are periods when references in the correspondence seem sparse, notably the 1750s, but others, such as the early 1740s and 1769, when they are much more frequent.[2] It would scarcely add much, even if it were possible, to know the full extent of Voltaire's incidental mentions of Molière in the great bulk of his published output. There are three works, however, in which Voltaire has occasion specifically to concern himself with Molière: two belong primarily to the early 1730s, *Le Temple du goût* and the *Vie de Molière*; the third, *Le Siècle de Louis XIV*, though conceived at the same period, did not appear in full until 1751, and the entry on Molière in its 'Catalogue des écrivains' received significant additions in 1756 and 1768. It is upon these writings, and a handful of brief discussions in other works and in letters, that any examination of Voltaire's attitude to Molière must be based.

If there is nothing original about Voltaire's estimate of Molière's general standing as a dramatist, neither is there any hesitancy in it. Molière remains, for him as for everyone, one of the three greatest names in the French theatre of the seventeenth century, and one of the brightest jewels in the dazzling crown which Louis XIV fashioned for himself, with the help of a benevolent destiny:

C'était un temps digne de l'attention des temps à venir que celui où les héros de Corneille et de Racine, les personnages de Molière, les symphonies de Lulli, toutes nouvelles pour la nation, et (puisqu'il ne s'agit ici que des arts) les voix des Bossuet et des Bourdaloue, se faisaient entendre à Louis XIV, à Madame, si célèbre pour son goût, à un Condé, à un Turenne, à un Colbert, et à cette foule d'hommes supérieurs qui parurent en tout genre. Ce temps ne se retrouvera plus où un duc de La Rochefoucauld, l'auteur des *Maximes*, au sortir de la conversation d'un Pascal et d'un Arnauld allait au théâtre de Corneille.[3]

Moreover, just as Racine 'passa de bien loin les Grecs et Corneille

---

[2] Cf. the Molière entries in the index to Best. In 1769 the Académie proposed Molière as the subject for its prize essay, the winner being Chamfort.

[3] *Le Siècle de Louis XIV*, chap. XXXII; Voltaire, *Œuvres historiques*, ed. R. Pomeau, Paris, Pléiade, 1957, p. 1012.

dans l'intelligence des passions',[4] so Molière is 'audessus de Plaute et de Térence'.[5] Voltaire is firmly in the camp of the Moderns on such matters.

When one looks for detailed assessments in support of these high claims, however, one is bound for disappointment. Molière's unique distinction is so unassailable, it seems, that Voltaire feels free to concentrate on his defects. In *Le Temple du goût* Molière is encountered only in the workshop, 'le lieu le plus reculé du Sanctuaire', where 'un petit nombre de Grands Hommes . . . faisoient ce qu'ils n'avoient jamais fait pendant leur vie. Ils voyoient et corrigeoient leurs défauts'.[6] In Voltaire's earliest version Molière is present only as an adviser to Regnard, but in the second 1733 edition (Amsterdam), though praised as a portraitist, he is made to express contrition for his weaknesses:

Ah! dit-il, pourquoi ma profession m'obligea-t-elle de partager mes talens! Pourquoi ai-je écrit pour le Peuple! Si j'avois été le maître de mon tems, mes denouemens auroient été plus heureux, mes intrigues plus variées; et si je n'avois écrit que pour les Connoisseurs, j'aurois moins donné dans le bas Comique.[7]

La Vie de Molière, abortively prepared to serve as introduction to a grand quarto edition of Molière published in Paris in 1734[8] and equipped with a series of critical notes on each play, intended to preface them individually, is the more disappointing since it

---

[4] *Le Siècle de Louis XIV*, chap. XXXII; Voltaire, *Œuvres historiques*, ed. cit., p. 1011.

[5] Voltaire to *Le Nouvelliste du Parnasse*, 20 June, 1 July [1731], Best. D 415. Cf., much later, Voltaire to Horace Walpole, 15 July 1768, Best. 14179: 'Oui Monsieur, j'ai cru, je crois, et je croirai, que Paris est très supérieur à Athênes en fait de Tragédies et de Comédies. Molière, et même Regnard me paraissent l'emporter sur Aristophane autant que Démosthènes l'emporte sur nos avocats.'

[6] *Le Temple du goût*, ed. E. Carcassonne, 2nd ed., Geneva, Droz, 1953, p. 92.

[7] *Le Temple du goût*, ed. cit., p. 169. It seems likely that Voltaire expanded the references to Molière (and others) in response to a letter from his friend Cideville, 28 Mar. 1733, Best. D 582. See I. O. Wade, *The Intellectual Development of Voltaire*, Princeton, Princeton University Press, 1969, pp. 209–13.

[8] Voltaire explains the circumstances in the *Avertissement* he wrote for an edition of 1764: his text was first published in 1739. See *Œuvres complètes*, ed. Moland, Paris, Garnier, 1877-83, XXIII. 87. (Subsequent references to this edition will use the abbreviation M., followed by volume and page numbers.)

arouses higher expectations. The biographical material has many inaccuracies, beginning with the date of Molière's birth, but is derived largely from Grimarest and his sources.[9] The comments on the plays tend to combine generalized praise with specific analysis of shortcomings, almost to the point of suggesting some ambiguity of attitude; and for the modern reader the absence of any attempt to discuss the nature of Molière's conception of comedy results in the creation of a frustrating sense of superficiality. *Tartuffe*, for instance, which understandably interests Voltaire predominantly on account of the pious prejudice which it aroused (he strongly commends the religious outlook proclaimed by Cléante), is described as 'cet admirable ouvrage, l'éloge de la vertu et la satire de la seule hypocrisie', and we are told that 'Presque tous les caractères de cette pièce sont originaux; il n'y en a aucun qui ne soit bon, et celui de Tartuffe est parfait.' More specific comment is reserved for the plot alone: 'On admire la conduite de la pièce jusqu'au dénoûment; on sent combien il est forcé, et combien les louanges du roi, quoique mal amenées, étaient nécessaires pour soutenir Molière contre ses ennemis.'[10]

The treatment of *Le Misanthrope* is similar. It is 'le chef-d'œuvre du haut comique', Molière has handled a traditional subject in an original way, the characters 'ont une force, une vérité et une finesse que jamais auteur comique n'a connues comme lui'. Voltaire does not propose, however, to analyse Molière's positive qualities in detail:

Il est inutile d'examiner ici en détail les beautés de ce chef-d'œuvre de l'esprit; de montrer avec quel art Molière a peint un homme qui pousse la vertu jusqu'au ridicule, rempli de faiblesse pour une coquette, et de remarquer la conversation et le contraste charmant d'une prude avec cette coquette outrée. Quiconque lit doit sentir ces beautés, lesquelles mêmes, toutes grandes qu'elles sont, ne seraient rien sans le style.

---

[9] Voltaire, however, is not uncritical of Grimarest, thanks to warnings from older friends with a claim to first-hand knowledge that Grimarest's anecdotes concerning Molière and Chapelle were untrue. See M. XXIII. 97.

[10] M. XXIII. 116–18.

The dramatic structure of the play strikes Voltaire as unsatis-
factory, however, and in ascribing to this cause its (supposed)
lack of success with the public, he is much more specific:

Si on osait encore chercher dans le cœur humain la raison de cette
tiédeur du public aux représentations du *Misanthrope*, peut-être les
trouverait-on dans l'intrigue de la pièce, dont les beautés ingénieuses
et fines ne sont pas également vives et intéressantes; dans ces conversations même, qui sont des morceaux inimitables, mais qui, n'étant
pas toujours nécessaires à la pièce, peut-être refroidissent un peu
l'action, pendant qu'elles font admirer l'auteur; enfin dans le dénoûment, qui, tout bien amené et tout sage qu'il est, semble être attendu du
public sans inquiétude, et qui, venant après une intrigue peu attachante,
ne peut avoir rien de piquant.[11]

The emphasis laid upon questions of dramatic construction is
clearly considerable, and no doubt betrays Voltaire's own preoccupations as a practising dramatist. It also underlies what is
perhaps to the modern reader the most surprising of Voltaire's
value-judgements in the *Vie de Molière*: he notes with apparent
approval that *L'École des femmes* 'passe pour être inférieure en
tout à *L'École des maris*'; the former's dénouement is understandably dismissed as postiche, while 'Le dénoûment de *l'École
des maris* est le meilleur de toutes les pièces de Molière. Il est
vraisemblable, naturel, tiré du fond de l'intrigue; et, ce qui vaut
bien autant, il est extrêmement comique.'[12] The balance, it is true,
is in part redressed by the praise Voltaire gives to Molière's skill
in constructing in *L'École des femmes* a five-act comedy out of a
central situation so simple as to seem sufficient only for a single
act. But of Arnolphe and his comic complexity he says nothing
at all.

With *L'École des femmes*, however, we encounter a new element which bulks large in Voltaire's judgements. He shares the
dislike of Molière's contemporary critics for *la tarte à la crème*,
and cannot bring himself to believe that Molière's farces were a
worthy occupation for his genius, even though some of them
(and he includes *Le Malade imaginaire* in the genre) contain

[11] M. XXIII. 109–11.   [12] M. XXIII. 105, 102.

scenes 'dignes de la haute comédie'.[13] By drawing a sharp distinction between farce and comedy—a distinction based on the absence of an element of moral instruction in the former—he is able to dissociate himself from Boileau's famous rebuke over *Les Fourberies de Scapin*, and sorrowfully explains the farces away on grounds of cruel economic necessity:

> On pourrait répondre à ce grand critique que Molière n'a point allié Térence avec Tabarin dans ses vraies comédies, où il surpasse Térence; que s'il a déféré au goût du peuple, c'est dans ses farces, dont le seul titre annonce du bas comique, et que ce bas comique était nécessaire pour soutenir sa troupe.[14]

The public taste for farce, indeed, is evidence of human frailty:

> *Le Médecin malgré lui* soutint *Le Misanthrope*: c'est peut-être à la honte de la nature humaine; mais c'est ainsi qu'elle est faite: on va plus à la comédie pour rire que pour être instruit. *Le Misanthrope* était l'ouvrage d'un sage qui écrivait pour les hommes éclairés, et il fallut que le sage se déguisât en farceur pour plaire à la multitude.[15]

It would seem, then, that by setting the farces aside as merely written for the box-office, by excusing the occasional appearance of bluntly concrete language as deplorable but rare lapses from good taste, and by largely overlooking the presence, and importance, of farcical elements in the most ambitious of the comedies, Voltaire is able to fashion for himself an essential Molière who is the creator of a pure and noble genre of *haute comédie*, devoted to public edification by the ridiculing of vice and social foibles in a polished literary style: the 'classical' Molière, in fact, who flourished until Lanson's day. It is this essential Molière who is among the luminaries of *Le Siècle de Louis XIV*, and it is he whom Voltaire has in mind on the many occasions when he deplores the failure of his own age to match the achievement, and maintain the standards of taste, of the previous century. As early as 1715 we find him complaining in a letter that the theatre offers nothing new which is of value, and finding consolation in a good recital of speeches from *Le Misanthrope*.[16] And in the following year,

---

[13] M. XXIII. 125.   [14] M. XXIII. 122.   [15] M. XXIII. 111.
[16] Voltaire to Mme la marquise de Mimeure [c. 25 June 1715], Best. D 28: 'Au

writing to an unknown Paris correspondent from his banishment
at Sully, he comments ironically on the popularity of the newly
re-established Italian actors:

J'entends dire

> Que tout Paris est enchanté
> Des attraits de la nouveauté,
> Que son goût délicat préfère
> L'engouement agréable et fin
> De Scaramouche et d'Arlequin
> Au pesant et fade Molière.[17]

References to Molière in the context of this theme of decadence
subsequently recur from time to time in Voltaire's letters,[18] but
it is noticeable that they become more frequent in the later 1760s,
when Voltaire, after some flirtations with the new mixed genres
of sentimental comedy (*L'Enfant prodigue*, 1736) and middle-
class realistic drama (*L'Écossaise*, 1760), had decided that such
innovations were poisoning the wells of the French classical
tradition. Molière is the standard by which the *comédie larmoyante*,
in particular, is condemned. Voltaire writes in 1769 to his Russian
correspondent Sumarokov:

Je souscris entièrement à tout ce que vous dites de Moliere, et de la
Comédie larmoyante, qui, à la honte de la nation, a succédé au seul
vrai genre comique, porté à sa perfection par l'inimitable Moliere.
Depuis Renard [*sic*] qui était né avec un génie vraiment comique et
qui a seul approché Moliere de près, nous n'avons eu que des espèces
de monstres.[19]

In a letter to Thiériot a month later, making him a present of
Le Dépositaire, which Voltaire pretends was given him by an

reste, on ne nous donne plus que de très mauvaises pièces, jouées par de très
mauvais acteurs. En récompense, mademoiselle de Montbrun récite très joliment
des pièces comiques; je l'ai entendu déclamer des rôles du *Misanthrope* avec
beaucoup d'art et beaucoup de naturel.'

[17] Voltaire to [?], [Sept. 1716], Best. D 42.
[18] For example to Frederick of Prussia, 12 Aug. [1739], Best. D 2062; to Mme
Du Bocage, 3 Sept. 1758, Best. D 7846; to Mme Du Deffand, 6 Mar. [1761], Best.
8891; to Chabanon, 2 Sept. [1764], Best. 11233.
[19] Voltaire to A. P. Sumarokov, 26 Feb. 1769, Best. 14524.

unknown young author who wishes to remain anonymous, he
writes:

> La pièce n'est pas dans le genre larmoyant, le jeune homme n'a pris
> que Molière pour modèle. Cela poura lui faire tort dans le beau siècle
> où nous vivons. Cependant tous ses personages étant caracterisez et
> prétant beaucoup au jeu des acteurs, l'ouvrage pourait avoir du
> succès.[20]

And a further reference to *Le Dépositaire* some two and a half
years later makes his general feelings concerning the decline of
theatrical taste even more comprehensively clear:

> On s'est avisé de jouer à Lyon le dépositaire, on y a ri de tout son
> cœur et il a fort réussi. Les lyonais apparemment ne sont point gâtés
> par la Chaussée. Ils vont à la comédie pour rire. O Moliere Moliere
> le bon temps est passé. Qui vous eût dit qu'on rirait un jour au théâtre
> de Racine, et qu'on pleurerait au vôtre, vous eût bien étonné.
>
> Comment en un plomb lourd votre or s'est-il changé!
> Il nous manquait une tragédie en prose, nous allons l'avoir. C'en est
> fait, le monde va finir, l'antéchrist est venu.[21]

With this enlisting of Molière as an ally in one of the several
rearguard actions against changing literary taste in which Voltaire was by this time engaged, we begin to leave the sphere
primarily of critical assessment, and enter another, that of
personal involvement and sympathy, in which Molière's significance for Voltaire is perhaps even greater. Indeed, while Voltaire's preoccupation with the canons of classical taste keeps his
critical insight into Molière's art at a somewhat superficial level,
his readiness to identify himself with certain aspects of Molière's
experience and outlook as he understood them, to see his own
life and aims as having affinities with Molière, brings Voltaire
into a much deeper relationship of sympathy with his distinguished
precursor.

Voltaire is tempted to see Molière as a seventeenth-century
philosophe, and the influence of Gassendi and his Epicureanism is

[20] Voltaire to Thiériot, 4 Mar. 1769, Best. 14538.
[21] Voltaire to d'Argental, 5 Sept. 1772, Best. 16838. The line of verse is adapted
from *Athalie*, III. vi.

duly mentioned in the *Vie*: 'Au sortir du collège, il reçut de ce philosophe les principes d'une morale plus utile que son physique, et il s'écarta rarement de ces principes dans le cours de sa vie.'[22] While there are occasional references elsewhere to Molière as 'un philosophe', 'un sage', and Voltaire certainly sees him as the teacher of an enlightened morality in the comedies, it is as a victim, like himself, of persecution by intolerant bigotry that Voltaire most frequently envisages him in the context of ideas. Molière's battles for *Tartuffe* are recalled, for Voltaire, by the opposition he encounters over *Mahomet*. He had conceived this play as 'la première tragédie où l'on ait attaqué la superstition',[23] and even before its public performance in Paris aroused official hostility, he saw it as a counterpart to *Tartuffe*: he wrote to Frederick late in 1740:

> J'ay toujours pensé que la Tragédie ne doit pas être un simple spectacle, qui touche le cœur sans le corriger; qu'importent au genre humain les passions, et les malheurs d'un héros de l'antiquité, s'ils ne servent pas à nous instruire?
>
> On avouë que la comédie du Tartuffe, ce chef d'œuvre qu'aucune nation n'a égalé, a fait beaucoup de biens aux hommes en montrant l'ipocrisie dans toute sa laideur.
>
> Ne peut on pas essayer d'attaquer dans une tragédie cette espece d'imposture qui met en œuvre à la fois l'hipocrisie des uns, et la fureur des autres? . . . Mahomet n'est icy autre chose que Tartuffe les armes à la main.[24]

In consequence, when in August 1742 the Paris production of *Mahomet* was closed down by the authorities after a few performances, Voltaire sees himself as in the same situation as Molière: 'c'est l'avanture de *Tartuffe*. Les hipocrites persécutèrent Moliere et les fanatiques se sont soulevez contre moy'[25]— a point he repeats to several correspondents in the ensuing few days.[26] It is also of interest that Voltaire was at the same time

---

[22] M. XXIII. 89.
[23] Voltaire to Frederick of Prussia [*c.* 1 Nov. 1739], Best. D 2106.
[24] Voltaire to Frederick II, 20 [Dec.] 1740, Best. D 2386.
[25] Voltaire to Frederick II, 29 Aug. [1742], Best. D 2647.
[26] Voltaire to d'Argental, 22 Aug. [1742], Best. D 2643: 'Que dira M. le cardinal de Tensin? que dira made sa sœur de nos convulsionaires en robe longue qui ne

working on the comedy which emerged eventually in 1747 as *La Prude*; this play, deriving ultimately from *Le Misanthrope* via Wycherley's *Plain Dealer*, bases its title-role, Dorfise, clearly upon Arsinoé; but that Dorfise, like Arsinoé, has affinities with Tartuffe is emphasized by Voltaire's original title for the play—*La Dévote*—and in a letter to Frederick early in 1740.[27]

Years later, when Voltaire is (unsuccessfully) campaigning, against official hostility, for a Paris production of *Les Guèbres, ou la Tolérance* in 1769, it is again the parallel with *Tartuffe* which he adduces, though in a slightly different form, in a letter to Mme Du Deffand:

> Criez bien fort pour ces bons Guebres, Madame, criez, faittes crier; dites combien il serait ridicule de ne point jouer une pièce si honnête, tandis qu'on représente tous les jours le Tartuffe. Ce n'est pas assez de haîr le mauvais goût, il faut détester les hipocrites et les persécuteurs; il faut les rendre odieux et en purger la terre.[28]

And, in a way that is strangely analogous with *Mahomet* and *La Prude* in 1740, Voltaire was also at this time occupied with a comedy, *Le Dépositaire*, which contains a hypocritical villain of unmistakably Tartuffe-like characteristics.[29]

It is, then, as a fellow satirist, as a writer who has shared the risks and the official hostility incurred by public attack on bigotry and hypocrisy in high places, that Voltaire feels closest to Molière. And there is perhaps a similar awareness of a potential common danger, an awareness which is made to seem prophetic by Voltaire's own unseemly post-mortem adventures, in his

veulent pas qu'on joue le fanatisme, comme on dit qu'un 1ᵉʳ président ne vouloit pas qu'on jouast Tartuffe?' Cf. also Voltaire's letters to César de Missy and to Cideville, 1 Sept. 1742, Best. D 2648, D 2649.

[27] Voltaire to Frederick of Prussia, 26 Jan. [1740], Best. D 2149. The heroine was originally called Mme Prudize. Voltaire to d'Argental, 1 Feb. [1740], Best. D 2155.

[28] Voltaire to Mme Du Deffand, 6 Sept. 1769, Best. 14891. Cf. also Voltaire to Richelieu, 27 Sept. 1769, Best. 14937.

[29] He felt that some textual changes in the original version, such as replacing *piété* by *probité* and *dévot* by *bigot*, would be necessary to make *Le Dépositaire* acceptable to the authorities for public performance. Voltaire to Thiériot, 4 Mar. 1769, Best. 14538, and 29 May 1769, Best. 14691; also to d'Argental, 25 June 1769, Best. 15434.

oft-repeated indignation at the difficulties made by the Church authorities over granting Molière Christian burial. He makes frequent use of the episode, often coupled with the similarly scandalous case of Adrienne Lecouvreur, as an example of French official disrespect for great artists, but the sharpest expression it receives is perhaps in a letter to Chamfort in 1769 congratulating him upon his prize-winning *Éloge de Molière*:

Tout ce que vous dites, Monsieur, de l'admirable Molière, et la manière dont vous le dites, sont dignes de lui et du beau siècle où il a vécu. Vous avez fait sentir bien adroitement l'absurde injustice dont usèrent envers ce philosophe du théâtre des personnes qui jouaient sur un théâtre plus respecté. Vous avez passé habilement sur l'obstination avec lequel un débauché refusa la sépulture à un sage. L'archevêque Chamvalon [Harlay] mourut depuis, comme vous savez, à Conflans, de la mort des bienheureux, sur made De Lesdiguiere, et il fut enterré pompeusement au son de toutes les cloches avec toutes les belles cérémonies qui conduisent infailliblement l'âme d'un archevêque dans l'Empirée. Mais Louis 14 avait bien de la peine à empêcher que celui qui était supérieur à Plaute et à Terence ne fût jetté à la voirie. C'était le dessein de l'archevêque et des dames de la halle qui n'étaient pas philosophes.[30]

The cutting edge of Voltaire's satire is clearly applied with some enthusiasm to avenge his admired precursor.

It is noteworthy that, by comparison with this strong sense of solidarity with the persecuted satirist, Voltaire shows little awareness of any affinity with Molière as a practising writer for the theatre. The only substantial example which has come to light is, however, not without significance. In connection with the composition of *La Princesse de Navarre*, commissioned from him to form part of the festivities at Versailles on the occasion of the wedding of the Dauphin in February 1745, Voltaire remembers that Molière also was called upon to furnish such entertainments, and he sees him as a guide in the difficult art, which the genre requires, of combining 'le plaisant et le tendre'.[31] The

[30] Voltaire to Chamfort, 27 Sept. 1769, Best. 14936.
[31] Voltaire to d'Argental, 5 June 1744, Best. D 2985: 'Je conviens avec vous que le plaisant et le tendre sont difficiles à allier. Cet amalgame est le grand'œuvre. Mais enfin cela n'est pas impossible, surtout dans une fête. Moliere l'a tanté dans

problems he encountered in writing *La Princesse de Navarre* even brought him, indeed, to the realization that Molière's preference for strong colours, even crudity, in his comic portraits arose out of the nature of the theatrical situation itself, since subtlety and delicacy of comic effect simply fail to make an adequate impact upon the audience at large.[32] The court entertainment, the *comédie-ballet*, is indeed the theatrical genre in which Molière and Voltaire seem to come closest together. One can detect a similar delight in courtly elegance and luxury, combined with a certain affectionate mockery of the pastoral, mythological, and *romanesque* conventions of the form, and perhaps accompanied by an underlying impatience (explicit in Voltaire, at least) with the servitude of producing work to conform with the tastes, and the time-table, of the world of Versailles.

Of Voltaire's other comedies we have already mentioned two as having some specific link with Molière. *La Prude*, as we have seen, descends indirectly from *Le Misanthrope*. And *Le Dépositaire*, originating, according to Voltaire's preface, in an anecdote supposedly told to Molière by Ninon de l'Enclos and recorded by the abbé de Châteauneuf, presents a churchwarden-Tartuffe in M. Garant and an Orgon who is an eccentric young pedant-recluse, Gourville l'aîné: the rogue and the dupe beneath the banner of piety contrasting with the generous, humane, and

la princesse d'Elide, dans les amants magnifiques, T. Corneille dans l'inconnu, enfin cela est dans la nature. L'art peut donc le représenter, et l'art y a réussi admirablement dans Amphitrion.'

[32] Voltaire to Vauvenargues, 7 Jan. [1745], Best. D 3062:

'J'aurois bien des choses à vous dire sur Boylau et sur Moliere. Je conviendrois sans doute que Molière est inégal dans ses vers, mais je ne conviendrais pas qu'il ait choisi des personnages et des sujets trop bas. Les ridicules fins et déliez dont vous parlez ne sont agréables que pour un petit nombre d'esprits déliez. Il faut au public des traits plus marquez. De plus ces ridicules si délicats ne peuvent guères fournir des personnages de téâtre. Un défaut presque imperceptible n'est guère plaisant. Il faut des ridicules forts, des impertinences dans les quelles il entre de la passion, qui soient propres à L'intrigue. Il faut un joueur, un avare, un jaloux, etc. Je suis d'autant plus frappé de cette vérité que je suis occupé actuellement d'une fête pour le mariage de M^r le dauphin dans la quelle il entre une comédie, et je m'aperçois plus que jamais que ce délié, ce fin, ce délicat qui font le charme de la conversation, ne conviennent guère au téâtre.'

upright libertine, Ninon herself. There is comedy in the Molière tradition in both these plays, though their affinities are perhaps more strongly with Regnard in both tone and conception: certainly neither goes beyond the social anecdote, the gallery of amusing portraits, to find comedy, as Molière does, at the deeper levels of the personality.

It is not to Voltaire's theatre that we must look, however, if we wish to search for more than superficial links between the two men as creators of the comic. If historical circumstances were such as to make it possible for Molière in the 1660s virtually to re-create stage comedy in his own image, no such opportunity existed in the theatre for Voltaire: the opportunity lay rather in the field of prose fiction, and it is there, in the *contes philosophiques* and the minor forms which Voltaire called his *rogatons*, that his achievement as a comic writer is primarily to be found.

A detailed exploration of the comic in Voltaire would be a major critical undertaking: only restricted aspects of the subject have so far been discussed by scholars.[33] Yet the subject is surely of central importance for any complete understanding of Voltaire and his impact on the world—it was the pungency of his wit, the skill with which he employed satire as a critical weapon, which in effect created his European reputation, and which make him a living author for the general reader in the twentieth century. Here we can only glance hastily at a few parallels with Molière, which may offer a hint of some underlying deeper sympathy between the two men in their fundamental attitudes.

At the level of satirical techniques, of devices for ridiculing what the author wishes to present to his audience as noxious, Voltaire and Molière could no doubt be shown to have a good deal in common. They share some targets: 'le grand médecin Hermès' in *Zadig*[34] is a worthy colleague of Diafoirus and the

[33] For example, R. C. Flowers, *Voltaire's Stylistic Transformation of Rabelaisian Satirical Devices*, Washington, Catholic University of America Press, 1951; D. Guiragossian, *Voltaire's 'Facéties'*, Geneva, Droz, 1963; A. Gunny, 'Voltaire's Satirical Writings, 1732–1764' (unpublished London Ph.D. thesis, 1970).

[34] Chap. I, 'Le Borgne', ed. Ascoli, Paris, S.T.F.M., 1962, I. 8: Zadig has been wounded by an arrow near the eye: 'un abscès survenu à l'œil blessé fit tout

four practitioners of *L'Amour médecin*, and Pangloss with his obsessive, and self-obsessed, zeal to instruct belongs to the same world as the learned doctors of *Le Mariage forcé* and the earliest farces. The world of literary make-believe deflated in *Les Précieuses ridicules* is also mocked at in the parodistic treatment of the romantic adventures of Zadig and Astarte, of Candide and Cunégonde.[35] For both writers, caricatural exaggeration leads naturally into fantasy: with Molière such unreality often serves to symbolize the insulation of the object of the satire from experiential or rational truth, as in the closing scenes of *Le Bourgeois gentilhomme* and *Le Malade imaginaire*. In Voltaire, the butt of satire is exposed not so much by being shown as willingly absorbed into a fantasy world, but rather by being turned into its victim. Maupertuis and his colleagues, and indeed the whole human race, are firmly put in their cosmic place by Micromégas and his Saturnian companion; and Berthier, the Jesuit editor of the *Journal de Trévoux*, is depicted as dying of the poisonous, boredom-inducing fumes exhaled by a parcel of copies of his own periodical which accompanied him in the carriage on a journey to Versailles. The description of the first onset of the disease has a scenic quality not unreminiscent of a moliéresque *entrée de ballet*:

Berthier sentit en chemin quelques nausées; sa tête s'appesantit: il eut de fréquents bâillements. 'Je ne sais ce que j'ai, dit-il à Coutu, je n'ai jamais tant bâillé. — Mon Révérend Père, répondit frère Coutu, ce n'est qu'un rendu. — Comment! que voulez-vous dire avec votre rendu? dit frère Berthier. — C'est, dit frère Coutu, que je bâille aussi, et je ne sais pourquoi, car je n'ai rien lu de la journée, et vous ne m'avez point parlé depuis que je suis en route avec vous.' Frère Coutu, en disant ces mots, bâilla plus que jamais. Berthier répliqua par des bâillements qui ne finissaient point. Le cocher se retourna, et les voyant craindre. On envoya jusqu'à Memphis chercher le grand Médecin Hermès, qui vint avec un nombreux cortège. Il visita le malade, & déclara qu'il perdrait l'œil; il prédit même le jour & l'heure où ce funeste accident devait arriver. Si c'eût été l'œil droit, dit-il, je l'aurais guéri; mais les playes de l'œil gauche sont incurables. Tout Babylone, en plaignant la destinée de Zadig, admira la profondeur de la science d'Hermès. Deux jours après l'abscès perça de lui-même, Zadig fut guéri parfaitement. Hermès écrivit un livre, où il lui prouva qu'il n'avait pas dû guérir.'

[35] Cf. in particular, in *Candide*, chap. VII, the recognition scene in Don Issacar's house between Candide and Cunégonde.

ainsi bâiller, se mit à bâiller aussi; le mal gagna tous les passants: on bâilla dans toutes les maisons voisines. Tant la seule présence d'un savant a quelquefois d'influence sur les hommes![36]

If Voltaire in such a passage is using fantasy primarily to intensify mockery, and elsewhere to bring his fellow-men to a truer vision of themselves and their cosmic situation, Molière employs it as a means of indicating the incorrigible, and comic, preference such men as Argan and Monsieur Jourdain have for living in a world of their own imagining, for turning away from fact and from reason. The gulf between illusion and reality, between belief and truth, is the central source of the comic, however, for both writers. The theatre, itself a meeting-place of illusion and reality whose paradoxical potentialities he knew well how to exploit, offered Molière the traditional machinery of plot and dialogue, character and situation, by which the comic in human nature can be made to reveal itself directly to the audience. For Voltaire, prose narrative and the minor satirical genres furnish other opportunities, allowing the writer himself to intervene with his comments between his fictional creations and the reader, or, often even more effectively, to emphasize the comic (however bitter) in human irrationality by some unexpected juxtaposition with the real. In *Candide* the cruelties of the Inquisition are described in the rosy phraseology of Panglossian optimism, so that its dungeons become 'des appartemens d'une extrême fraicheur, dans lesquels on n'était jamais incommodé du soleil'.[37] The poor preacher of *Les Questions de Zapata*, when his sixty-seven rational inquiries on obscure matters in the Bible go unanswered by the Salamancan theologians, turns to simpler themes:

Zapata, n'ayant point eu de réponse, se mit à prêcher Dieu tout simplement. Il annonça aux hommes le père des hommes, rémunérateur, punisseur, et pardonneur. Il dégagea la vérité des mensonges, et sépara la religion du fanatisme; il enseigna et pratiqua la vertu.

[36] *Relation de la maladie, de la confession, de la mort et de l'apparition du jésuite Berthier* (1759) in Voltaire, *Mélanges*, ed. J. van den Heuvel, Paris, Pléiade, 1961, p. 337.
[37] Chap. VI, ed. R. Pomeau, Paris, Nizet, 1959, p. 104.

Il fut doux, bienfaisant, modeste; et fut rôti à Valladolid, l'an de grâce 1631. Priez Dieu pour l'âme du frère Zapata.[38]

Of recent years it has been strongly argued, on the basis of the evidence that the view of the purpose and nature of comedy contained in the *Lettre sur la comédie de l'Imposteur* closely reflected Molière's thinking,[39] that Molière saw his function as a comic dramatist to be an essentially philosophic one: the heightening of his audience's critical awareness of the elements of irrationality, of contradiction, in human thought and behaviour. In a much deeper sense than that commonly attributed to the views of Molière's *raisonneurs*, the intrinsically comic is what is *contre la raison*. It would be rash to assume that for men and women of Molière's generation, the meaning of *la raison*, especially in social or moral contexts, coincides over any very wide area with the 'reason' of the thinkers of the following century; but Molière and Voltaire surely have in common, and display in their comic creations, a fundamentally similar concern with the necessity of facing and grasping reality; an awareness of the dangers of living in and by illusion, of the inhumanity, as well as the absurdity, into which men can be led by such deception; and perhaps a certain enduring confidence that reason can be made to prevail, that men can be brought, through the comic imagination if not in other ways, to an awareness of the truth. Though it is difficult not to feel that at times both Molière and Voltaire might willingly have echoed Figaro's words 'Je me presse de rire de tout, de peur d'être obligé d'en pleurer.'[40]

Voltaire was deeply conscious of the literary heritage of the century into which he was born, and it seemed to many of his

[38] *Mélanges*, ed. cit., p. 966.

[39] R. Robert, 'Des commentaires de première main sur les chefs-d'œuvre les plus discutés de Molière', *Revue des Sciences Humaines*, XXI, 1956, 19–53. W. G. Moore, 'Molière's Theory of Comedy', *L'Esprit Créateur*, VI, 1966, 137–44.

[40] *Le Barbier de Seville*, I. 2. Jules Brody goes so far as to say 'on est en droit de se demander si la gaîté que suscitent la grâce de Célimène et les élégantes démarches de Don Juan, ne provient pas du simple vœu d'embellir une vie qui ne saurait être changée, du désir de nous permettre d'échapper, l'espace de quelques heures, aux complexités de la condition humaine' ('Esthétique et société chez Molière', in *Dramaturgie et société*, études réunies et présentées par J. Jacquot, Paris, C.N.R.S., 1968, p. 326).

contemporaries, if not to later generations, that his great ambition of establishing himself as the worthy successor of Corneille and Racine had been effectively fulfilled. For those contemporaries, the throne of Molière remained vacant. It is perhaps paradoxical, but two hundred years later not entirely fanciful, to see in Voltaire the only serious claimant to that vacant throne; to see the empty chair in the foyer of the Comédie-Française as worthily occupied, at some new *Festin de Pierre*, by the smiling marble figure from the far end of the room.

W. H. BARBER

15. Péguy et Molière

L ES scènes comiques abondent dans l'œuvre en prose de Péguy.[1] Citons pour commencer, puisque aussi bien il y est question de Molière, la fin de celle qui met face à face Jean Tharaud, candidat à la licence, et M. Larroumet, professeur en Sorbonne. Le texte que vient de lire Tharaud, c'est, 'dans le langage universitaire,... *le célèbre couplet de madame Jourdain*' (*Le Bourgeois gentilhomme*, III. xii):

Quand Tharaud eut fini de lire son texte, un silence de plomb tomba; réveillé par ce silence même, surpris de ce silence de mort, étonné de ne pas entendre la voix du candidat Tharaud succéder continûment à la grande voix du texte Molière, M. Larroumet voulut encourager le candidat, et comme s'il se fût agi de la chose la plus naturelle du monde, et qui allait le plus de soi, M. Larroumet ne dit qu'un mot; M. Larroumet dit ce mot admirable; mais il ne le dit pas comme un mot admirable, étant un homme essentiellement modeste et coutumier; M. Larroumet prononça:
— Expliquez.
Ce fut ce jour que la santé de Tharaud, jusque-là fort brillante, reçut une atteinte mortelle; il en eut un tel saisissement; pensez qu'il venait de lire peut-être le plus admirable et le plus parfait morceau de français qu'il y ait dans tout le français, un morceau où il n'y a pas un mot qui ne donne son sens plein, pas une virgule qui ne sonne, et pas un dessin de phrase qui ne soit à se mettre à genoux devant; et on lui demandait d'expliquer.

Expliquer. Un morceau de français parfaitement parfait, où il n'y a pas un mot qui n'atteigne, immédiatement et pleinement, aux profondeurs du sens. Expliquer quoi? On explique ce qu'on ne comprend pas. On n'explique pas ce que l'on comprend. L'explication, c'est la mesure de ce qui manque à un texte donné pour être entendu parfaitement, autant du moins que nous pouvons entendre parfaitement un

[1] Sauf pour les inédits, les références aux citations de Péguy sont aux deux volumes dans la Collection de la Pléiade, *Œuvres en prose, 1898–1908*, Paris, 1959, et *Œuvres en prose, 1909–1914*, Paris, 1957, abrégées en *Prose I* et *Prose II*.

texte. Quand il ne manque rien au texte, par définition arithmétique même, par définition de la soustraction, l'explication est exactement réduite à zéro. Et alors c'est l'explication qu'il faudrait nous expliquer un peu. Tharaud n'expliqua pas.

Expliquer. Bafouiller, bavotter sur ce Molière. Il faudrait avoir tué père et mère. Tharaud n'expliquait pas.

Texte admirable. Si plein, si parfait à le relire. On le relirait cent fois. C'est tout un morceau de tout ce temps qui reparaît intact. La vie même et l'être de toute cette bonne bourgeoisie. Tharaud n'expliquait toujours pas.

Doucement alors, agréablement, de sa voix assez gravelée, mais fonctionnaire et conférencier, M. Larroumet expliqua. Il mit en français contemporain le français du dix-septième; il traduisit le français de Molière en français de M. Larroumet; Tharaud approuvait nonchalamment et pourtant empressé, de la tête branlante, comme un qui admirait et qui aurait été bien embarrassé d'en faire autant; il hochait de la tête, comme empêché par son insuffisance naturelle de conduire une aussi belle opération, aussi savante, et dans son cœur il maudissait tant de lâcheté. Longuement, agréablement, complaisamment M. Larroumet poursuivit cette explication. M. Larroumet n'était pas un homme qui se déplaisait à lui-même. Et quand il eut achevé son explication, quand il eut achevé son texte, quand il eut bien constaté qu'il ne restait plus rien de Molière, enfin satisfait, satisfait de sa propre explication, il donna une bonne note au candidat Tharaud; c'est dans l'ordre; et c'était fort heureux, car en ce temps là une loi militaire, combinée avec les règlements universitaires, infligeait deux années supplémentaires de service militaire en temps de paix aux candidats qui ne savaient pas *expliquer un texte français*.

Expliquer un texte, c'est-à-dire transformer du Molière, du Corneille, du Racine, du Vigny en Larroumet, dire du Ronsard en Larroumet; dire en langage de Larroumet ce que Molière, Corneille, Racine, Ronsard, Vigny ont dit pour l'éternité en langage français; dire du Pascal en Havet.[2]

Ce passage se trouve dans un texte resté inédit jusqu'en 1952, et qui fut sans doute rédigé en 1906 comme suite à *Notre Patrie*. Il est caractéristique à bien des égards, et premièrement parce qu'on ne peut l'isoler sans lui faire violence. L'épisode de la licence de Tharaud commence quatre pages plus haut, et se

---

[2] *Par ce demi-clair matin*, Paris, Gallimard, 1952, pp. 178 et sqq.

continue par l'épisode parallèle où M. Gazier veut forcer le candidat Péguy à 'mettre du Corneille en Péguy', récit dont le comique touche à la farce. Cette dizaine de pages est d'un seul rythme, enlevée d'un seul mouvement, et la double scène se rattache tout naturellement à un des grands thèmes polémiques de Péguy: l'attaque contre la Sorbonne et contre ses méthodes d'enseignement.

Rappeler cela, c'est voir tout de suite une des principales fonctions du comique chez Péguy: dans la lutte âpre contre les idées, et contre les hommes qui représentent ces idées, dans ces longues polémiques violentes, passionnées et souvent féroces, le comique apporte une rafraîchissante détente. Ce comique va de l'humour et du sérieux pince-sans-rire jusqu'au burlesque et à la farce. Ses moyens sont tout aussi variés: calembours, jeux de mots, citations, énumérations, répétitions, et qui souvent se combinent et s'accumulent en de longs paragraphes pour aboutir brusquement, par un effet de surprise, à la formule lapidaire de la fin.[3]

Quels sont les maîtres de Péguy auteur comique? Avant tout Pascal, le Pascal des *Provinciales*, Molière ensuite, et sans doute aussi Beaumarchais. Distinguer ces influences serait une entreprise difficile, peut-être assez vaine, et qui ne nous retiendra pas. Ce qui est certain, c'est que Molière appartient au petit nombre de ces auteurs classiques qui ont toute l'admiration et tout le respect de Péguy. Le contexte de notre citation en fournit une preuve. Quelques pages plus haut nous lisons: 'Quatre grands poètes dramatiques sont nés depuis que les littératures anciennes sont mortes: Shakespeare, Corneille, Racine, Molière...' et quelques pages plus bas Péguy précisera: 'Molière... sans doute le plus grand génie du comique, avec Shakespeare, qui soit né depuis la mort des littératures antiques...' Cinq ans plus tôt il terminait ainsi son Cahier *De Jean Coste* en s'élevant contre la propagande à laquelle les instituteurs sont soumis:

... On les a inondés de catéchismes républicains, de bréviaires laïques,

---

[3] Sur le comique de Péguy, voir Bernard Guyon, 'L'Art de Péguy', *Cahiers de l'Amitié Charles Péguy*, 2, 1948, 21 et sqq., et Bernadette Cauquil, 'Le Style polémique dans les œuvres en prose de Péguy', *Feuillets de l'Amitié Charles Péguy*, 164, déc. 1970, 9 et sqq.

de formulaires. C'était avantageux pour les auteurs de ces volumes, et pour les maisons d'édition. Mais ce n'est pas en récitant des bréviaires qu'un homme se forme, c'est en lisant, en regardant, en écoutant. Qu'on lise Rabelais ou Calvin, Molière ou Montaigne, Racine ou Descartes, Pascal ou Corneille, Rousseau ou Voltaire, Vigny ou Lamartine, c'est en lisant qu'un homme se forme, et non pas en récitant des manuels. Et c'est, aussi, en travaillant, modestement. (*Prose I*, 536)

A s'en tenir à l'épisode de la licence de Tharaud, on pourrait même penser que Molière est le *primus inter pares* parmi ces auteurs. Péguy ne dit-il pas de la réplique de madame Jourdain: '... le plus parfait morceau de français qu'il y ait dans tout le français...'? Mais avec Péguy il faut toujours se méfier, il faut compter avec son amour de l'hyperbole. Au-dessus de Molière, il y a Pascal, et même Pascal n'est pas au faîte: cette place est réservée à l'auteur de *Polyeucte*. Il est sans doute significatif que ces pages sur *Le Bourgeois gentilhomme* soient précédées et suivies par des développements sur Pascal et sur Corneille. Tout de même, les références à Molière dans l'œuvre de Péguy, bien que moins fréquentes que celles à Pascal ou à Corneille, à Renan, à Michelet ou à Hugo, à Descartes ou à Bergson, sont révélatrices à plusieurs égards.

En plus du *Bourgeois gentilhomme*, deux pièces semblent avoir été présentes à Péguy tout au long de sa vie d'écrivain: *Amphitryon* et *Tartuffe*. Les a-t-il vues à la scène? C'est tout à fait possible, sans être nécessaire pour expliquer ces préférences. Péguy arrive à Paris à l'automne de 1891 pour ne plus guère le quitter. Nous savons que dès son année à Lakanal, le lycéen va aux représentations de la Comédie-Française avec enthousiasme. Pendant la décade 1891–1900 *Le Bourgeois gentilhomme* y est donné seize fois, *Tartuffe* soixante fois. Mais *Amphitryon* n'a qu'une seule représentation, tandis que *L'Avare* en a quatre-vingt-sept, et il n'est guère question de *L'Avare* chez Péguy.

Quoi qu'il en soit, dans un de ses premiers *Cahiers*, et dans un texte qui est une petite comédie à quatre personnages ('Compte-rendu de Mandat'), Péguy met en scène son grand cousin d'Orléans à qui Pierre Baudouin demande comment il a fait de son

cousin Péguy son délégué au premier Congrès socialiste national.
Voici le dialogue qui s'ensuit:

— C'est bien simple:

> Quand nous eûmes lu dans les journaux que les
> socialistes français allaient tenir leurs États généraux pour commencer
> la révolution sociale, — immédiatement on s'est dit qu'il fallait que
> le *Groupe d'études sociales* d'Orléans fût représenté dans ces États-
> Généraux.

— Qui était ce Groupe d'études sociales?

— Un groupe d'études sociales, quoi. Vous savez bien ce que c'est.

— Sans doute, sans doute. Mais faites comme si je ne le savais pas.

(*Prose I*, 343–4)

L'imitation est d'autant plus piquante que les rôles sont inter-
vertis. Pierre Baudouin parle comme monsieur Jourdain, mais
c'est le cousin d'Orléans ouvrier fumiste qui a la naïveté sinon
l'ignorance du Bourgeois.

Les références à *Amphitryon* nous permettent de pénétrer plus
avant dans l'œuvre de Péguy, car elles se trouvent dans deux
textes majeurs, *Notre Patrie* (1905) et *Clio* (1909). La première
nous aide à mieux comprendre l'attitude ambivalente de Péguy
à l'égard de Hugo. Le socialiste des premiers *Cahiers* était dur à
Hugo. En 1902 il s'en prenait à un article du *Mouvement socialiste*
pour avoir voulu nous faire croire 'qu'Hugo fut le poète des
humbles. Et vraiment il en fut l'exploiteur le plus éhonté. Jamais
avant Hugo un bourgeois n'avait aussi impudemment exploité
la description criante de la misère pour se faire du luxe, de la
puissance, des rentes et de la table.' (*Personnalités, Prose I*, 469.)
Nous retrouvons cette sévérité dans *Notre Patrie*, puisque Péguy
y signale une autre hypocrisie de Hugo: le poète affiche sa haine
de la guerre et ses plus beaux vers s'inspirent de Napoléon. Mais
le ton est différent, tout de détente, tout de bonne humeur pleine
de malice. Péguy flâne dans Paris en récitant les vers de Hugo, il
se laisse aller à son admiration du 'vieux malin'. Et les trois pages
où il dénonce cette 'hypocrisie pacifiste' en un crescendo comique
se couronnent par une adaptation des vers de Sosie (*Amphitryon*,
III. v):

Officiellement donc il fallait, comme tout bon populaire, proscrire, exterminer, maudire Napoléon. Mais dans le dedans du poète, on en profitait pour faire des vers comme pas un. En réalité Victor Hugo poète, — et qu'est-ce que Victor Hugo en dehors de Victor Hugo poète, — Victor Hugo poète ne sortit jamais du culte napoléonien. Le véritable Napoléon, c'est le Napoléon où l'on rythme... (*Prose I*, 837)

C'est de nouveau grâce à Hugo que nous trouvons Molière, et *Amphitryon*, dans *Clio, ou Dialogue de l'histoire et de l'âme païenne*. La poésie de Hugo joue un rôle de plus en plus important dans l'œuvre en prose de Péguy, peut-être bien parce que le poète est à la veille de produire toutes ses grandes œuvres. *Clio* et le *Mystère de la Charité de Jeanne d'Arc* ont été composés la même année. C'est en parlant des *Châtiments* auxquels elle revient avec prédilection, que Clio est amenée à comparer Hugo à Molière, ce qui pour elle est évidemment le plus grand éloge, et plus particulièrement la dernière section de 'La Reculade' (livre VII, II, v) avec *Amphitryon*:

... Mais comme il avait tous les dons, et faisait tout ce qu'il voulait, suivant les mêmes ïambes voici V suivant la même veine... il a été jusqu'à la veine même de Molière, ... et... ce qui vient dans les mêmes ïambes, suivant la même veine, c'est simplement du meilleur *Amphitryon*, un *Amphitryon* seulement peut-être un peu plus lyrique, et encore, et peut-être aussi un peu plus comique, et encore:

V

Et tous ces capitans dont l'épaulette brille
    Dans les Louvres et les châteaux
Disent: — Mangeons la France et le peuple en famille.
    Sire, les boulets sont brutaux... (*Prose II*, 208)

Et Clio de réciter en entier les huit ïambes qui terminent le poème. Ce n'est pas ici le lieu de chercher si la muse de l'histoire voit juste; voyons plutôt que cette présence d'*Amphitryon* dans le livre est sans doute significative, et l'indice que Péguy, en 1909, se sent une affinité profonde avec la comédie de 1668.

La pièce mythologique de Molière devait être chère au créateur de Clio. *Clio* n'est-ce pas aussi une comédie mythologique? La vieille femme désabusée est une création très complexe et son long monologue change souvent de registre. Elle touche au tragique quand elle parle comme la muse de l'histoire qui sait mieux que tout autre que ce qui est dans le temps est sujet au vieillissement. Lyrique, élégiaque par moments, ailleurs épique, elle est comique chaque fois qu'elle devient la muse des historiens modernes et de leur méthode scientifique. C'est ainsi que Péguy nous la présente d'abord :

— J'ai fait, dit-elle, (comme) soucieuse, et se parlant à elle-même tout en commençant de m'adresser la parole; ruminante en soi-même; mâchant des paroles de ses vieilles dents historiques; marmottante; marmonnante; mâchonnante; soucieuse, ayant pris soudain un air sérieux, comme pour de rire, les sourcils froncés, le front froncé, j'ai fait ce travail moi-même. On n'est jamais si bien servi que par moi-même. J'ai (donc) fait cette recherche... (*Prose II*, 93)

Il nous faudra attendre cent pages pour savoir de quoi il s'agit : elle a assemblé des fiches pour une thèse sur 'moi dans Hugo'. Entre temps, elle parle à Péguy de sa jeunesse, alors que fille aînée de 'ma mère Mémoire' elle s'occupait de ses huit petites sœurs, les musettes qui allaient à l'école chez l'oncle Apollon. C'est dans ces pages que le lecteur superficiel serait tenté de voir une ressemblance avec le poète du 'Satyre' et de ces dieux olympiens qui semblent sortis d'une opérette d'Offenbach. Erreur que Péguy a voulu peut-être empêcher en nous mettant lui-même sur la bonne voie :

... Notre pauvre père n'était jamais à la maison. Notre (pauvre) mère était bien malheureuse. Faut-il le dire? notre père courait le guilledou. Toujours quelque histoire de jupons. Et encore quand je dis de jupons, c'est plutôt par habitude. Des déguisements grotesques. Des mascarades. Une quantité de faux ménages.

> La prostitution, l'adultère, l'inceste,
> Le vol, l'assassinat, et tout ce qu'on déteste,
> C'est l'exemple qu'à suivre offrent *nos* immortels.

Notre pauvre mère avait bien du mal. Notre père était bien grotesque avec toutes ses bonnes fortunes, ses victoires archéologiques sur de faibles femmes, ses innombrables déguisements, pour Molière, ses faciles triomphes sur tant de femmes faciles; et son aigle deuxième Empire; et sa foudre en zig-zag... (Ibid., p. 99)

En citant *Polyeucte*, et en mentionnant Molière, Péguy se déclare, comme toujours, classique; et l'allusion à *Amphitryon* au début d'une œuvre avant tout métaphysique est peut-être significative d'une autre manière encore: la comédie mythologique de Molière n'a-t-elle pas aussi des résonances métaphysiques?

Mais de toutes les pièces de Molière, *Tartuffe* joue dans l'œuvre de Péguy le rôle de beaucoup le plus important. Que l'ennemi de la méthode scientifique en histoire littéraire nous pardonne si nous rappelons que le climat de l'époque a pu encourager cette prédilection. En 1882, *Tartuffe* est mis au programme de tous les lycées et collèges de France (et l'on sait quel bon élève fut Péguy). En 1884 Coquelin aîné publie son étude sur *Tartuffe*, et entre 1891, l'année où Péguy arrive à Paris, et 1900, *Tartuffe*, comme nous l'avons vu, est joué soixante fois à la Comédie-Française: Péguy a pu y voir Coquelin cadet dans le rôle de l'imposteur. La critique érudite s'occupe aussi beaucoup de la pièce. Mais tous ces faits, sauf le premier, ne pèsent sans doute pas lourd comparés à l'expérience personnelle de Péguy, et le premier en date des textes qui mentionnent Molière et *Tartuffe* révèle déjà pourquoi les références à *l'Imposteur* vont se succéder dans les *Cahiers* fondés l'année suivante.

Dans la dernière des 'Notes politiques et sociales' qu'il écrit en 1899 pour la *Revue Blanche*, Péguy attaque Lavisse (déjà!) pour avoir publié dans la *Revue de Paris* un article intitulé 'La Réconciliation nationale': Dreyfus venant d'être grâcié, l'intention de l'article est de réconcilier tout le monde, en rappelant ce que les Français doivent à leur passé. Mais Péguy n'accepte pas la réconciliation avec tous les 'héritages d'esprit' que Lavisse énumère:

... Je refuse la vénération, la religion d'Église ou de monarchie. Je n'en veux pas.
...

Il nous est arrivé souvent de parler de la vénérable humanité passée. Mais d'abord cette vénération n'était nullement religieuse: elle était exactement humaine. Et puis cette vénération ne s'adressait ni au Dieu, ni au roi, ni aux grands, ni aux soldats, ni aux clercs. Elle s'adressait à la masse anonyme et douloureuse qui fut comme la matière de la perpétuelle révolution; elle s'adressait aux penseurs, aux philosophes, aux rêveurs qui donnèrent une forme, un idéal à cette révolution; elle s'adressait à tous les dreyfusards du passé, obscurs ou glorieux, aux hommes de justice et de révolte, et non pas aux hommes de gouvernement, à Molière et non pas à Bossuet. L'humanité passée est surtout vénérable par sa longue misère et par son lent effort. Ceux qui lui ont imposé la misère, ceux qui ont contrarié son effort, ne sont nullement vénérables.

En particulier les soldats passés et les clercs en ce qu'ils constituaient l'Église passée ne sont pas vénérables du tout... Une utilité de l'affaire Dreyfus a été justement que nous avons connu par elle tout ce qui peut se cacher de saletés communes et de laideurs vulgaires sous les uniformes et derrière les masques. Nous avons alors fait la rectification nécessaire. Puis transportant dans le passé la rectification du présent que nous avions ainsi obtenue, nous avons supprimé le coefficient fictif, nous avons dépouillé la solennité fictive; mille indices inaperçus nous sont revenus à la mémoire; nous avons découvert, nous avons retrouvé, nous avons rétabli toutes les saletés communes et toutes les vulgaires laideurs des soldats historiques, des grands capitaines, et de l'Église historique. *Le Tartufe* ne nous est plus apparu comme une œuvre accidentelle, mais comme l'expression la plus profonde, la plus habituelle, de toute une autorité passée, présente encore, et malheureusement future.[4]

Si l'autorité dont il s'agit, 'présente encore, et malheureusement future', est bien celle de l'Église que Péguy, quelques pages plus haut, vient d'appeler 'l'Église tartuffiée', l'affaire Dreyfus a fait des 'ravages d'immoralité' dans toutes les professions et dans tous les partis:

Et que dire des écrivains? Non seulement ils sont tombés du côté où ils penchaient. Non seulement M. Barrès est devenu tout à fait le Tartuffe moisi qu'il menaçait de devenir...[5]

et ce qui est bien plus grave, parmi les petites gens.

Ce texte, daté du 15 novembre 1899, appartient à la fin de ces 'deux années d'apprentissage' douloureux du socialiste et du dreyfusiste qui voit tout autour de lui la 'mystique' se transformer

---

[4] 'Notes politiques et sociales', *Cahiers de l'Amitié Charles Péguy*, 11, 1957, 88 et sqq.

[5] Ibid., p. 78. Faut-il admirer la mansuétude des victimes de Péguy? Comme on le sait, le 'Tartuffe moisi' devait écrire l'introduction au Tome II des *Œuvres complètes*.

en 'politique'. Ces deux années vont aboutir quelques semaines plus tard, après le premier Congrès socialiste national d'où Péguy sort écœuré, à la rupture avec les cinq administrateurs de la Société nouvelle de librairie et d'édition et à la fondation des *Cahiers de la Quinzaine*. Leur programme, 'dire la vérité, toute la vérité, rien que la vérité', implique de dénoncer les 'menteurs et les faussaires'. Péguy veut la 'révolution de la sincérité' et il constate partout chez les politiques l'hypocrisie: hypocrisie de la propagande, hypocrisie de la démagogie, hypocrisie du pacifisme. Il n'est pas surprenant de voir *Tartuffe* apparaître souvent dans les premiers *Cahiers*. Cette présence de Molière est également apparente dans le style. La plupart de ces textes ont la forme de dialogues qui vont de l'ironie au comique et même au bouffon. Mais nous l'avons déjà vu, il est difficile de distinguer entre le comique des *Provinciales* et celui de Molière.

'Demi-Réponse à Cyprien Lantier' (*12e Cahier de la Ière Série*, 16 nov. 1900) est le récit de la séance du Comité général du parti socialiste, 'le samedi 35 juillet', où Péguy a fait présenter par un socialiste indépendant la requête de Lantier: 'Que devons-nous faire des Juifs quand les antisémites feront la deuxième Saint-Barthélémy?' Le récit se transforme rapidement en une scène comique. Péguy fait parler le citoyen Jaurès, le citoyen Vaillant, et les deux Juifs qui font aussi partie du Comité, dont l'un est le personnage sympathique de la pièce, et l'autre antisémite. De motion en motion les citoyens décident que seuls seront protégés les Juifs membres actifs du Parti qui auront une attestation signée. Tout serait à citer de ces pages dont le caractère prophétique donne au comique des résonances tragiques. Tout à la fin, alors qu'on s'apprête à partir, — tout le monde est fatigué, la discussion ayant commencé après minuit, — Péguy met en scène un personnage nouveau:

On partait. Le citoyen Grados, qui ne suivait plus la discussion, entendit qu'un de nos camarades du Parti ouvrier français avait parlé de renvoyer à une séance ultérieure. Machinalement, il déclarait que la séance était levée, quand le citoyen Loyal, ancien huissier, qui se reposait au Comité d'avoir expulsé beaucoup de locataires, sans compter plusieurs propriétaires, dont un certain M. Orgon, demanda

la permission de dire quelques mots. Le citoyen président y consentit.
...

Le citoyen Loyal aimait les affaires bien faites. Puisque nous passons un contrat avec les Juifs, dit-il, nous devons envisager certaines éventualités. Les dispositions que vous avez adoptées me semblent sages, mais incomplètes... Enfin, vous avez négligé de prévoir le cas de force majeure: Un Juif est poursuivi à Versailles par une foule furieuse. Il est inadmissible qu'un brave citoyen, qu'un honorable militant, précieux au Parti, et dont la perte serait irréparable, risque de se faire casser les reins pour subvenir à ce Juif. Ainsi penserez-vous avec moi que dans la motion que nous avons votée, ... nous devons ajouter:

sous réserve que l'intervention exercée en faveur du bénéficiaire sera conforme aux intérêts du Parti socialiste. (Prose I, 299 et sqq.)

Ce M. Loyal, on le voit, est digne en tous points de son célèbre ancêtre. Il couronnera son long discours en proposant de faire payer aux Juifs ce billet protecteur, et Péguy de conclure: 'Ainsi fut institué le papier timbré socialiste.'

Quelques mois plus tard paraît 'Compte rendu de Mandat' (*11e Cahier de la 2e Série*, 25 avril 1901) dont nous avons déjà cité un bout de dialogue. C'est une petite comédie à quatre personnages: le cousin d'Orléans, Péguy, et ses deux amis Pierre Baudouin et Pierre Deloire. A propos de l'élection d'un délégué au Congrès socialiste national, le comique de Péguy vise ici la démagogie qui flatte les vices du peuple roi, ce qui est encore une manière de le duper. La méthode est celle de Pascal: au Père casuiste des *Provinciales* correspond le cousin d'Orléans naïf, satisfait, heureux d'expliquer aux trois amis la casuistique et les mœurs électorales du Parti. De Pascal on passe facilement à Molière, et c'est bien ce que fait le cousin:

... Comme le dit si éloquemment l'admirable vers de Vandervelde:

La maison est à moi: c'est à vous d'en sortir.

— Monsieur, dit Pierre Deloire, ce vers n'est pas de Vandervelde.

— Comment, il n'est pas de Vandervelde, Émile Vandervelde. La preuve c'est que je le lui ai entendu dire en province dans une tournée. Ailleurs qu'à Orléans. Si vous saviez comme il dit bien. L'admirable conférencier. Il est parfait. Il fait une grande grande phrase. Il attend un

moment. L'auditoire, qui sent le coup, attend aussi. Et il vous envoie
ça:
      La maison est à moi: c'est à vous d'en sortir.

On appuie sur *vous*. Vous, c'est les bourgeois. Nous, moi, c'est
les bons socios. Alors nous on applaudit frénétiquement.

— Monsieur, répéta Pierre Deloire, ce vers n'est pas de Vandervelde:
il est de Molière.

— Qui ça Molière? Je vous dis qu'il est de Vandervelde. La preuve
c'est que le citoyen Roland nous a dit que c'est là-dessus que le grand
orateur belge a bouclé son grand discours au congrès international.
Je dis bouclé, parce que je ne sais pas le mot. Je ne sais pas tout, moi.
Quand on finit un discours, enfin, quoi, le grand coup. Au moment
qu'on garde le meilleur pour la fin.

— Monsieur, répéta pour la dernière fois Pierre Deloire, ce vers
n'est pas de Vandervelde. Il est de Molière. Molière, comme le disaient
nos professeurs de littérature, Molière le met dans la bouche de Tartuffe. Et il est déplorable que, séduit par l'éloquence du grand orateur
belge, tout un congrès socialiste international ait aussi frénétiquement
acclamé un vers de Tartuffe. (*Prose I*, 361)

Ce Pierre Deloire est un peu bien pédantesque, il appuie trop.
A l'écouter, devinerait-on qu'Émile Vandervelde, député socialiste de Charleroi, était un lecteur des *Cahiers* et que Péguy avait
publié une conférence qu'il avait donnée sur 'Socialisme et
Collectivisme' en mars 1900 (*11e Cahier de la 1ère Série*)? Dans
'Compte rendu de Congrès' qui fait suite à 'Compte rendu de
Mandat' Péguy s'amusera à nous expliquer ce que c'est qu'un
compte rendu officiel, occasion pour le grave Pierre Deloire, —
car c'est lui qui parle, — de s'exercer au style comique:

… Un compte rendu est officiel quand on communique aux orateurs
la sténographie de leurs discours. Les orateurs lisent, relisent, travail-
lent selon qu'ils sont plus ou moins négligents, modifient selon qu'ils
sont plus ou moins honnêtes. Nous avons ainsi l'expression arrêtée de
l'idée ou du sentiment qu'ils ont voulu avoir, une expression en repos,
stable, signée, enfin déterminée dans le silence du cabinet, une expression
qui vaut acte, une expression encadrée, livresque, notariée, notée, nota-
ble, notaire, bibliothécaire, nécropolaire, actuaire, faisant foi, parlemen-
taire, protocolaire, juridique, archivique, référendaire, documentaire,
monumentaire, et comme on le dit de M. de Malbrout: morte et

enterrée. Selon ce compte rendu, M. Émile Vandervelde parle en prose: 'Sortez de la maison. Elle est à nous! Nous sommes dignes d'y entrer.' (*Ovations prolongées.*) (*Prose I*, 382)

Il est difficile de savoir si Pierre Deloire s'est souvenu de Molière, de Voltaire, de Rabelais, ou plutôt de la liste des nouveaux casuistes à la fin de la cinquième *Provinciale*, et difficile de croire qu'Émile Vandervelde se soit diverti à lire ce passage.

Parmi les amitiés protestantes qui tiennent une si grande place dans la vie de Péguy se trouve Raoul Allier, professeur de philosophie à la Faculté de théologie protestante de Paris.[6] Ancien normalien, l'aîné de Péguy de dix ans, républicain et dreyfusiste comme lui, il fut un des abonnés de la première heure et allait devenir un collaborateur important des *Cahiers*. En juillet 1902 il avait écrit dans le *Bulletin des Associations chrétiennes d'étudiants*:

… un recueil où la préoccupation de l'exactitude est poussée jusqu'au scrupule, où l'on ne trouve guère que deux passions, celle de la sincérité et celle de la justice (les deux n'en faisant, au fond, qu'une). C'est aux *Cahiers de la Quinzaine* que je fais allusion…

passage que Félicien Challaye avait signalé à Péguy dans une lettre du 13 octobre 1902. Cette même année, Raoul Allier avait publié sa thèse de doctorat sur la Compagnie du Saint-Sacrement au dix-septième siècle, sous le titre *La Cabale des dévots*. Le chapitre xix y est consacré à *Tartuffe*. Daniel Mornet en publiant l'année suivante une édition classique de la pièce à la librairie Hachette devait en dire dans sa *Notice*: '… le livre de M. R. Allier qui renouvelle en partie la question de *Tartuffe*…'.

Péguy n'avait pas besoin de Raoul Allier, encore moins de Daniel Mornet, pour attirer son attention sur *Tartuffe*. Notons simplement que son amitié avec l'auteur de *La Cabale des dévots* n'a pu être qu'encouragée par leur admiration commune de Molière. Mais ils ont bien d'autres choses en commun, et ils ont combattu pour les mêmes causes.

---

[6] Sur Raoul Allier, voir: Gaston Richard, *La Vie et l'œuvre de Raoul Allier*, Paris, Berger-Levrault, 1948; Henri Manen, 'Péguy et le protestantisme', *Feuillets de l'Amitié Charles Péguy*, 125, 1965, et surtout: Frantisek Laichter, 'Une amitié protestante: Péguy-Raoul Allier', *ibid.*, 159–60, juin et juillet 1970.

Les trois contributions de Raoul Allier aux *Cahiers* sont de 1904 et de 1905. Ce sont les années où sous le ministère d'Émile Combes se prépare la loi de la Séparation de l'Église et de l'État. Lui-même protestant, membre de l'Église libre, et de ce fait partisan de la séparation, Raoul Allier était bien placé pour signaler à l'attention du public, des députés et du Sénat, les injustices que contenait le projet de loi. Il le fit dans des articles du journal libéral *Le Siècle*, que Péguy publia en deux volumes, celui qu'il appelle 'l'énorme Cahier de la *Séparation*' (*14e Cahier de la 6e Série*, 4 avril 1905), et, quelques semaines avant que la loi fût votée, 'La Séparation au Sénat' (*4e Cahier de la 7e Série*, 26 octobre 1905).

L'année précédente Raoul Allier, qui s'était toujours intéressé aux Missions, avait déjà signalé dans *Le Siècle* l'action anticléricale du gouvernement dans les écoles de Madagascar, articles qui forment sa première contribution aux *Cahiers de la Quinzaine*, sous le titre: 'L'Enseignement primaire des indigènes à Madagascar' (*4e Cahier de la 6e Série*, 8 novembre 1904). Péguy l'a fait précéder d'une longue introduction sous le titre 'Un Essai de monopole'. On y notera le très bel éloge, assurément mérité, qu'il fait de Raoul Allier, on y admirera une fois de plus la clairvoyance de Péguy. De même qu'il avait dénoncé en 1900 les dangers de l'antisémitisme, il prévoit maintenant à quels excès peut conduire tout essai de 'monopole', — ce que nous appelons 'totalitarisme', et le fait qu'il se soit trompé quant au temps et au lieu n'enlève rien à l'actualité de ces pages.

C'est peut-être le moment de demander: 'Et Tartuffe?' Il n'est pas absent ici non plus, bien que sa présence soit beaucoup plus discrète que dans les derniers textes que nous avons cités. Péguy vient de reproduire une note du Ve article de Raoul Allier, au titre significatif 'Changement de Front', et il continue:

Je ne sais point si je m'abuse; mais je suis tout surpris, et tout heureux, de la loyauté de cette citation; j'entends la citation du *Journal Officiel de Madagascar* par l'auteur de ce cahier; qu'un protestant, ayant à citer des écoles libres, ou plutôt ayant à citer des éloges officiels adressés à des écoles libres, ait choisi des établissements protestants anglais, une Mission protestante norvégienne, et une école catholique française, tenue par les Frères de la Doctrine chrétienne, cela est d'un haut, pratique et intelligent internationalisme, et d'une loyale impartialité.

On me pardonnera ces réflexions naïves; nous ne vivons pas sous un prince ennemi de la fraude; nous vivons en un temps où les plus vieilles naïvetés du monde vont devenir des paradoxes; sous la domination des délateurs, être un honnête homme va devenir une merveille... (*Prose I*, 752)

Péguy, encore une fois, n'avait pas besoin de Raoul Allier pour penser à *Tartuffe*. Mais l'allusion est peut-être aussi un signe d'amitié à l'auteur de *La Cabale des dévots* dont le chapitre xix se termine par des réflexions pertinentes sur l'intervention de Louis XIV à la fin de la pièce.

Molière n'est pas le seul à être mis à contribution dans 'Un Essai de monopole'. Le souvenir de Montesquieu égaie deux passages: 'je vous le demande, comment peut-on être malgache' dit subitement Péguy au milieu d'une de ses longues phrases, et plus loin il crée le mot 'persanianisme' pour caractériser ce qui se passe à Madagascar. Dans les pages bouffonnes qui devaient choquer Raoul Allier par leur attaque contre Jaurès, Bossuet sera mis à contribution à son tour:

... et le grand orateur, souriant dans sa barbe de défense républicaine, fera sa leçon d'ouverture sur *l'éminente dignité des pauvres délateurs dans l'État*... (Ibid., p. 759)

Une étude serait à faire sur les allusions littéraires dans l'œuvre de Péguy, fréquentes également chez ses grands contemporains, Claudel, Proust, et surtout Valéry, et de leurs fonctions multiples dont l'une, on le voit, est de jeter un jour nouveau à la fois sur la citation et sur son contexte. Quant à l'effet, il est presque toujours comique, grâce à la parodie ou grâce à des rapprochements saugrenus. Contentons-nous d'en donner un nouvel exemple pris de *Tartuffe*, exemple qui se trouve dans un inédit de 1907, et qui est placé cette fois-ci dans un contexte métaphysique. Péguy prend à partie la métaphysique inavouée des modernes, et leur méthode du 'coup de pouce' pour adapter à leurs théories la réalité ('ma grande ennemie la réalité', dira Clio):

... le coup de pouce est l'opération la plus ordinaire, la plus innocente, l'opération par laquelle un opérateur intelligent cache ce sein que l'on ne saurait voir.[7]

Passons de nouveau à *Clio*. On se souvient que la vieille muse consacre une de ses longues digressions à la dernière pièce de la trilogie de Figaro, à la *Mère coupable*, digression qui se rattache au thème central de l'œuvre, au vieillissement. Ce qui retient surtout l'attention de Clio, c'est que ce drame fait *vingt ans après*: ces représentants de l'éternelle jeunesse, Chérubin, Suzanne, Figaro, étaient donc vieillissables! Elle admire l'honnêteté de Beaumarchais qui appelle sa pièce, sans essayer de cacher ce qu'il doit à Molière, *l'autre Tartuffe*. Mais surtout elle admire l'auteur d'avoir vu dès 1792 'qu'il venait de naître dans le monde une deuxième tartuferie, qui serait proprement celle de "l'humanité"'. (*Prose II*, 164.) Par une série de variations caractéristiques du style de Péguy, Clio hausse constamment le ton jusqu'à la variation finale sur le thème:

Qu'un homme ait vu dès 1792 qu'après avoir nourri le Tartufe clérical il faudrait, il fallait déjà nourrir le Tartufe humanitaire. Que dis-je, après; en même temps. Car l'un ne tuait pas l'autre et peut-être au contraire. (Et c'était peut-être le même.) Que le même brave peuple, qui avait (et l'on peut dire si bénévolement) nourri pendant des siècles l'ancien Tartufe, le vieux Tartufe, le Tartufe classique, le Tartufe clérical, que ce même peuple, cette bonne pâte de même peuple, sujets, citoyens, ouvriers, paysans, électeurs, contribuables, pères, mères, enfants, que cette bonne race aurait en outre ensemble en même temps à nourrir pareillement, parallèlement, de l'autre main le deuxième Tartufe, le Tartufe du monde moderne, l'anti-Tartufe, le Tartufe de deuxième main, le Tartufe humanitaire, enfin l'*autre* Tartufe. Et pour combien de temps les deux, l'un portant l'autre, l'un combattant l'autre (l'un soutenant l'autre) l'un nourrissant l'autre (par le ministère du même nourricier). Pour longtemps sans doute, pour un siècle, pour toujours, car les bonnes inventions ne se perdent jamais.
Et ces deux tartuferies sont aujourd'hui germaines et collaterales. (*Prose II*, 166)

Ce Péguy qui écoute respectueusement parler Clio, sans

7 *Un Poète l'a dit*, Paris, Gallimard, 1953, p. 94.

l'interrompre, ne doit-il pas se rendre compte qu'il a fait comme Beaumarchais ? Et n'est-ce pas pour en faire le père de ce 'Tartufe du monde moderne' que dès 1899 il a parlé d'un Molière 'drey-fusard du passé' ? *Clio* a été composé alors qu'il avait retrouvé la foi, et notre citation montre bien la fidélité de Péguy envers lui-même : son attitude à l'égard du Tartufe clérical est restée la même. Sa toute dernière œuvre en prose, interrompue au milieu d'une phrase par la mobilisation, la *Note conjointe sur M. Descartes et la philosophie cartésienne* en donnera la dernière preuve. Elle a été écrite pour défendre son maître Bergson dont les ou-vrages, attaqués à la fois par les partisans de l'Action Française et par les catholiques néo-thomistes, allaient être mis à l'Index le 8 juin 1914. Les thèmes chers à Péguy s'y retrouvent tout mêlés à sa défense de la philosophie bergsonienne, surtout Corneille et *Polyeucte*, Saint Louis et Jeanne d'Arc. Mais *Tartuffe* n'en est pas absent non plus, puisque le 'bloc scholastique' comme l'ortho-graphie Péguy, est également nommé à plusieurs reprises le 'parti dévot'. Et c'est bien pourquoi le Père Duployé a pu donner au chapitre qui analyse ce dernier combat de Péguy le titre 'La Cabale des dévots'.[8]

'Je hais surtout la tartuferie' (*Prose I*, 460) a déclaré Péguy en 1902, résumant ainsi à l'avance son activité polémique. Mais Péguy polémiste n'est pas tout Péguy ; sans oublier le métaphysi-cien, présent partout, il y a le poète, et c'est pour une bonne part au poète que nous devons les pages de critique littéraire qui parsèment l'œuvre en prose, et dont un si grand nombre repré-sente ces 'revaluations' célèbres de Hugo, de Corneille ou de Racine dont nous avons tous plus ou moins hérité. On se souvient moins de deux passages qui résument peut-être le jugement de Péguy sur Molière.

Le premier se trouve dans les 'Suppliants parallèles', publiés le 12 décembre 1905. Péguy commence par son parallèle entre le texte de la supplique des ouvriers russes, qui est du 22 décembre 1904, et la supplication du peuple thébain au début d'*Œdipe-Roi*. Puis il s'attarde à citer, à commenter Sophocle, à méditer sur la

---

[8] Pie Duployé, O.P., *La Religion de Péguy*, Paris, Klincksieck, 1965, pp. 394 et sqq.

grandeur du suppliant dans la tragédie antique, à admirer dans *Œdipe-Roi* 'la tragédie grecque par excellence' parce qu'elle est explicitement la tragédie de la supplication antique :

C'est ce que signifie, en symbole, cet admirable commencement. Que ce soit une tragédie de Corneille, une tragédie de Racine, ou que ce soit le *Tartufe* de Molière, le véritable génie dramatique, l'invention, la loyauté scénique se reconnaît toujours à la décision de l'ouverture. Le commencement, l'ouverture dramatique ne vaut pas seulement par elle-même et ne signifie pas seulement ce qu'elle signifie ; pour ces grands maîtres, puisqu'elle ouvre, elle commande toute l'œuvre... (*Prose I*, 909 et sqq.)

Si par ouverture Péguy entend simplement l'exposition, cette remarque n'a certes rien d'original, et depuis Goethe jusqu'à aujourd'hui la critique s'est toujours accordée pour admirer l'exposition que forme la première scène de *Tartuffe*. Et peut-être est-ce bien sa pensée en 1905, peut-être a-t-il dit ouverture pour ne pas employer le terme exposition qui sent son manuel et sa Sorbonne. Quelques pages plus haut cependant il avait écrit : 'Ainsi dans Sophocle la supplication est tout au commencement, au tout premier commencement...' (*Prose I*, 881), ce qui semble vouloir souligner l'importance des premières paroles, et en effet il vient de citer les trois premiers vers d'*Œdipe-Roi*, et rien de plus. On trouvera cette 'décision de l'ouverture' chez Molière, chez Racine, et sinon partout chez Corneille, du moins dans *Polyeucte* :

Quoi ? vous vous arrêtez aux songes d'une femme !

Allons, Flipote, allons, que d'eux je me délivre.

Oui, je viens dans son temple adorer l'Éternel.

Ces alexandrins sont comme le premier coup d'archet d'un orchestre bien discipliné.

Mais quand Péguy reprend cette expression, dans le texte manuscrit ajouté à l'article 'l'Ève de Péguy' dicté au fidèle Lotte le dimanche 4 janvier 1914 et qui devait paraître sous le pseudonyme de J. Durel, il n'y a plus de doute. Il s'agit bien du 'tout premier commencement', car Péguy ne compare plus Sophocle à Molière, c'est sa propre œuvre, son grand poème qu'il définit :

ÈVE. — *Jésus parle.* — *O mère ensevelie hors du premier jardin...*

En revêtant cette forme d'une longue invocation de Jésus à Ève, Péguy se plaçait d'emblée et pour ainsi dire géométriquement à la croisée... des plus grands mystères de la foi... Il se plaçait au cœur même de l'Incarnation.

A cette sûreté, à cette délibération, à cette décision de la démarche initiale qui installe instantanément l'auteur au cœur même de son sujet,... nous reconnaissons... la grande *démarche* classique. Ou si l'on veut encore cette grande démarche classique *initiale* (dont les modèles les plus parfaits sont peut-être dans Molière, et parmi Molière dans le *Tartufe*) n'est qu'un cas particulier, éminent, maximum de cette grande démarche classique *générale* qui tend sous toutes ses formes à l'anéantissement de l'affabulation, à la totale annulation de l'*accident*...[9]

Et Péguy, après s'être ainsi défini lui-même comme un classique de la première génération, celle de Corneille, de Pascal et de Molière, et non celle de Racine, signale 'cette même absence de cimentation' chez Eschyle et dans *Monsieur de Pourceaugnac* et dans la *Comtesse d'Escarbagnas*. Ce n'est pas le moment de le suivre dans ses rapprochements, mais de constater une fois de plus que Péguy a souvent révélé son génie dramatique par la décision de l'ouverture. Aux deux exemples de 'débuts étonnants' que rappelle M. Bernard Guyon dans son *Art de Péguy* (pp. 30 et sq.) ajoutons le premier vers du 'Porche du Mystère de la Deuxième Vertu':

La foi que j'aime le mieux, dit Dieu, c'est l'espérance.

Pour 'expliquer' ce texte, il faudrait bafouiller pendant des pages.

On s'étonnera peut-être aussi de voir comparer 'Ève', ce grave poème théologique, à *Tartuffe*. A vrai dire, Péguy nous a préparés depuis longtemps à la solution de cette difficulté: elle se trouve dans sa conception même du comique. Combien de fois dans son œuvre ne nous a-t-il pas rappelé que la comédie est la sœur de la tragédie! Il l'a dit dans *Clio* (*Prose II*, 205), il l'a dit dans *Un Nouveau Théologien*:

... On sait assez combien j'ai horreur de l'ironie... Je n'ai jamais caché le goût profond que j'ai pour le comique. L'un exclut l'autre.

---

[9] Albert Béguin, 'L'Ève de Péguy', *Cahiers de l'Amitié Charles Péguy*, 3 à 4, 1948, 209 et sqq.

Le comique est de la grande famille du tragique et du sérieux...
Rien n'est aussi profondément apparenté au tragique que le comique...
(§ 291, *Prose II*, 993)

et l'article de J. Durel, qui est comme le testament littéraire de
Péguy, se termine sur cette définition de son propre comique dans
'Ève', qui rappelle, sans qu'on puisse s'en défendre, les vers sur
Le Misanthrope d'un de ces romantiques moins détestés qu'on ne
pourrait penser: 'Un comique grave et d'autant plus profond
qu'il prend appui sur le fond d'une invincible mélancolie.'[10]

ANNIE BARNES

[10] Ibid., p. 221. Cf. Musset: 'Une Soirée perdue':
... Quelle mâle gaieté, si triste et si profonde,
Que, lorsqu'on vient d'en rire, on devrait en pleurer!

16. *L'Impromptu de Versailles*
1663–1971

'LE jeudi 11e octobre [1663], la Troupe est partie par ordre du roi pour Versailles. On a joué *Le Prince jaloux ou D. Garcie, Sertorius, L'École des maris, Les Fâcheux, L'Impromptu* dit, à cause de la nouveauté et du lieu, *de Versailles…*'

Ainsi se présente, dans le précieux registre tenu par le comédien La Grange, l'acte de naissance de la dixième pièce de Molière.

C'est une pièce de combat. La sérénité des scènes parisiennes avait été fort troublée par l'arrivée de Molière à Paris en octobre 1658. L'extraordinaire succès de *L'Étourdi*, du *Dépit amoureux*, des *Précieuses ridicules*, de *Sganarelle*, de *L'École des maris*, des *Fâcheux*, de *L'École des femmes*, avait secoué jusqu'en ses fondations la suprématie de l'Hôtel de Bourgogne qui tenait la tragédie pour le seul genre noble et la déclamation emphatique pour la seule valable. Molière ne revendiquait-il pas le premier rang pour les auteurs de comédie et n'avait-il pas, dès la création des *Précieuses ridicules*, tourné en ridicule le jeu des comédiens de 'la Seule Troupe Royale' par les éloges maladroits dont Mascarille les assommait?

A la faveur publique s'était ajoutée la faveur royale, moralement précieuse et financièrement profitable. Les comédiens de l'Hôtel de Bourgogne s'en montraient inquiets et humiliés. Au cours du long séjour de la troupe de Molière à Saint-Germain au printemps de 1662, La Grange note: 'La Reine mère fit venir les comédiens de l'Hôtel de Bourgogne qui la sollicitèrent de leur procurer l'avantage de servir le Roi, la troupe de Molière leur donnant beaucoup de jalousie.' Démarche sans grand succès. L'année s'était achevée sans que les 'Grands Comédiens' fussent appelés par le roi, et Molière avait cueilli un nouveau triomphe avec *L'École des femmes* en décembre. On devine avec quelle fureur devaient réagir l'Hôtel de Bourgogne et les Corneille, leurs auteurs, qui y recevaient quelques banderilles. *La Muse historique* du 13 janvier 1663 note et le succès de la comédie et les orages que soulève cette pièce 'qu'en plusieurs lieux on fronde'. Le roi avait pris parti pour Molière, l'inscription du comédien-auteur sur la liste des pensions 'en qualité de bel esprit' à Pâques 1663 le montre assez.

Les attaques contre Molière ne faisaient encore que courir de bouche à oreille, car toute publication demandait de longues formalités, mais Molière en savait assez sur la guerre sourde menée contre lui. Il passa à l'attaque et, le 1er juin, *La Critique de l'École des femmes* suivait la représentation de *L'École des femmes*. L'habile et brillante petite comédie fit l'effet d'huile sur le feu. Molière y gagna quelques nouveaux ennemis dans le monde des lettres et du théâtre et son visage ensanglanté témoigna de l'insolente brutalité du duc de La Feuillade qui se serait reconnu dans le marquis 'Tarte à la crème' de *La Critique*.

Le jeune Donneau de Visé, qui, en février, avait consacré quelques lignes de ses *Nouvelles Nouvelles* à *L'École des femmes*, 'ce monstre qui a de belles parties', se reconnut-il dans le personnage du pédant écrivain Lysidas? Il publia, le 4 août, sa comédie de *Zélinde, ou la Véritable Critique de l'École des femmes et la Critique de la Critique*, pamphlet furieux, plein d'insinuations calomnieuses où il se faisait le champion des auteurs, des comédiens, des courtisans, des femmes, de la morale et de la religion. A l'Hôtel de Bourgogne, on afficha, au cours de l'été, *Le Portrait du peintre ou la Contre-Critique de l'École des femmes*, dû à la plume mal avisée du jeune Boursault. C'était une comédie bien plate dont le succès fut dû à la cabale contre Molière plus qu'à ses qualités intrinsèques. Il est probable que Louis XIV ressentit comme un manque de respect pour sa personne royale les violentes attaques dirigées contre son auteur et comédien favori. Il ordonna à Molière de répondre à ses ennemis. Par deux fois, Molière fait allusion, dans *L'Impromptu*, à cette intervention royale dans la querelle de *L'École des femmes*: 'Puisqu'on vous a commandé de travailler sur le sujet de la critique qu'on a faite contre vous...' dit Mlle Béjart, et plus loin, à un marquis fâcheux qui questionne Molière au sujet de la pièce nouvelle: 'C'est le Roi qui vous l'a fait faire?', Molière répond: 'Oui, Monsieur.'

Il fallait un certain courage à Molière pour aller à l'Hôtel de Bourgogne affronter aux yeux du public le *Portrait* de Boursault, plus injurieux très probablement que le texte ultérieurement édité. Il y alla. La promesse en était faite par Brécourt dans *L'Impromptu de Versailles*: '[Molière] fait le dessein d'aller sur le théâtre rire avec tous les autres du portrait qu'on a fait de lui.' La *Réponse à l'Impromptu de Versailles ou la Vengeance des Marquis* de Donneau de Visé le dit expressément: 'Je doute fort que cet ouvrage lui ait donné tant de plaisir qu'il nous le veut persuader. Les transports de la joie qu'il ressentait faisaient trop souvent changer son visage... Chevalier, comédien-auteur du Théâtre du Marais, sincère admirateur du talent de Molière, raconte dans sa pièce, *Les Amours de Calotin*, l'étonnante visite:

> Tu sauras que lui-même en cette conjoncture
> Était présent alors que l'on fit la peinture,
> De sorte que ce fut un charme sans égal,
> De voir et la copie et son original...
> Ayant de notre peintre attaqué la vertu,
> Quelqu'un lui demanda: 'Molière, qu'en dis-tu?'
> Lui répondit d'abord de son ton agréable:
> 'Admirable, morbleu, du dernier admirable;
> Et je me trouve là tellement bien tiré
> Qu'avant qu'il soit huit jours certes j'y répondrai.'

Et ce fut, en public, à Paris, *L'Impromptu de Versailles*.

Le dimanche 4 novembre 1663 le Théâtre du Palais-Royal afficha pour la première fois *L'Impromptu de Versailles*, et ce n'était pas sans intention didactique sans doute que la représentation commençait par *Le Prince jaloux* où la troupe de Molière démontrait ce que devait être la diction tragique 'naturelle'. *L'Impromptu* fut joué à chacune des dix représentations données au Palais-Royal en novembre, puis neuf fois en décembre et une dernière fois le 16 mars 1664. Pourquoi cette représentation tardive et isolée? Molière avait-il voulu donner une dernière réponse aux insinuations monstrueuses de Montfleury et aux attaques publiques ravivées par la création, en décembre 1663, d'une pièce satirique de Montfleury fils, *L'Impromptu de l'Hôtel de Condé*? L'intérêt du roi et des grands pour la comédie se manifesta plus longtemps. Le registre de La Grange fait état de représentations chez le maréchal de Grammont, à l'Hôtel de Condé, chez M. Le Tellier, chez Madame de Rambouillet, chez Monsieur à Villers-Cotterets, chez M. Colbert, à Versailles à nouveau en octobre 1664 et — dernière représentation du vivant de Molière — le 13 septembre 1665.

Molière ne reprit pas *L'Impromptu de Versailles* sur la scène du Palais-Royal. Il allait livrer d'autres batailles, plus graves que celle de *L'École des femmes*. *L'Impromptu* avait joué son rôle et fait son temps.

Après la disparition de Molière, il ne pouvait être question pour ses comédiens de remettre à la scène une pièce dans la distribution de laquelle la mort ou l'infidélité avaient rayé tant de noms. Quel comédien eût osé prendre au théâtre le nom de 'Molière'? La jonction des deux troupes rivales par l'ordre royal de 1680 ne pouvait que contribuer à écarter de la scène une pièce dans laquelle de célèbres comédiens de l'Hôtel de Bourgogne étaient cloués au pilori. Si Montfleury, Beauchâteau et Mlle Beauchâteau, Villiers, étaient morts ou avaient quitté la scène, Hauteroche et le fils de Villiers faisaient partie de la troupe unique. Quant aux auteurs malmenés, ils avaient fait amende honorable à Molière depuis longtemps et étaient devenus fournisseurs attitrés des Comédiens français. On peut se demander, cependant, si la publication de *L'Impromptu de Versailles* en 1682, par La Grange et Vivot, parmi les *Œuvres posthumes* de Molière, en ravivant le souvenir des combats de 1663, ne provoqua pas quelques grincements de dents...

Le temps passa. Les liens affectifs directs se dénouèrent. La vénération des comédiens pour Molière prit un caractère plus abstrait. Houdon sculpta pour eux dans le marbre les traits idéalisés du Contemplateur. A l'époque du premier centenaire de la mort de Molière, le grand tragédien Lekain conçut le projet d'élever une statue au 'saint Patron, camarade' des comédiens et convia 'toute la France' à participer à sa réalisation. Le projet n'aboutit pas. En 1838, le sociétaire Régnier, ardent moliériste, reprit l'idée. Un comité fut constitué, une souscription nationale ouverte. C'est dans ces circonstances que *L'Impromptu de Versailles* entra au répertoire de la Comédie-Française. Qui proposa de mettre cette comédie au programme du gala[1] au bénéfice de la souscription nationale? Régnier, qui en était l'instigateur? Samson, qui convoitait le rôle de Molière? le Commissaire royal Taylor, peut-être? Casimir Delavigne, membre de la Commission d'organisation, était très opposé à ce choix. Taylor et Népomucène Lemercier l'emportèrent.[2]

Le jeudi 10 mai 1838, le rideau du Théâtre-Français se leva à sept heures sur la première à la Comédie-Française de *L'Impromptu de Versailles*. Mais était-ce bien sept heures? heure alors habituelle pour les spectacles. Les Comédiens, inquiets d'une initiative très discutée, voulurent-ils minimiser les dangers des réactions publiques en escamotant *L'Impromptu*? Théophile Gautier, dans son feuilleton du 14 mai, se montre fort mécontent: 'Cette représentation a commencé probablement à six heures ou à cinq heures; car telle diligence que nous ayons mise à prendre notre nourriture, nous n'avons pu arriver qu'après *L'Impromptu* qui était précisément la pièce que nous aurions désiré voir.'[3] *L'Impromptu* fut joué à nouveau le 12 et le 15, mais Gautier ne se déplaça pas, semble-t-il, pour l'entendre. Ses collègues de la critique dramatique n'accordèrent pour la plupart aucune attention à cet étonnant chef-d'œuvre.[4] Les deux seuls feuilletons importants consacrés à la représentation de *L'Impromptu* parurent dans les *Débats* et *La Quotidienne* du 14 mai. Jules Janin trouve 'grotesque' d'entendre Molière se débattre contre des critiques parfaitement oubliées, devant un public qui n'est plus à con-

---

[1] Le programme comportait, après *L'Impromptu de Versailles*, des vers de Lemercier lus par Joanny, *L'École des maris*, la grande scène de *Stradella* chantée par Duprez, les quatre premiers actes du *Bourgeois gentilhomme*. Fanny et Thérèse Elssler, Mlles Noblet et Alexis dansèrent dans la cérémonie.

[2] Procès-verbaux des séances de la Commission pour organiser la souscription du monument à ériger en l'honneur de Molière, 25 mars 1838–14 juin 1844 (Archives de la Comédie-Française).

[3] T. Gautier, *Histoire de l'art dramatique*, I. 132, 14 mai 1838.

[4] Quelques lignes relatives au gala paraissent dans *La Revue et Gazette des Théâtres*, 26 avril 1838, *Le Courrier des Théâtres*, 10, 11, 13 mai, *Le Monde Dramatique*, VI. 298.

vaincre de son génie. Très ignorant, semble-t-il, de l'histoire de la pièce et des circonstances de sa création, il déclare que *L'Impromptu* 'a longtemps été la comédie la mieux jouée de toutes les comédies de Molière' (elle avait été jouée deux mois...) et il gourmande sévèrement Molière d'avoir parodié les comédiens rivaux et maltraité Boursault. Il entrevoit cependant l'intérêt de la comédie de coulisse 'que Molière a découverte, comme il les a toutes découvertes...'

Le critique de *La Quotidienne* consacre à *L'Impromptu* un long article bien informé et d'un ton tout à fait moderne. Il apprécie 'ce crayon charmant, plein de malice, de finesse et de raison', 'cet admirable feuilleton, mis au théâtre en forme de comédie, à une époque où Molière n'avait pas la presse pour se défendre'. Journal monarchiste, *La Quotidienne* s'élève contre l'esprit de parti qui a fait de Molière 'le symbole du génie persécuté', alors que le comédien-auteur a été constamment protégé par la famille royale et surtout par le roi. La reconnaissance de Molière éclate dans cet *Impromptu* dont Louis XIV est le ressort invisible: 'Tout s'y fait pour lui et par lui.' L'ingénieuse raillerie des gens 'qui veulent un roi entripaillé comme il faut et ne comprennent pas pour remplir un trône un roi d'une taille élégante' était bien faite pour plaire à ce jeune monarque de vingt-cinq ans...

L'interprétation de *L'Impromptu* semble malheureusement avoir laissé à désirer. Janin, particulièrement féroce, déclare qu'il était impossible de reconnaître des comédiens d'autrefois, familiers des princes, dans 'les honnêtes bourgeois et les honnêtes bourgeoises' que sont alors les Comédiens français. Aussi *L'Impromptu de Versailles*, joué comme une série de 'tableaux vivants', n'a, dit-il, produit aucun effet. Samson, qui interprète en 1838 le rôle si riche de sensibilité et d'effets comiques que Molière s'était réservé, n'avait pas la stature nécessaire. *La Quotidienne* lui reconnaît de l'intelligence, mais déplore son manque de 'verve' et, dans la scène des imitations, un embarras qui l'oblige à se jeter avec excès dans les ridicules généraux. Reconnaissons que la situation est devenue délicate pour un Comédien français depuis l'union des troupes tragique et comique! Janin accable l'infortuné Samson: 'Comment a-t-il osé affubler Molière de ce rire saccadé et goguenard qui compose tout son bagage dramatique ? Non, certes, Molière n'était pas cet homme affairé, remuant, gesticulant, tournant les yeux de côté et d'autre, et se chatouillant des deux mains pour se faire rire.'

Nous ne savons que peu de choses en ce qui concerne la production de *L'Impromptu*. Un registre tenu par les tapissiers mentionne les éléments du décor: 'A droite, 2 banquettes. A gauche, 1 coffre, 3 chaises. Au fond, à droite, 3 chaises, 3 banquettes. Au fond, à gauche, une malle.' Il est permis d'espérer que *L'Impromptu* était joué en costumes d'époque, car quelques années auparavant, le roi Charles X avait fait don aux Comédiens français de somptueux costumes du XVIIe siècle provenant de la garde-robe royale.

Après cette morne entrée au répertoire de la Comédie-Française *L'Impromptu de Versailles* tomba dans un long oubli. De temps à autre, un critique citait *L'Impromptu de Versailles* parmi 'ces charmantes pièces qu'on ne nous fait jamais voir'[5] et réclamait la représentation de ce 'second acte de *La Critique de l'École des femmes* que le Théâtre-Français joue si bien', mais en vain...

L'Impromptu ne fut remis à la scène que lors de la célébration du deuxième centenaire de la fondation de la Comédie-Française, le 21 octobre 1880.[6] Le pamphlet écrit au plus fort de la querelle des troupes rivales servait, deux cents ans plus tard, à célébrer leur réunion... Le développement des études moliéresques, considérable depuis une cinquantaine d'années, aurait dû former une critique et un public plus avertis et plus réceptifs que ceux de 1838. Plusieurs journalistes pourtant jugèrent encore cet 'à-propos... sans importance aucune dans l'œuvre de notre grand comique'. 'Régal archaïque pour lettrés', 'curieuse restauration littéraire' sont les épithètes les plus aimables dont ils le saluent.[7] Seule, *La Gazette de France* (22 octobre) porte aux nues 'ce chef-d'œuvre unique dans l'œuvre de Molière, cette causerie étincelante, mordante et parfois terrible, qui tient à la fois de

[5] T. Gautier, op. cit., V. 18, 18 janvier 1847.

[6] Le programme comportait en outre *Le Misanthrope* et la lecture d'un poème de F. Coppée, *La Maison de Molière*.

[7] Sur cette reprise, voir notamment *Les Annales du Théâtre*, 21 octobre 1880, *La Presse*, 22 octobre, *Le Petit Journal*, 23 octobre.

Shakespeare et du feuilleton français, tel qu'il a été créé par des maîtres illustres'.

La pièce était montée avec soin sous la direction de l'administrateur Émile Perrin. On admira la richesse et la fidélité historique des costumes. La vedette du spectacle était Constant Coquelin, qui semblait 'sortir du cadre du fameux tableau de Molière'.[8] De l'avis général, il se montra très remarquable, 'tour à tour comique, sérieux, plaisant ou indigné'. Il fit rire — aux dépens de Mounet-Sully — en tirant des soupirs du plus profond de son âme dans son imitation de Montfleury. Delaunay, parfait comédien, jouait le rôle de La Grange et de longs applaudissements accueillirent le fameux 'Pour vous, je n'ai rien à vous dire', adressé par Molière à son jeune camarade.

Les comédiens partageaient-ils l'opinion dominante de la critique? Avaient-ils le sentiment — gênant — d'une profanation en incarnant leurs grands camarades du passé? *L'Impromptu de Versailles*, joué neuf fois seulement, ne fut remis sous les yeux du public que quarante ans plus tard, lors de la célébration du tricentenaire de la naissance de Molière. Le 23 janvier 1922, il fit spectacle avec *L'École des femmes* et *La Critique*. Ce fut la soirée la plus originale du cycle Molière et les spectateurs l'accueillirent avec ravissement. La mise en scène du sociétaire Georges Berr était colorée et très animée. André Brunot jouait Molière avec autorité, aisance et émotion, mais sans recherche de ressemblance physique. La scène des imitations parut faible, une fois de plus, 'inévitablement', reconnaît *Comoedia* (25 janvier), à cause de la crainte de l'acteur de tomber dans une satire trop personnelle de certains camarades. Une vive critique — qui s'adressait au metteur en scène plutôt qu'à l'interprète — notera quelques années plus tard, qu'au milieu de la tirade capitale, Molière 's'affalait sur une banquette en crachant ses poumons'.[9] Le charmant Dehelly, nouveau La Grange, reçut à son tour l'hommage du public.

L'Impromptu fut remis à la scène avec éclat par les soins du sociétaire Raphaël Duflos, à l'occasion des Fêtes de Paris en

[8] Il s'agit probablement du portrait de Molière dans le rôle de César (*La Mort de Pompée*) qui fait partie des Collections de la Comédie-Française.

[9] *Ce Soir*, juin 1937.

1935. Il fut représenté en matinée, le 1er juin, au Château de Versailles. Une scène avait été construite à l'extrémité de la Galerie des Glaces. Torchères de bois doré, girandoles de cristal, tapis de la Savonnerie, figurants en grande livrée royale... *l'Impromptu* retrouvait, avec le cadre de sa création, l'attrait de curiosité d'une nouveauté. Le jeune Pierre Dux, dans le rôle de Molière, dominait une brillante distribution. Le critique Émile Mas, si exigeant, note: 'Le débit est clair, animé, le jeu alerte, le ton toujours juste, d'une prenante sincérité; il souligne à merveille l'amertume de l'auteur de *l'École des femmes*.'[10] Une seule représentation fut donnée à Paris, le 10 juin.[11]

L'administrateur Édouard Bourdet choisit *L'Impromptu de Versailles* pour inaugurer, le 24 mai 1937, le décor unique destiné à la tragédie. La représentation de *Bajazet*, après celle de *L'Impromptu* où Molière exprime ses idées sur la déclamation tragique, conférait à la nouvelle mise en scène, réalisée par Copeau, un intérêt particulier. 'Imagine-t-on qu'après cette satire de l'emphase et du redondant les artistes de la Comédie-Française aient été à même, comme il y a peu de temps, d'emboucher leurs trompettes assourdissantes et sans propos? Évidemment non. Mais cette fois, ils exagèrent peut-être dans l'autre sens', déclare *Aux Écoutes* (29 mai).

La représentation de *L'Impromptu* fut un événement théâtral.[12] Pour la première fois, semble-t-il, la critique et le public, surpris, séduits, comprirent la valeur exceptionnelle de ce document — unique en ce qui concerne Molière et sa troupe —, fondamental quant à la création scénique, et entrevirent les inépuisables richesses de l'étincelante comédie. 'La désinvolture, la gaieté, la force et l'adresse sous l'apparent et voulu désordre improvisé de cet acte sont admirables', écrit Gérard d'Houville.[13] 'Depuis longtemps', déclare Lugné-Poe, 'nous n'avons éprouvé un pareil émoi dans une salle de théâtre.'

[10] *La Presse*, 6 juin 1935.
[11] Pour une bibliographie complète de la presse critique, voir Ed. Champion, *La Comédie-Française, 1935*, Paris, 1936, p. 253.
[12] Pour une bibliographie complète de la presse critique, voir Ed. Champion, *La Comédie-Française, 1937*, Paris, Munier, 1938, pp. 128–32.
[13] *L'Écho de Paris*, 13 juin.

Le décor de Louis Suë évoquait bien l'atmosphère pittoresque où s'agitait une troupe comique à peine débarquée dans une des vastes salles de Versailles transformée en salle de répétition: un plancher rond, surélevé de deux marches, servant de 'plateau', était entouré d'une belle ordonnance de colonnes grises à chapiteaux blancs; des paravents décorés disposés au petit bonheur figuraient les coulisses et les loges où les artistes finissaient de s'habiller.

La qualité de la présentation plaça Pierre Dux au premier rang des metteurs en scène de Paris. 'Nous avons eu hier', écrit Pierre Abraham, 'un *Impromptu* restitué dans sa jeunesse irritée, dans sa vigueur alerte, un Molière tout frais arrivé à Paris, en pleine santé, en plein essor. Une mise en scène claire, gaie, droite comme une flèche qui part, vibrante comme une flèche qui arrive...'[14] 'Tout est à louer ici, sans réserve',[15] déclare Edmond Sée. Le jeune metteur en scène était aussi le meneur de jeu dans le rôle où il s'était déjà fait remarquer en 1935. 'Humain, sensible, plein de force et d'actualité', dit Berthommieux, 'il apporte dans l'interprétation de son rôle cette modestie et cette humanité qui sont les premiers caractères du vrai talent.'[16] Boissy le sent 'habité' par Molière et confesse: 'Les larmes venaient aux paupières.'

Le danger, dans l'engouement provoqué par ces représentations, était d'oublier que *L'Impromptu* est une pièce de polémique et de prendre pour argent comptant les violentes attaques de Molière contre l'Hôtel de Bourgogne. Certains critiques rappelèrent avec équité que l'Hôtel de Bourgogne — les témoignages contemporains ne permettent pas d'en douter — l'emportait sensiblement sur la troupe de Molière dans l'interprétation de la tragédie et que les auteurs attitrés de 'la Seule Troupe Royale', les deux Corneille, Boyer, Quinault, avaient une réputation bien supérieure à celle de Molière, auteur malheureux de *Dom Garcie de Navarre*. Émile Mas remarque avec finesse que l'hostilité de Molière contre l'Hôtel de Bourgogne est comparable à celle du Cartel à ses débuts à l'égard de la Comédie-Française.[17]

Dorénavant, *L'Impromptu de Versailles* ne fut plus longuement

[14] *Ce Soir*, juin.
[15] *L'Œuvre*, 11 juin.
[16] *La Tribune des Nations*, 5 juin.
[17] *Le Petit Bleu*, 26 mai.

délaissé. Il fut repris le 28 octobre 1944 lors de la réouverture de la Comédie-Française après la Libération et joué jusqu'en 1954 dans la 'magistrale'[18] mise en scène de Pierre Dux. Julien Bertheau, interprète du rôle de Molière à partir de 1944, infléchit légèrement, lors de cette reprise, l'interprétation indiquée par Dux, notamment dans le grand couplet, qu'il dit tout entier face au public. 'Il y met une extrême retenue, une émotion toute intérieure; pas d'éclat, la voix feutrée. C'est très bien. C'est très intelligent', écrit Robert Kemp. 'Je me demande si c'est aussi "moliéresque" que son interprétation ancienne, et celle de Pierre Dux.'[19] L'ensemble de l'interprétation restait éblouissant.

L'Impromptu fut présenté le 29 septembre 1959 dans une nouvelle mise en scène réalisée par Jean Meyer, avec un décor de Suzanne Lalique, 'pittoresque bric-à-brac de coulisses s'achevant dans la Galerie des Glaces'. Il accompagnait une reprise de *L'École des femmes* qui capta à son détriment presque toute l'attention de la critique dramatique.[20] Les commentaires, brefs, sont élogieux à l'exception d'une note d'Elsa Triolet qui condamne sans appel metteur en scène et comédiens.[21]

La dernière représentation à ce jour de *L'Impromptu de Versailles* sur la scène du Théâtre-Français fut donnée le 6 juillet 1961. C'était la cent quarante-quatrième seulement depuis la fondation de la Comédie-Française. Mais son audience a maintenant débordé les frontières. Cette pièce, jugée si peu intéressante à Paris en 1838 et encore en 1880, a été acclamée par les publics étrangers lors des représentations données par les Comédiens français en tournée en Angleterre et en Écosse en 1945, au Canada et aux États-Unis en 1961.[22]

Au moment où nous écrivons, *L'Impromptu de Versailles* s'apprête à reprendre place sur la scène de la rue de Richelieu,

[18] *Combat*, 18 janvier 1954. Voir aussi notamment *Le Figaro* et *L'Humanité*, 18 janvier, *Paris-Presse*, 19 janvier.   [19] *Le Monde*, 17–18 janvier 1954.
[20] Voir notamment *France-Soir*, 1er octobre, *Combat*, *Libération*, 2 octobre, *La Croix*, 8 octobre, *Aux Écoutes*, 9 octobre.
[21] Cf. *Les Lettres Françaises*, 8 octobre 1959.
[22] 1945 (2–25 juillet): Londres (4 représentations), Édimbourg (2), Glasgow (2). 1961 (6 février–18 mars): Québec (1), Montréal (4), New York (8), Washington (1), Boston (2).

dans une mise en scène nouvelle de Pierre Dux, aujourd'hui administrateur de la Comédie-Française.

*   *   *

La vertu essentielle des chiffres en matière d'histoire du théâtre est de permettre d'éviter un certain nombre d'erreurs de fait et d'affirmations sans fondement. Les indications ci-dessous, relatives au nombre des représentations et aux interprètes de *L'Impromptu de Versailles*, permettront en outre, nous l'espérons, de saisir aisément l'évolution de la popularité de la pièce, et de mieux imaginer ce que la personnalité des différents comédiens a fait de cette comédie depuis trois siècles.

Nombre de représentations de L'Impromptu de Versailles (entre parenthèses le chiffre des représentations extérieures, en visite ou hors Paris)

1663	19	(3)	1944	18	
1664	1	(5)	1945	13	(8)
1665		(1)	1946	8	
1838	3		1947	1	
1880	9		1950	3	
1922	6		1954	11	
1935	1	(1)	1959	36	
1937	17		1960	14	
1938	2		1961	2	(16)

Total $\begin{cases}$ sur la scène de Paris: 164 \\ sur d'autres scènes: 34 $\end{cases}$

Les Interprètes

Molière

Molière	14–21(?).X.1663–13.IX.1665	20	(9)
Samson	10.V.1838–15.V.1838	3	
Coquelin C.	21.X.1880–25.XI.1880	9	
Brunot	23.I.1922–5.VII.1922	6	
Dux	1.VI.1935–24.VI.1945	23	(9)
Bertheau	28.X.1944–9.VII.1954	46	
Poulot	26.II.1950	1	
Meyer	17.II.1954–23.III.1954	4	
Descrières	29.IX.1959–6.VII.1961	19	(16)
Deiber	18.X.1959–1.VII.1960	33	

Les Interprètes

Brécourt

Brécourt	14–21(?).X.1663–16.III.1664	20	(5)
Hubert*	20–7.IX.1664–13.IX.1665		(4)
Provost	10.V.1838–15.V.1838	3	
Worms	21.X.1880–25.XI.1880	9	
Dessonnes	23.I.1922–25.VII.1938	26	(1)
Yonnel	28.X.1944–9.VII.1954	24	(8)
Valcourt	11.XI.1944–27.I.1945	19	
Bourdel	14.IX.1946–15.I.1947	5	
Deiber	15.I.1950–8.X.1959	12	
Sereys	10.X.1959–1.VII.1960	37	
Arnaud	15.I.1960–6.VII.1961	8	
Camoin	22.VII.1960	1	
Seigner	6.II.1961–18.III.1961		(16)

*Hubert, comédien du Théâtre du Marais, entre dans la troupe de Molière à Pâques 1664 à la place de Brécourt. Il est probable qu'il assume, sous son propre nom, le rôle créé par Brécourt.

La Grange

La Grange	14–21(?).X.1663–13.IX.1665	20	(9)
Menjaud	10.V.1838–15.V.1838	3	
Delaunay	21.X.1880–25.XI.1880	9	
Dehelly	23.I.1922–5.VII.1922	6	
Guilhène	1.VI.1935–10.VI.1935	1	(1)
Weber	24.V.1937–15.I.1947	51	
Desailly	27.I.1945–23.IX.1945	8	(8)
Charon	15.I.1950–26.II.1950	3	
Piat	15.I.1954–9.VII.1954	8	
Gallon	17.II.1954–23.III.1954	3	
Cochet	29.IX.1959–22.VII.1960	49	
Le Royer	1.VII.1960	1	
Bernardy	2.VII.1961–6.VII.1961	2	(16)

Du Croisy

Du Croisy	14–21(?).X.1663–13.IX.1665	20	(9)
L. Monrose	10.V.1838–15.V.1838	3	
Silvain	21.X.1880–25.XI.1880	9	
Croué	23.I.1922	1	
Ledoux	2.II.1922–3.XI.1937	21	(1)
Gerbault	26.II.1922–5.VII.1922	2	
Meyer	11.VII.1938–29.I.1954	36	
Chambreuil	24.VI.1945–26.II.1950	11	(8)
Porterat	15.I.1947–9.VII.1954	9	
Aumont	29.IX.1959–6.VII.1961	52	(16)

Les Interprètes

La Thorillière

La Thorillière	14–21(?).X.1663–13.IX.1665	20	(9)
Monrose	10.V.1838	1	
Leroy	12.V.1838–15.V.1838	2	
Barré	21.X.1880–25.IX.1880	9	
Fenoux	23.I.1922–5.VII.1922	6	
Monteaux	1.VI.1935–10.VI.1935	1	(1)
Martinelli	24.V.1937–2.XII.1944	33	
Charon	4.XII.1944–23.III.1954	33	(16)
Meyer	24.VI.1945–25.VII.1945	1	(8)
Marsan	15.I.1947	1	
Jemma	15.I.1950–1.XII.1959	25	
Dhéran	29.IX.1959–6.VII.1961	21	
Feydeau	7.I.1960–22.VII.1960	10	
Le Royer	7.IV.1960	1	

Béjart

Béjart	14–21(?).X.1663–13.IX.1665	20	(9)
Desmousseaux	10.V.1838	1	
Rey	12.V.1838–15.V.1838	2	
Prudhon	21.X.1880–25.XI.1880	9	
Lafon	23.I.1922	1	
Dorival	2.II.1922–5.VII.1922	5	
Balpêtré	1.VI.1935–25.VII.1938	20	(1)
Rigoult	28.X.1944–17.VI.1946	31	(8)
Chevrier	11.XI.1944–12.XI.1944	2	
Marco-Béhar	5.IX.1946–6.VII.1961	27	
Clairval	14.IX.1946–10.X.1946	4	
Chamarat	15.I.1954–24.I.1954	3	
Servière	17.II.1954–9.VII.1954	5	
Woringer	29.IX.1959–15.I.1960	31	
Camoin	11.V.1960–14.VI.1960	3	(16)

Mlle Du Parc

Mlles Du Parc	14–21(?).X.1663–13.IX.1665	20	(9)
Mante	10.V.1838–15.V.1838	3	
Croizette	21.X.1880–25.XI.1880	9	
Faber	23.I.1922–5.VII.1922	6	
Korène	1.VI.1935–10.VI.1935	1	(1)
Brillant	24.V.1937–15.I.1947	26	
Casadesus	28.X.1944–10.X.1946	32	
Bretty	24.VI.1945–27.VII.1945	1	(8)
Crispin	15.I.1950–26.II.1950	3	
Sabouret	15.I.1954–23.III.1954	8	
Engel	17.II.1954–9.VII.1954	3	
Mérouze	29.IX.1959–6.VII.1961	52	
Samie	6.II.1961–18.III.1961		(16)

Les Interprètes

Mlle Béjart

Mlles Béjart	14–21(?).X.1663–13.IX.1665	20	(9)
Noblet	10.V.1838–15.V.1838	3	
Bartet	21.X.1880–25.XI.1880	9	
Robinne	23.I.1922–5.VII.1922	6	
Delamare	1.VI.1935–6.VII.1961	49	(17)
Ventura	24.V.1937–25.VII.1938	19	
Rouer	28.X.1944–15.I.1947	34	(8)
Conte	11.XI.1944–4.I.1945	6	
Kanel	21.X.1959–22.VII.1960	11	
Marney	7.III.1960–14.VI.1960	7	

Mlle de Brie

Mlles de Brie	14–21(?).X.1663–13.IX.1665	20	(9)
Plessy	10.V.1838–15.V.1838	3	
Broisat	21.X.1880–25.XI.1880	9	
Roseraie	23.I.1922–26.II.1922	5	
Chauveron	5.VII.1922	1	
Casadesus	1.VI.1935–25.VII.1938	20	(1)
Gabarre	28.X.1944–15.I.1947	37	
Fromet	4.I.1945–	2	
Dalmès	24.VI.1945–	1	(8)
Boudet	15.I.1950–9.VII.1954	12	
Vignon	10.III.1954–23.III.1954	2	
Fontanel	29.IX.1959–22.VII.1960	26	
Bergé	24.X.1959–14.V.1960	24	
Ajoret	2.VII.1961–6.VII.1961	2	(16)

Mlle Molière

Mlles Molière	14–21(?).X.1663–13.IX.1665	20	(9)
Anaïs	10.V.1838–12.V.1838	2	
Weiss	15.V.1838	1	
Barretta	21.X.1880–25.XI.1880	9	
Leconte	23.I.1922–26.II.1922	5	
Bretty	5.VII.1922	1	
Renaud	1.VI.1935–5.XI.1944	5	(1)
Gabarre	10.VI.1935	1	
Delamare	24.V.1937–25.VII.1938	19	
Faure	11.XI.1944–16.I.1964	21	
Marney	22.II.1945–9.VII.1954	27	(8)
Moreau	26.II.1950	1	
Grellier	29.IX.1959–12.VII.1960	20	
Fontanel	24.X.1959–10.XII.1959	13	
Lebrun	9.XI.1959–8.XII.1959	17	
Boudet	2.VII.1961–6.VII.1961	2	(16)

Les Interprètes

Mlle Du Croisy

Mlles Du Croisy	14–21(?).X.1663–13.IX.1665	20	(9)
Béranger	10.V.1838–15.V.1838	3	
Samary	21.X.1880–25.XI.1880	8	
Frémeaux	12.XI.1880	1	
Duflos	23.I.1922–5.VII.1922	6	
Brillant	1.VI.1935–10.VI.1935	1	(1)
Clair	24.V.1937–25.VII.1938	19	
Sully	28.X.1944–17.VI.1946	25	
Fromet	30.XI.1944–26.II.1950	12	
Conte	24.VI.1945–15.I.1947	6	(8)
Noël	15.I.1954–9.VII.1954	9	
Lehmann	17.II.1954–6.VII.1961	40	
Bergé	2.X.1959–7.IV.1960	11	
Volle	11.V.1960–2.VII.1961	3	
Fontanel	6.II.1961–18.III.1961		(16)

Mlle Hervé

Mlles Hervé	14–21(?).X.1663–13.IX.1665	20	(9)
Dupont	10.V.1838–12.V.1838	2	
Tilly	15.V.1838	1	
Martin	21.X.1880–25.XI.1880	9	
Bretty	23.I.1922–26.II.1922	5	
Rémy	5.VII.1922	1	
Brou	1.VI.1935		(1)
Clair	10.VI.1935	1	
Faber	24.V.1937–25.VII.1938	19	
Perrey	28.X.1944–19.IX.1946	30	
Deudon	24.VI.1945–26.II.1950	13	(8)
Seigner	15.I.1954–9.VII.1954	9	
Jefford	29.I.1954–9.II.1954	2	
Pascale	29.IX.1959–18.X.1959	11	
Pezzani	21.X.1959–22.VII.1960	36	
Blaess	11.I.1960–24.II.1960	3	
Gence	2.VII.1961–6.VII.1961	2	(16)

SYLVIE CHEVALLEY

17. Pascal, Molière, and after

'Je ne remarque point qu'il hante les églises.' This line is at least as applicable to Molière himself as it was to Orgon's daughter's suitor. But Molière does appear to have devoted a little of his time to reading pious books. Gorgibus, in *Sganarelle ou le Cocu imaginaire*, urges his daughter to study *La Guide des pécheurs*, a godly best-seller by the sixteenth-century Dominican, Fray Luis de Granada, of which a new French version had appeared in 1656 and 1658. The 'Maximes du mariage' inflicted by Arnolphe upon Agnès are, it is said, a parody of Desmarets de Saint-Sorlin's translation of the fourth-century Greek theologian, St. Gregory of Nazianzus. The *Préface* to *Le Tartuffe* likewise suggests some rudiments of patristic studies: 'Je ne puis pas nier qu'il n'y ait eu des Pères de l'Église qui ont condamné la comédie; mais on ne peut pas me nier aussi qu'il n'y en ait eu quelques-uns qui l'ont traitée un peu plus doucement.' Molière was at least sufficiently acquainted with the 1657 or 1667 French folio translation of the Jesuit Ribadeneira's *Flos sanctorum* to know that the unregenerate ladies of Orgon's household would have found the two volumes a serviceable press for their fichus. Orgon's words about counting all the world but dung are, some editors inform us, taken from the *Imitation de Jésus-Christ*. But I see no reason why Molière should not have taken them from St. Paul (Philippians 3: 8), since the New Testament is a source of his jests from *L'Étourdi* (Mascarille, the 'fourbe fourbissime', refuses in Act III, sc. v, to hide his God-given talent, trickery) right up to *Le Malade imaginaire*, where in Act III, sc. x, Toinette parodies 'if thy hand offend thee, cut it off . . . if thine eye offend thee, pluck it out'. Orgon's rejection of human love:

> De toutes amitiés il détache mon âme;
> Et je verrais mourir frère, enfants, mère et femme,
> Que je m'en soucierais autant que de cela

is patently derived, directly or indirectly, from Luke 14: 26:
'If any man come to me, and hate not his father, and mother, and
wife, and children, and brethren, and sisters, yea, and his own
life also, he cannot be my disciple.' The illusory peace and pros-
perity enjoyed by Orgon:

> Qui suit bien ses leçons goûte une paix profonde,
>
> .   .   .   .   .   .
>
> Enfin le Ciel chez moi me le fit retirer,
> Et depuis ce temps-là tout semble y prospérer

reads like an echo of Matthew 10: 13, 40, 41: 'And if the house
be worthy, let your peace come upon it . . . He that receiveth
you receiveth me, and he that receiveth me receiveth him that
sent me . . . and he that receiveth a righteous man . . . shall
receive a righteous man's reward.' But the domestic strife caused
by Orgon's discipleship may also have been suggested to Molière by the same chapter: 'For I am come to set a man at variance
against his father . . . and the daughter in law against her mother
in law. And a man's foes shall be in his own household.'

Coincidences of theme and idea are not, of course, a proof of
influences. According to Fray Luis de Granada, men are, like
most of Molière's characters, blind and deceived; women,
instead of adopting a pious submissiveness such as Arnolphe and
Orgon require, lament their lot and give themselves up to devil-
ment. Virtue itself may be a cloak for vice, since 'souvent le
diable a accoutumé de se transformer en ange de lumière: Il
travaille toujours à tromper les bons, sous prétexte de bien.
C'est pourquoi il n'y a point de péril dont nous devrions nous
garder avec plus de soin que celui qui se présente sous le voile
de la vertu.' Like one of Molière's own Reasoners, the orotund
Friar Lewis deplores verbosity, imprudence, obstinacy and
immoderation:

> La cinquième condition est de se garder de quatre grandes ennemies
> de la prudence, qui sont la précipitation, la passion, l'obstination en son
> avis, et la vanité. La précipitation ne délibère pas, la passion aveugle,
> l'obstination rejette le bon conseil, et la vanité de quelque côté qu'elle
> vienne, gâte tout. Cette vertu évite encore les extrémités, et garde le

milieu; parce que la vertu et la vérité fuyent toujours l'excès. Il ne faut donc jamais ni tout condamner ni tout approuver, ni tout nier ni tout accorder, ni tout croire, ni mécroire tout, ni pour la faute de peu de personnes en condamner plusieurs, ni pour la sainteté de quelques-uns approuver tous les autres; mais en toutes choses il faut garder et observer l'équité et la raison, sans se laisser emporter par l'impétuosité de la passion dans les extrémités vicieuses.[1]

Obviously, however, there are no grounds for seeing in this compendium of traditional moral theology the source of Tartuffe, Cléante, or Philinte, even though Molière would presumably not have joked about the *Sinners' Guide* if he had had no inkling of its contents.

In the case of Pascal's *Provinciales*, the coincidences are sufficiently close and numerous to show a direct influence. Molière the libertine imputes to his own opponents the lies and impostures[2] that the pious Pascal had so exultantly assailed, and from Pascal he borrows material to mock those who accused him of libertinism. The *Préface* to *Le Tartuffe* contains a barely disguised reference to the *Letters*: 'Mais cette morale est-elle quelque chose dont tout le monde n'eût les oreilles rebattues? Dit-elle rien de nouveau dans ma comédie?' Both authors associate the Enlightened Monarch and God with their own polemic:

Quatorzième Lettre	*Préface*
Mais on doit louer Dieu de ce qu'il a éclairé l'esprit du Roi par des lumières plus pures que celles de votre théologie... Il a arrêté, par la crainte de la rigueur de sa justice, ceux qui n'étaient pas arrêtés par la crainte de la justice de Dieu...	...l'innocence de mon ouvrage; les rois éclairés comme vous n'ont pas besoin qu'on leur marque ce qu'on souhaite; ils voient, comme Dieu, ce qu'il nous faut, et savent mieux que nous ce qu'ils nous doivent accorder.

It is generally accepted that Tartuffe's exposition of casuistry in Act IV, sc. v ('Selon divers besoins, il est une science' etc.) is taken from the seventh *Letter* ('Sachez donc que ce principe

---

[1] See Fray Luis de Granada, *Guía de Pecadores* (Madrid, Clásicos Castellanos, 1929), pp. 65, 129, 148, 199, 250, 254; *La Guide des pécheurs* Traduite de nouveau en français par Mr. Girard (Paris, MDCLXVIII), pp. 657, 659–60.

[2] Pascal, *Les Provinciales*, ed. L. Cognet, Paris, Garnier, 1965, e.g. pp. 216, 232, 252, 281, 293, 307, 371.

merveilleux est de *diriger l'intention* . . . mais, quand nous ne pouvons pas empêcher l'action, nous purifions au moins l'intention'). The ruination which Orgon has brought upon himself by his plans to 'faire des serments contre la vérité' is doubly ironic in the light of the ninth *Letter* and its 'mental restriction', 'fort commode en beaucoup de rencontres, et... très juste quand cela est nécessaire ou utile pour la santé, l'honneur ou le bien'. Patricia Topliss[3] draws a parallel between Tartuffe's 'Certain devoir pieux me demande là-haut' and the Jesuit's escape from an awkward question, at the end of the fourth *Letter*, when 'Madame la Maréchale de * * * et Madame la Marquise de * * * le demandaient'. Cléante's distinction, in Act I, sc. v of *Le Tartuffe*, between the genuinely pious, 'qui attachent leur haine au péché seulement', and the hypocrites with their 'sacrilège et trompeuse grimace', seems to owe something to the *Provinciales* generally, and in particular to the eleventh *Letter*:

Car, mes Pères, puisque vous m'obligez d'entrer en ce discours, je vous prie de considérer que, comme les vérités chrétiennes sont dignes d'amour et de respect, les erreurs qui leur sont contraires sont dignes de mépris et de haine, parce qu'il y a deux choses dans les vérités de notre religion: une beauté divine qui les rend aimables, et une sainte majesté qui les rend vénérables; et qu'il y a aussi deux choses dans les erreurs: l'impiété qui les rend horribles, et l'impertinence qui les rend ridicules. C'est pourquoi, comme les saints ont toujours pour la vérité ces deux sentiments d'amour et de crainte..., les saints ont aussi pour l'erreur ces deux sentiments de haine et de mépris, et leur zèle s'emploie également à repousser avec force la malice des impies, et à confondre avec risée leur égarement et leur folie.

Up to a point, Molière's protestations that he is not making fun of holy things have the same ring as Pascal's. They both jauntily deride their accusers' ferocity, and use their skill in denunciation and invective:

Douzième Lettre	*Premier Placet*
... vos écrits, où vous m'appelez *impie, bouffon, ignorant, farceur, imposteur, calomniateur, fourbe,*	... on voit un livre composé par le curé de *** ... ma comédie est diabolique, et diabolique mon cerveau;

[3] P. Topliss, *The Rhetoric of Pascal*, Leicester, Leicester University Press, 1966, p. 69.

*hérétique, calviniste déguisé, disciple
de Du Moulin, possédé d'une légion
de diables,* et tout ce qu'il vous plaît.

Quinzième Lettre

... fit un livre sanglant contre lui...
où il l'accusait... *de s'être rendu
scandaleux par ses galanteries, et
d'être suspect d'impiété, d'être hérétique, excommunié, et enfin digne du
feu...* On n'a qu'à répondre à
chacun de vous comme le Père
Capucin, *mentiris impudentissime.*
Car que répondrait-on autre chose,
quand votre Père Brisacier dit, par
exemple, que ceux contre qui il
écrit *sont des portes d'enfer, des pon-
tifes du diable, des gens déchus de la
foi, de l'espérance et de la charité, qui
bâtissent le trésor de l'Antéchrist?
Ce que je ne dis pas* (ajoute-t-il) *par
forme d'injure, mais par la force de
la vérité.* S'amuserait-on à prouver
qu'on n'est pas *porte d'enfer, et qu'on
ne bâtit pas le trésor de l'Antéchrist?*
Que doit-on répondre de même à
tous les discours vagues de cette
sorte, qui sont dans vos livres et dans
vos avertissements sur mes lettres?
Il n'y a que trop longtemps que vous
trompez le monde, et que vous
abusez de la créance qu'on avait à
vos impostures... Car quelle
innocence peut être si généralement
reconnue, qu'elle ne souffre quelque
atteinte par les impostures si hardies
d'une Compagnie répandue par toute
la terre, et qui sous des habits religieux, couvre des âmes si irréli-
gieuses, qu'ils commettent des crimes
tels que la calomnie, non pas contre
leurs maximes, mais selon leurs
propres maximes?

je suis un démon vêtu de chair et
habillé en homme, un libertin, un
impie digne d'un supplice exem-
plaire. Ce n'est pas assez que le feu
expie en public mon offense, j'en
serais quitte à trop bon marché; le
zèle charitable de ce galant homme
n'a garde de demeurer là; il ne veut
point que j'aie de miséricorde auprès
de Dieu; il veut absolument que je
sois damné, c'est une affaire résolue.

Préface

...et *Le Tartuffe,* dans leur bouche,
est une pièce qui offense la piété.
Elle est, d'un bout à l'autre, pleine
d'abominations, et l'on n'y trouve
rien qui ne mérite le feu. Toutes les
syllabes en sont impies; les gestes
mêmes y sont criminels; et le moindre coup d'œil, le moindre branle-
ment de tête, le moindre pas à droite
ou à gauche, y cachent des mystères
qu'ils trouvent moyen d'expliquer
à mon désavantage... Ils n'en
veulent point démordre, et, tous les
jours encore, ils font crier en public
par des zélés indiscrets, qui me disent
des injures pieusement, et me
damnent par charité.

Premier Placet

... j'avais eu, Sire, la pensée que je
ne rendrais pas un petit service à
tous les honnêtes gens... si je
faisais une comédie qui décrivît les
hypocrites, et mît en vue, comme il
faut, toutes les grimaces étudiées
de ces gens de bien à outrance, toutes
les friponneries de ces faux mon-
nayeurs en dévotion, qui veulent
attraper les hommes avec un zèle
contrefait et une charité sophisti-
quée.

Molière drew on the *Provinciales* for the hypocrisy scene in *Dom Juan*. The equivocation about duelling is almost the same in both texts:

Septième Lettre	Acte v, sc. iii
Si un gentilhomme qui est appelé en duel est connu pour n'être pas dévot, et que les péchés qu'on lui voit commettre à toute heure sans scrupule fassent aisément juger que, s'il refuse le duel, ce n'est pas par la crainte de Dieu mais par timidité… il peut, pour conserver son honneur, se trouver au lieu assigné, non pas véritablement avec l'intention expresse de se battre en duel, mais seulement avec celle de se défendre, si celui qui l'a appelé l'y vient attaquer injustement.	Vous ferez ce que vous voudrez; vous savez que je ne manque point de cœur, et que je sais me servir de mon épée quand il le faut. Je m'en vais passer tout à l'heure dans cette petite rue écartée qui mène au grand convent; mais je vous déclare, pour moi, que ce n'est point moi qui me veux battre: le Ciel m'en défend la pensée; et si vous m'attaquez, nous verrons ce qui en arrivera.

Even Sganarelle's reluctant connivance at his master's crimes ('la crainte en moi fait l'office du zèle, bride mes sentiments, et me réduit d'applaudir bien souvent à ce que mon âme déteste') has its equivalent in 'nos maximes touchant les valets' of the sixth *Letter*: '… la peine qu'ils ont, quand ils sont gens de conscience, à servir des maîtres débauchés; car s'ils ne font tous les messages où ils les emploient, ils perdent leur fortune; et s'ils leur obéissent, ils ont du scrupule.' The letter continues with a comic discussion about 'les valets qui se plaignent de leurs gages'.

In *Le Misanthrope* Molière still appears to be using the *Provinciales* as ammunition in his own battle against the would-be suppressors of *Le Tartuffe*. Alceste's involvement of all mankind in the wickedness of his hypocritical enemy has marked similarities to denunciations of clerical calumniators by Pascal's Capuchin monk:

Quinzième Lettre	Acte I, sc. i
Ce genre d'homme qui se rend insupportable à toute la chrétienté aspire, sous le prétexte de bonnes œuvres, aux grandeurs et à la domination, en détournant à leurs fins presque toutes les lois divines, humaines,	Au travers de son masque on voit à plein le traître; Partout il est connu pour ce qu'il peut être; Et ses roulements d'yeux et son ton radouci

positives et naturelles. Ils attirent, ou par leur doctrine, ou par crainte, ou par espérance, tous les grands de la terre, de l'autorité desquels ils abusent pour faire réussir leurs détestables intrigues. Mais leurs attentats, quoique si criminels, ne sont ni punis, ni arrêtés: ils sont récompensés au contraire, et ils les commettent avec la même hardiesse que s'ils rendaient un service à Dieu. Tout le monde le reconnaît, tout le monde en parle avec exécration; mais il y en a peu qui soient capables de s'opposer à une si puissante tyrannie. C'est ce que j'ai fait néanmoins. J'ai arrêté leur impudence, et je l'arrêterai encore par le même moyen.

N'imposent qu'à des gens qui ne sont
   point d'ici.
On sait que ce pied plat, digne qu'on
   le confonde,
Par de sales emplois s'est poussé
   dans le monde,
Et que par eux son sort de splendeur
   revêtu
Fait gronder le mérite et rougir la
   vertu.
Quelques titres honteux qu'en tous
   lieux on lui donne,
Son misérable honneur ne voit pour
   lui personne;
Nommez-le fourbe, infâme, et scélérat maudit,
Tout le monde en convient, et nul
   n'y contredit.
Cependant sa grimace est partout
   bienvenue:
On l'accueille, on lui rit, partout il
   s'insinue:
Et s'il est, par la brigue, un rang à
   disputer,
Sur le plus honnête homme on le
   voit l'emporter.
Têtebleu! ce me sont de mortelles
   blessures,
De voir qu'avec le vice on garde des
   mesures;
Et parfois il me prend des mouvements soudains
De fuir dans un désert l'approche des
   humains.

(If Alceste's speech is indeed derived from the monk in the *Provinciales*, then the desert to which he would flee certainly must contain suggestions of the Port-Royal solitaries, as well as of his own country estates.) The 'livre abominable' attributed to Alceste by his enemy has ample precedents in the *Provinciales*.[4] It is normally assumed, however, that this book refers to the

---

[4] Ed. cit., pp. 289–93, 302.

'livre terrible' which, according to Grimarest, the opponents of
Le Tartuffe ascribed to Molière himself. If this is so, and if L.-A.
Ménard was right in believing that the anti-Colbert *Dialogues*
and *Entretiens* which he published in 1883 were this 'livre
terrible', Molière could not have been unaware that some of his
contemporaries did link him with Pascal's battle against the
Jesuits. For whether or not Molière was (as Adam believes to be
the case) privy to the composition of the 'livre terrible', and
whether or not his associates such as Chapelle had a footing in
Jansenist circles, parts of Ménard's two volumes are patently
imitated from the *Provinciales*.[5]

There are various possible echoes of the *Provinciales* in plays
which appeared after *Le Misanthrope*. Since (as we shall see),
doctors of medicine and doctors of theology were sometimes
interchangeable in Molière's mind, Sganarelle's proverbial 'nous
avons changé tout cela' may conceivably have been suggested
by the theological transmogrifications which Pascal ridicules.[6]
Hali's debate, in *Le Sicilien*, about whether to avenge a slap on
the face by a duel, or, as he is advised, by murder, may come from
the seventh *Provinciale*.[7] Harpagon's 'refinements on the most
infamous subtleties ever invented by the most celebrated usurers'
would appear to have been inspired not only by *La Belle Plai-
deuse* of Boisrobert, but also by the *contrat Mohatra* of the eighth
Letter.[8] The catalogue of lawyers' names in Act II, sc. xi of
Monsieur de Pourceaugnac:

> Si vous consultez nos auteurs,
> Législateurs et glossateurs,
> Justinian, Papinian,
> Ulpian et Tribonian,
> Fernand, Rebuffe, Jean Imole,
> Paul, Castre, Julian, Barthole,
> Jason, Alcial et Cujas

[5] *Le Livre abominable de 1665 qui courait en manuscrit parmi le monde, sous le nom de Molière (Comédie politique en vers sur le procès de Fouquet)*, ed. L.-A. Ménard, Paris, 1883, I. 112; II. 4–10, 19–21, 29–32.

[6] *Le Médecin malgré lui*, II. iv; *Provinciales*, ed. cit., pp. 51, 90, 117, 170, 171, 172, 178, 191.

[7] *Le Sicilien*, sc. xii; *Provinciales*, ed. cit., p. 121.   [8] Ibid., pp. 139–40.

recalls Pascal's famous list and 'tous ces gens-là étaient-ils chrétiens?'. The Bourgeois Gentilhomme's father, who did not buy and sell cloth but very obligingly had it brought to his house in order that he could give it to his friends for money, has something in common with Pascal's casuists, to whom unpaid murder was not murder, and simony not simony provided that the money payment was purely incidental.[9] Finally, the Notary's speech in *Le Malade imaginaire* sounds like a summary of the whole Jesuit attitude as presented in the *Provinciales*, as well as of the passage about law:

Huitième Lettre

O mon Père! lui dis-je, je n'avais jamais ouï parler de cette voie d'acquérir, et je doute que la justice l'autorise et qu'elle prenne pour un juste titre l'assassinat, l'injustice et l'adultère. Je ne sais, dit le Père, ce que les livres du droit en disent; mais je sais bien que les nôtres, qui sont les véritables règles des consciences, parlent comme moi.

Acte I, sc. vii

Ce n'est point à des avocats qu'il faut aller, car ils sont d'ordinaire sévères là-dessus, et s'imaginent que c'est un grand crime que de disposer en fraude de la loi. Ce sont gens de difficultés, et qui sont fort ignorants des détours de la conscience. Il y a d'autres personnes à consulter, qui sont bien plus accommodantes, qui ont des expédients pour passer doucement par-dessus la loi, et rendre juste ce qui n'est pas permis; qui savent aplanir les difficultés d'une affaire, et trouver des moyens d'éluder la Coutume par quelque avantage indirect. Sans cela, où en serions-nous tous les jours? Il faut de la facilité dans les choses; autrement nous ne ferions rien, et je ne donnerais pas un sou de notre métier.

That Jansenist controversies were not utterly remote from Molière's mind when writing *Le Malade imaginaire* is, in any case, indicated by the connection between it and the *Arrêt burlesque* of Bernier and Boileau, in which Reason is banished from the Sorbonne 'à peine d'être déclarée Janséniste'.[10]

---

[9] *Provinciales*, pp. 96 ('*ceux qui tuent sans en recevoir aucun prix, mais seulement pour obliger leurs amis, ne sont pas appelés assassins*'), and 229–31.

[10] See *Le Malade imaginaire*, ed. P. H. Nurse, Oxford, O.U.P., 1965, pp. 12–18.

In *Le Siècle de Louis XIV*, Voltaire remarked that Molière's finest comedies were not more witty than the first *Provinciales*. Certainly, Pascal's whole theory of the comic, as well as various aspects of his comic technique, foreshadow Molière. Both, of course, shared in a common tradition: the fact that Nicole re-read Terence before embarking on his Latin translation of the *Provinciales* presumably indicates that Pascal had read him too; and the *Pensées* mention Scaramouche and the Doctor.[11] As W. G. Moore has reminded us, Pascal and Molière both share the view, already implicit in Montaigne, that men are not led by rational assessment, but by 'imagination', 'cette partie décevante de l'homme, cette maîtresse d'erreur et de fausseté'. Like Molière, Pascal sees folly as an inevitable part of the human predicament, and falsehood as the basis of society.[12] To Pascal, as to Molière, incongruity is a basis of humour:

> Car, qu'y a-t-il de plus propre à exciter à rire que de voir une chose aussi grave que la morale chrétienne remplie d'imaginations aussi grotesques que les vôtres? On conçoit une si haute attente de ces maximes, qu'on dit *que JÉSUS-CHRIST a lui-même révélées à des Pères de la Société, que*... lors, dis-je, qu'on entend ces décisions et autres semblables, il est impossible que cette surprise ne fasse rire, parce que rien n'y porte davantage qu'une disproportion surprenante entre ce qu'on attend et ce qu'on voit.[13]

Patricia Topliss has analysed in detail Pascal's manipulation of his Jesuit who, comic in his rigidity, is unaware that he is being duped, and—as Horace does to Arnolphe or Cléante to Harpagon—guilelessly confides to his opponent the most damning information.[14] Like Molière with his 'le pauvre homme' and 'sans dot', Pascal in the *Provinciales* achieves comic effect by repeating such phrases as 'diriger l'attention', 'nos vingt-quatre vieillards', or 'franchir le saut et passer outre'. Just as Élise in *La Critique de l'École des femmes* leads on her victims by mock ignorance and ironic espousal of their language and ideas, Montalte, on occasion,

---

[11] *Pensées et Opuscules*, ed. L. Brunschvicg, Paris, Hachette, 1912, no. 12; *Œuvres complètes*, ed. L. Lafuma (*l'Intégrale*), no. 581.

[12] Ibid., nos. 82, 100, 414; 44, 978, 412.

[13] *Provinciales*, ed. cit., pp. 199–200.   [14] Op. cit., pp. 60–88.

feigns approval of the Jesuit's extravagances.[15] And just as Dorante declares that 'il n'est pas incompatible qu'une personne soit ridicule en de certaines choses et honnête homme en d'autres', the Jesuit is a good man, apart from 'le respect qu'il a pour ses Pères, qui lui fait recevoir avec vénération tout ce qui vient de leur part'. Both authors assert that they attack vices, not individuals.[16] Molière's reasoners can never convert their interlocutors, and Pascal's Jesuits remain incorrigible: 'Et je souhaite, mes Pères, que je n'éprouve pas en vous la vérité de ces paroles des Proverbes: *Qu'il y a des personnes si peu raisonnables, qu'on n'en peut avoir de satisfaction, de quelque manière qu'on agisse avec eux, soit qu'on rie, soit qu'on se mette en colère.*' For, like Molière's, Pascal's comic figures have a concentrated ridiculousness, an irrepressible lunacy, an 'insigne extravagance', which flout reason.[17]

Laughter was justified, in Pascal's opinion, if it was a means of attacking falsehood. The qualities he finds most lacking in his Jesuit victims are sincerity and truth. Though it would be idle to mention Pascal in the context of Dom Garcie de Navarre's imprecations against fraud, perjury, treachery, imposture, insincerity, hellish malice, and diabolical deceit, the same lines, placed in Alceste's mouth, do have an almost Pascalian ring. And though Alceste's view of society as a pit (did Molière remember the Psalms?) of vice, treachery, and injustice cannot, at the most, be more than one aspect of Molière's own attitude, those who see tragic elements in his plays are in good company. Voltaire said of Alceste's 'Percé du coup mortel dont vous m'assassinez' that 'certainement, si toute la pièce de Molière était dans ce goût ce ne serait plus une comédie'; and Chateaubriand found it remarkable that 'le comique du *Tartuffe* et du *Misanthrope*, par son extrême profondeur et, si j'osais le dire, par sa *tristesse*, se rapproche beaucoup de la gravité tragique.'[18]

---

[15] *Provinciales*, ed. cit., p. 58.

[16] *L'Impromptu de Versailles*, sc. iv; *Provinciales*, ed. cit., pp. 205, 367.

[17] Ibid., pp. 18, 217, 310–11.

[18] *Préface* to *Nanine*; *Mélanges littéraires* (quoted in *Mémoires d'Outre-Tombe*, Paris, Pléiade, II. 1376).

But whatever the emphasis which may most properly be placed on the 'misère de l'homme sans Dieu' which undoubtedly forms part of the background to Molière's comedies, the mood of his plays is not that of Pascal's world, where sickness was a means to salvation, not a theme for farces, and human affection a false and guilty distraction from man's true end, which is God.[19] In spite of the bitterness apparent in the plays from *Le Tartuffe* onwards, there also remains the assertion that natural impulses are good, and that pleasure is both innocent and desirable, and that it is foolish to eschew it:

> Ne songeons qu'à nous réjouir:
> La grande affaire est le plaisir.[20]

The epicurean sentiments of the official court entertainments are, indeed, trite:

> Ne cherchons tous les jours qu'à nous plaire,
> Soyons-y l'un et l'autre empressés;
>   Du plaisir faisons notre affaire,
>   Des chagrins songeons à nous défaire:
> Il vient un temps où l'on en prend assez.[21]

They would nevertheless have seemed reprehensible to Pascal, who divided men into three sorts: 'les uns qui servent Dieu, l'ayant trouvé; les autres qui s'emploient à le chercher, ne l'ayant pas trouvé; les autres qui vivent sans le chercher ni l'avoir trouvé'.[22] Whatever religious yearnings the unknown private Molière may have had, it is assuredly into the third of Pascal's categories that the playwright and actor best fits.

It is difficult, and perhaps impossible, to assess how shocking Molière's irreligious jokes were in his own day to persons of moderate piety. If Pascal's joke about the Jesuit nicknamed *Ecce qui tollit peccata mundi* is anything to go by, standards of

---

[19] *Pensées et Opuscules*, ed. cit., 'Prière pour demander à Dieu le bon usage des maladies', and *Pensée* no. 471; *Œuvres complètes*, ed. cit., pp. 362–5 and no. 396.
[20] *Monsieur de Pourceaugnac*, III. viii. Cf. *L'École des femmes*, lines 603–4, 1526–7.
[21] *Pastorale comique*, sc. xv.
[22] *Pensées*, ed. cit., no. 257; *Œuvres complètes*, ed. cit., no. 160.

propriety in these matters were not excessively strict. Nevertheless, Molière's mockery in *Le Tartuffe* of Christian renunciation can hardly have been thought edifying, particularly since the same ideals, when laicized, are presented as admirable. For though Cléante sneers at the pious Orgon's inhuman sentiments, the sacrifice of wife, friends, family, yea, and one's own life also, in the service of Louis XIV was, apparently, something to be revered.[23] It can hardly have been a token of piety on Molière's part that the devout beggar in *Dom Juan*, whose daily round of prayer presumably included 'Give us this day our daily bread', should be compelled to admit that 'je n'ai pas un morceau de pain à me mettre sous les dents'.

Apart from Dom Louis and Done Elvire, it is the foolish or wicked characters in Molière who preach traditional catholic morals—Gorgibus with his *Sinners' Guide*, Arnolphe with his hell-fire for adulterous wives, Mme Pernelle, Orgon, Tartuffe, Arsinoé ('Dans tous les lieux dévots elle étale un grand zèle'), and Dom Juan himself in his counterfeit hypocrisy. As often as not, when Heaven is mentioned in the plays it is in a satirical or ludicrous context. George Dandin prays in vain for divine succour. M. Filerin of *L'Amour médecin* thanks Heaven for its perpetual and bounteous grace in providing profitable dupes for bickering quacks. There is no reason to doubt that it was not only doctors that Molière was sceptical of, and that though, in the event, he did not follow Pascal's example and mock the Sorbonne theologians,[24] he had for their doctrine much the same disrespect as Dom Juan and Béralde had for the Faculty of Medicine. Sganarelle's question to Dom Juan—'Vous êtes aussi impie en médecine?'—might justly, substituting religion for medicine, be addressed to Molière himself. There is, perhaps, a veiled avowal of his libertinage in the *Troisième Placet* to *Le Tartuffe*, where Molière ironically equates his 'reconciliation' with the *dévots* and his hoped-for reconciliation with the doctors, and gives jubilant thanks to the libidinous Louis 'le propre jour de la grande

[23] Last scene of *Le Tartuffe*, lines 1880–6.
[24] See *Le Malade imaginaire*, ed. P. H. Nurse, pp. 12–18, for the evidence about Molière's intention to write a comedy against the Doctors of Theology.

résurrection de *Tartuffe*, ressuscité par vos bontés'. But there is no mention of the resurrection of the dead in the sonnet to La Mothe Le Vayer on the death of his son. Though the son was an abbé, Molière attempts only to 'consoler un philosophe'. However, it would be unfair to regard Molière as a hypocrite himself because of his protestations that 'si l'on prend la peine d'examiner de bonne foi ma comédie, on verra sans doute que mes intentions y sont partout innocentes, et qu'elle ne tend nullement à jouer les choses que l'on doit révérer'. He was, after all, an actor by profession, not a martyr. Perhaps the remarkable thing is how outspoken he manages to be, given the obstacles.[25] And though, like Pascal, he enlists piety in defence of his laughter (*La Critique de l'École des femmes* is dedicated to the Queen Mother who 'ne dédaigne pas de rire de cette même bouche dont Elle prie si bien Dieu'), he does not actually claim, as Pascal in all sincerity did,[26] that his mockery of 'impostors' was itself holy.

With his scepticism, as with his cult of pleasure, Molière leads on to the Société du Temple and Voltaire. (Molière's friend Chapelle was the friend and poetic mentor of the abbé de Chaulieu, whom Voltaire in 1716 addressed as 'maître'.) In the sprightly, ironic style of Molière's prefaces, there is already an eighteenth-century flavour, and in his rebuttal of *bien pensant* attacks there is apparent his exhilarating conviction that 'les rieurs' were on his side. The inflexibly incorrigible characters in his plays are closed to the supernatural and the promptings of divine grace. Their imbecility derives, not from Providence or Destiny,[27] but from their own nature. It is this which determines Dom Juan: 'j'ai une pente naturelle à me laisser aller à tout ce qui m'attire.' Argante and Argan, on the other hand, being born good-natured, lack the

---

[25] Cf. *Les Amants magnifiques*, i. ii: 'Paix! impertinent que vous êtes. Ne savez-vous pas bien que l'astrologie est une affaire d'État, et qu'il ne faut point toucher à cette corde-là? Je vous l'ai dit plusieurs fois, vous vous émancipez trop, et vous prenez de certaines libertés qui vous joueront un mauvais tour: je vous en avertis; vous verrez qu'un de ces jours on vous donnera du pied au cul, et qu'on vous chassera comme un faquin. Taisez-vous, si vous êtes sage.'

[26] *Provinciales*, ed. cit., pp. 198–9.

[27] In *Les Fourberies de Scapin*, i. iv, Argante and Scapin both reject fatality and destiny as explanations of what happens when 'les jeunes gens sont jeunes'.

power to be really wicked, even when they will.[28] And just as the
eighteenth-century *philosophes* believed that men's actions could
be influenced by rewards, punishments, and social pressure, so
already, in Molière, it is only sticks or swords or prisons or
aristocratic privilege which can coerce the Sganarelles or Tartuffe
or George Dandin to do what is required of them.

But it is not solely as a free-thinking votary of Nature that
Molière prefigures the age of Louis XV. Hints of eighteenth-
century sentimentality are here and there discernible: the 'sweet
transports of rapture' which Dom Juan's loving parents will
enjoy at their son's pretended conversion; the lovesick melan-
cholia of the low-born warrior Sostrate in *Les Amants magnifiques*; or the lachrymose, *drame bourgeois* lines in *Mélicerte*.[29]
The seventeenth-century *bergeries* and royal entertainments
prelude the *fêtes galantes* of the succeeding era. There is already
a lightness and *exotisme* in *Le Sicilien*, and the Crébillon fils of
La Nuit et le moment is not far removed from:

> Il est, dans les affaires
> Des amoureux mystères,
> Certains petits moments
> Qui changent les plus fières
> Et font d'heureux amants.[30]

Chérubin is already implicit in Myrtil:

> Qui l'aurait jamais cru de ce petit pendart?
> Quel amour! quels transports! quels discours pour son âge![31]

What the abbé Delille was coyly to describe as 'l'intérêt des
premières amours' is also present in *Amphitryon*. Valmont, of
course, is a direct descendant of Dom Juan:

> On goûte une douceur extrême . . . à combattre par des transports,
> par des larmes et des soupirs, l'innocente pudeur d'une âme qui a
> peine à rendre les armes, à forcer pied à pied toutes les petites résis-
> tances qu'elle nous oppose, à vaincre les scrupules...

[28] *Les Fourberies de Scapin*, I. iv; *Le Malade imaginaire*, I. v.
[29] *Mélicerte*, II. v. 525–46.
[30] *Les Amants magnifiques*, Intermède III, sc. ii.   [31] *Mélicerte*, II. v.

The things which thrill Octave are unbelievably eighteenth-century:

> ...elle n'avait pour habillement qu'une méchante petite jupe avec des brassières de nuit qui étaient de simple futaine; et sa coiffure était une cornette jaune, retroussée au haut de sa tête, qui laissait tomber en désordre ses cheveux sur ses épaules; et cependant, faite comme cela, elle brillait de mille attraits, et ce n'était qu'agréments et que charmes que toute sa personne... Ses larmes n'étaient point de ces larmes désagréables qui défigurent un visage; elle avait à pleurer une grâce touchante, et sa douleur était la plus belle du monde... elle faisait fondre chacun en larmes, en se jetant amoureusement sur le corps de cette mourante, qu'elle appelait sa chère mère; et il n'y avait personne qui n'eût l'âme percée de voir un si bon naturel.[32]

The restlessness of the rococo quest for satisfaction is anticipated in *La Gloire du Val-de-Grâce*:

> Et de nos courtisans les plus légers d'étude
> Elle a pour quelque temps fixé l'inquiétude.

In Dom Juan's unassuageable urge to conquer, and in his rejection of powers greater than himself, we can already see Diderot's atheist exultation in human energy, even when it is expressed in crime. The gap between Molière and the Age of Enlightenment is narrow. *La Comtesse d'Escarbagnas* was written for the marriage of Philippe d'Orléans, father of the Regent who was born the year after Molière's death, and less than eight decades before Philippe Égalité.

But, notwithstanding his unshakeable conviction that 'il ne faut aimer que Dieu, et ne haïr que soi', Pascal, too, is a 'pre-Enlightenment' figure. Aware that 'le monde devient méfiant et ne croit les choses que quand il les voit', and a conscious master of the art of propaganda,[33] he too points the way to some aspects of Voltaire. It is in Voltaire, not Molière, that we must look for a parallel to the ferocious artistry with which Pascal consigns his clerical victims 'à être fouettés, mes Révérends Pères, *flagellentur*'. Indeed, as far as attacks on Jesuits are concerned, Pascal is even

---

[32] *Les Fourberies de Scapin*, I. ii. The scene is, however, borrowed from Terence's *Phormio*.

[33] *Provinciales*, ed. cit., pp. lxix, 8.

more Voltairian than Voltaire: when, in 1764, political Jansenism at last had its revenge, and Voltaire was pushing the sales of D'Alembert's 'excellent livre intitulé *Sur la destruction des Jésuites en France*', he almost shows a touch of sympathy for them which one would seek in vain in the *Provinciales*.[34] The *Provinciales* are full of 'Voltairian' touches: the ironic short sentences, the ludicrous quotations from the enemy priests, the reductions to absurdity. Notwithstanding his sacred cause, the validity of which God had proved to him by the Miracle of the Holy Thorn, Pascal, like Voltaire, conjures up the most hilariously irreverent extravagances: the Jesuit who wanted even the brute beasts to be made priests in order to ensure a multiplicity of masses; the recipe for hearing mass in a split second; or 'Le Paradis ouvert à Philagie par cent dévotions à la Mère de Dieu, aisées à pratiquer', any one of which will suffice. And like Voltaire, Pascal can comb religious writings to regale his reader with bawdy innuendo: 'En quelles occasions un religieux peut-il quitter son habit sans encourir l'excommunication', or the shared ownership of virginities, or the absolution of fortnightly fornicators 'qui ne puissent se séparer sans grand inconvénient et dommage'.[35] Above all, there is Pascal the scientist, with his stress on fact and evidence, and his free, independent judgement, and his rejection of blind faith in human authority:

Les choses de fait ne se prouvent que par les sens. Si ce que vous soutenez est véritable, montrez-le; sinon ne sollicitez personne pour le faire croire; ce serait inutilement. Toutes les puissances du monde ne peuvent par autorité persuader un point de fait, non plus que le changer; car il n'y a rien qui puisse faire que ce qui est ne soit pas.[36]

It is because Pascal is in so many ways so close to him, and provided him with a model[37] for anti-clerical propaganda, that

[34] Voltaire, *Mélanges*, ed. J. van den Heuvel, Paris, Pléiade, 1961, pp. 647, 723.
[35] *Provinciales*, ed. cit., pp. 146, 166, 180–1.
[36] Ibid., pp. 376–7; cf. pp. 377–8, 387.
[37] In the *Suite et conclusion* to his *Traité sur la tolérance*, Voltaire remarked: 'Les huit juges de Toulouse peuvent faire brûler mon livre, s'il est bon; il n'y a rien de plus aisé: on a bien brûlé les *Lettres provinciales*, qui valaient sans doute beaucoup mieux; chacun peut brûler chez lui les livres et papiers qui lui déplaisent' (*Mélanges*, ed. cit., p. 645).

Voltaire cannot forgive Pascal the apologist. Yet Voltaire also fought for the true religion, as he saw it, deriding everything in the scientific thought of his age which conflicted with his passionate faith in the Creator and Sustainer of the universe.[38] In refusing to use the marvels of Nature as proof of God,[39] Pascal appears the more modern of the two. There is a touch of Moliéresque ludicrousness about the sceptic Voltaire who, fanatically certain that God Alone Knows, regarded even the human digestive system as an impenetrable secret of the Deity, and considered destruction by fire and brimstone a condign fate for inquisitive vulcanologists:

La raison te conduit: avance à sa lumière;
Marche encor quelques pas, mais borne ta carrière.
Au bord de l'infini ton cours doit s'arrêter;
Là commence un abîme, il le faut respecter.

. . . .

Pour découvrir un peu ce qui se passe en moi,
Je m'en vais consulter le médecin du roi;
Sans doute il en sait plus que ses doctes confrères.
Je veux savoir de lui par quels secrets mystères
Ce pain, cet aliment dans mon corps digéré
Se transforme en un lait doucement préparé;
Comment, toujours filtré dans ses routes certaines,
En longs ruisseaux de pourpre il court enfler mes veines.

. . . .

Il lève au ciel les yeux, il s'incline, il s'écrie:
'Demandez-le à ce Dieu, qui nous donna la vie.'

. . . .

Je n'imiterai point ce malheureux savant
Qui, des feux de l'Etna scrutateur imprudent,
Marchant sur des monceaux de bitume et de cendre,
Fut consumé du feu qu'il cherchait à comprendre.[40]

[38] See Jacques Roger, *Les Sciences de la vie dans la pensée française du XVIIIe siècle*, Paris, Armand Colin, 1963, p. 748.

[39] *Pensées*, ed. cit., no. 242; *Œuvres complètes*, ed. cit., no. 781.

[40] *Discours en vers sur l'homme. Quatrième discours* (written 1738) (*Mélanges*, ed. cit., pp. 224–5). Cf. La Fontaine's own note to *Fables*, IX, xii: 'Empédocle était un philosophe ancien, qui ne pouvant comprendre les merveilles du mont Etna, se jeta dedans par une vanité ridicule . . .'

It is erroneous to interpret the authors of one age in the light of what their statements would have meant a generation or so later. Pascal's professions of belief in Church and Scripture are wholly un-Voltairian and completely sincere. The valet Sganarelle, weeping at his ignominy in having to serve a 'grand seigneur méchant homme', clearly has not, in 1665, the significance of Figaro. Cléonte's proud refusal to claim noble status[41] is different from Rousseau's bitter championship of 'ce qu'en certains pays on ose appeler le Tiers État'. And though the Molière who tried to use the Enlightened King against the clerical party would surely have sided with those eighteenth-century *philosophes* who wished to do likewise, he was patently not aiming, as they were, at the transformation of society. Nevertheless, as far as patterns of development in the history of literature and ideas are concerned, Pascal and Molière both, in various ways, prefigure the *Siècle des Lumières*.

RICHARD FARGHER

[41] *Le Bourgeois gentilhomme*, III. xii.

18. Anouilh and Molière

THERE was a time when Molière's memory was kept alive within the theatre not only by the frequency of performance of his plays, impressive though this has always been, but also by the creative efforts of successive generations of playwrights. Their homage traditionally took two forms. One, of course, was the imitation of the kind of comedy which Molière himself had perfected; the other was the sort of biographical sketch which presented a dramatized version of an episode or episodes from the life of a great author of the past. During the period in which this curious minor genre flourished, Molière's personality and career were brought before the public in this way far more frequently than any other writer's—indeed, almost as often as those of all other seventeenth-century writers put together.[1]

From the early nineteenth century onwards Molière continued to be esteemed, but without being so closely imitated. After Picard, who was no doubt the last playwright deliberately to model himself on the 'haute comédie' of the pre-Revolutionary era, only Labiche suggests anything resembling the manner of the master. And while the social comedy of the Second Empire certainly owes something (even if only in *Le Gendre de Monsieur Poirier*) to Molière's influence, it owes much more to the *comédie de mœurs* of Dancourt and others.

Although a wide spectrum of twentieth-century dramatists have continued to acknowledge Molière as one of the essential influences which shaped and determined their careers, these authors have for the most part, like Hugo and his contemporaries of a century earlier, admired without imitating. Tangible evidence of real imitation is rare. Courteline's *La Conversion d'Alceste* (1905) merely takes Molière's play as the starting-point for a

---

[1] See E. H. Kadler, *Literary Figures in French Drama (1784–1834)*, The Hague, Nijhoff, 1969, chap. II and Appendix i.

'sequel' typical of 'la comédie rosse', and while Romains's *Knock ou le Triomphe de la médecine* (1923) can be seen in one sense as combining the themes of *Dom Juan* and *Le Malade imaginaire*, the play bears a much stronger imprint of the author's own 'unanimiste' ideology; however, the portrayal of the comic hero, the 'monomaniac' Bruno, in Crommelynck's *Le Cocu magnifique* (1920) shows that this play has taken much more than its title from Molière's series of studies in jealousy which begins with *Sganarelle ou le Cocu imaginaire*. In addition to these isolated examples, the Don Juan theme has of course attracted a number of modern playwrights; in the case of both Obey's *L'Homme de cendres* (1949) and Montherlant's *Don Juan* (1958), however, almost as much as with the earlier plays of Bataille (*L'Homme à la rose*, 1920) and Lenormand (*L'Homme et ses fantômes*, 1925), it seems certain that it was the universal legend, rather than Molière's particular dramatic embodiment of it, which provided the essential inspiration. The same is true of Giraudoux's *Amphitryon 38* (1929); but we must not overlook the much more real debt to Molière in the latter's *Impromptu de Paris* (1937), as well as in Ionesco's *Impromptu de l'Alma* (1956). These two plays provide an intriguing contrast, since although the genuine 'conversation-piece' atmosphere of the former seems at first sight more faithful to the manner, as well as to the setting, of the original *Impromptu*, it is perhaps Ionesco's dialogue, modelled on scenes from *Le Bourgeois gentilhomme* and *Le Malade imaginaire*, which comes nearer, despite the greater element of fantasy that it contains, to capturing the flavour of Molière's comic writing.

Interesting though some of these cases are, the tally would be meagre indeed were it not for one contemporary dramatist who in his own writing has repeatedly sought inspiration in works of Molière's—whose recent career, indeed, shows a constant preoccupation with Molière the playwright and the man. In his *Ornifle* (1955) Jean Anouilh not only created the most imaginative reconstruction there has yet been of Molière's *Dom Juan*, but wrote one of the most distinguished of his own comedies into the bargain. In *La Petite Molière* (1959) he successfully revitalized the somewhat over-academic biographical sketch, in order to pay homage to the master and make an interesting individual statement about his personality. His challenging and controversial production of *Tartuffe* at the Comédie des Champs-Élysées in 1960 was accompanied by his own one-act *Songe du critique*, a light-hearted contribution to the genre created by *La Critique de l'École des femmes*; while even *La Répétition* (1950) has been seen as containing 'elements of *L'Impromptu de Versailles*'.[2] As early as *Le Bal des voleurs* (1932) Anouilh's borrowing of the label 'comédie-ballet' could be said to assert some sort of relationship with Molière; though a far deeper and more thought-provoking relationship is suggested by the sub-title of *L'Hurluberlu ou le Réactionnaire amoureux* (1958).

It is evident from those of his non-dramatic writings which concern Molière[3] that Anouilh tends to identify the author of *Le Misanthrope* with his own 'grinçant' view of the world: '... Un animal inconsolable et gai: jamais, en voulant définir l'homme, personne n'a trouvé deux mots plus justes pour définir Molière.'[4] And no doubt, if the playwright's private life was as full of humiliations and betrayals in reality as it is portrayed as being in the anecdotal 'Aujourd'hui 17 février mort de Molière', there was abundant justification for a view of life in which the 'rose' sometimes gave way to the 'noir'. This is a somewhat conventional exercise in near-hagiography, largely based on anecdotes from Grimarest; in spite of an imaginative effort to look at Molière through the eyes of a devoted contemporary, and the effective use of stylistic features such as the 'style indirect libre' to render the dying man's thoughts, the piece is too self-conscious to be really successful.

The same sort of material is used much more creatively, however, in *La Petite Molière*.[5] If the reader still has a certain feeling

---

[2] D. Knowles, *French Drama of the Inter-War Years*, London, Harrap, 1967, p. 174.

[3] P. Vandromme, *Un Auteur et ses personnages: Essai suivi d'un recueil de textes critiques de Jean Anouilh*, Paris, La Table Ronde, 1965, contains the following: 'Présence de Molière' (pp. 139–43), 'Aujourd'hui 17 février mort de Molière' (pp. 145–61), 'Tartuffe' (pp. 163–5).

[4] Ibid., p. 140.

[5] The text of this play is to be found in *L'Avant-scène*, no. 210, 1959.

of *déjà lu*, what matters is that Anouilh has made a living character out of his Molière. It is no longer a case of a flat stereotype being placed against a more convincing, because more ambiguous, background: now the ambiguity has passed into the central character himself, who, far from being an idealized *souffre-douleur*, has become a very human compound of good and bad, in whom jealousy and vanity are just as prominent as courage and generosity; who becomes a successful comic actor almost by accident; and whose strengths as a writer derive from his weaknesses as a man. If the text is peppered with quotations from Molière—for instance, 'Le petit chat est mort', 'Je te la donne pour l'amour de l'humanité', and 'Je ne suis pas bon. Je suis méchant quand je veux' all appear, more or less spontaneously, as part of the dialogue—we also constantly recognize traits with which we are familiar from Anouilh's own plays. Not only in Molière himself, but also in other characters: Du Parc, for example, reminds us of the ignoble third-rate *comédiens* of *La Sauvage* or *Eurydice*, while a stage direction describes Armande as 'dure comme un petit soldat au combat'.[6] Anouilh's Molière, as he breaks with Madeleine and his past to marry Armande:

> Mais cette facilité, ce n'était pas non plus la vie... la vraie vie. Il y a un moment où il faut, dans la vie d'un homme, qu'un petit être neuf lui apporte... Je ne sais pas, moi... C'est trop vite. Je me noie aussi...

recalls the theme of the 'second chance' which provided the motive force of so many early Anouilh plays. But this is a second chance which ends neither *en rose* (as in *Le Rendez-vous de Senlis* or *Le Voyageur sans bagage*) nor in the sort of disaster which befalls the Count and Lucile in *La Répétition*. *La Petite Molière* is neither a 'pièce rose' nor a 'pièce noire'; it suggests rather the *grisaille* of life itself. As an essay in serious biography it would rightly be criticized as too speculative by far; yet in its basic respect for its subject, in the imaginative creation of a rounded character, not only self-consistent but also consistent with an

---

[6] Cf. the development of the 'petit soldat' image applied to Eurydice by Orphée (*Pièces noires*, Paris, Calmann-Lévy, 1942, p. 432) and to Médée by Jason (*Nouvelles Pièces noires*, Paris, La Table Ronde, 1946, pp. 390–1).

authentic background (which, despite its Anouilh echoes, is very largely drawn from documentary sources), this play stands apart from Anouilh's other plays on historical subjects. For *L'Alouette* and *Becket* transform the central historical characters into familiar Anouilh heroes and heroines, while *La Foire d'empoigne* is a mere charade; in *La Petite Molière*, however, the historical subject has for once not been used as a peg to hang a thesis on, and the central character is built up inductively, not presented in a predetermined, *a priori* manner. There are none of the flashbacks by which, in both *L'Alouette* and *Becket*, Anouilh deliberately distorts the historical perspective. *La Petite Molière* presents Molière's career as a series of episodes in proper chronological order, and although the extremely disjointed structure of the play must pose considerable technical problems for a producer (it was originally conceived as a film-script), this feature perhaps helps rather than hinders the impression we have of history in the making, as the outcome of a complex pattern of cause and effect. And as a statement in dramatic form about Molière, the author's sincerity of purpose gives it a conviction which is lacking from a good many more academic biographies. Molière is neither sanctified nor guyed; and the figure which emerges is sympathetic because very human.[7]

Anouilh's view of Molière the man is closely related to his view of the plays. 'Molière', he says in 'Présence de Molière'—a valuable statement of a point of view, in spite of some characteristic exaggeration and paradox—'dans un moule de comédie raisonnable, a écrit le théâtre le plus noir de la littérature de tous les temps'; and again:

Molière a épinglé l'animal-homme comme un insecte, et avec une pince délicate, il fait jouer ses réflexes. Et l'insecte-homme n'en a qu'un, toujours le même, qui fait tressaillir sa maigre patte, au moindre

---

[7] The success of Anouilh's undertaking can be measured by comparing *La Petite Molière* with the very similar *Monsieur et Madame Molière* by Jacques Chabannes (performed at the Théâtre des Hauts-de-Seine in 1967, and published in *L'Avant-scène*, no. 408, Aug. 1968). The fidelity to documentary sources is much more laboured in Chabannes's play; the dialogue is flatter and more banal; and the figure of Molière which emerges carries much less conviction.

attouchement: celui de l'égoïsme... Qui donc est bon chez Molière?
Qui aime? Qui donne à un autre qu'à lui?

His comment on Dom Juan may be deliberately provocative, but
it contains a perceptive comment on what sets the character apart
from Molière's other creations:

> Seul peut-être le plus horrible d'entre eux, dont nous n'avons pas
> envie de rire et qui rejoint la grandeur shakespearienne, seul Don
> Juan... est presque innocent et sympathique. Son cas à lui relève
> de Dieu.

As regards these others, Anouilh's conclusion likewise expresses
in a nutshell that blend of serious and comic—of *rose* and *noir*,
we might say—which forms the essential quality of Molière's
theatre:

> Mais le cas de l'homme qui a réussi seulement à déchaîner ce rire
> énorme, ce rire heureux, sans grincement, ce rire innocent devant son
> absurdité, sa petitesse et sa laideur, de qui relève-t-il? De l'homme,
> son frère, qui le pèse, le jauge, éclate de rire, et lui tend tout de même
> la main.
> Quelle acceptation, dans ce rire viril et tendre, et quel pardon!
> Nous pouvons nous blesser, nous trahir, nous massacrer sous des
> prétextes plus ou moins nobles, nous enfler de grandeurs supposées:
> nous sommes drôles. Pas autre chose, tout autant que nous sommes,
> y compris ceux que nous appelons nos héros.[8]

In one sense, Anouilh's own *Dom Juan* may be said to be
'demythologized', in that the central character of *Ornifle* completely lacks that metaphysical dimension which its author
ascribes to Molière's hero in the passage just quoted. But if we
take 'myth' in its wider sense, as the adoption of a ready-made
legend, whether ancient or modern, to give an extra meaning,
a quality of timelessness, to a play about our own world, *Ornifle*
deserves to stand alongside Anouilh's plays on more obviously
mythological subjects, *Eurydice*, *Antigone*, and *Médée*. As in
Eurydice, the legend is up-dated and given a consistent and self-

---

[8] Vandromme, op. cit., pp. 141–2. 'Présence de Molière' was originally written
as a speech to be delivered at the Comédie-Française in 1959, on the occasion of
the annual ceremony to mark the anniversary of Molière's birth.

sufficient modern setting, but *Ornifle* is perhaps nearer in spirit to the two later plays of this trio, in that Anouilh had a specific dramatic source in mind, not merely a universal legend. Even more than is the case with Sophocles' *Antigone* or the *Medea* of Euripides and Seneca in relation to earlier works, a knowledge of Molière's *Dom Juan* is essential to a full understanding of Anouilh's play.

It is not merely a question of the closeness of verbal parallels: indeed, when we meet a phrase like Ornifle's 'Je crois que deux et deux ne font pas quatre et que quatre et quatre ne font pas huit' (p. 290),[9] however apt in the context, it is likely to produce an unfortunate impression of parody. Throughout, however, theme and situation are sufficiently close to those of the original play for discreeter echoes of Molière's text to acquire a powerful resonance. Thus, when Ornifle says to his secretary: 'Laissez donc le Ciel tranquille, Supo. Je m'arrangerai avec lui' (p. 294); or to his wife: 'Je connais le Ciel. Il tient certainement en réserve mon châtiment. Il astique patiemment son coup de foudre...' (p. 271), we are inevitably reminded of Dom Juan's 'Va, c'est une affaire entre le Ciel et moi, et nous la démêlerons bien ensemble' (i. ii) and 'Va, va, le Ciel n'est pas si exact que tu penses' (v. iv). Like several of Anouilh's aristocrats, Ornifle has made an apparently successful 'mariage de raison', but Ariane's position has enough in common with Elvire's for his 'Vous êtes très belle ce soir... Frappez donc à ma porte en rentrant et réveillez-moi ...' (p. 277) suggestively to recall Dom Juan's 'Madame, vous me ferez plaisir de demeurer ici...' (iv. vi). If Ornifle's crowning hypocrisy is quite different in kind from Dom Juan's (in fact, it is a cold-blooded plan to seduce his son's fiancée), nevertheless Mlle Supo's 'Hypocrite! Je vous aimais mieux cynique comme avant' (p. 364) acquires its full significance only by reference to Sganarelle's 'O Ciel! qu'entends-je ici? Il ne vous manque plus que d'être hypocrite pour vous achever de tous points, et voilà le comble des abominations' (v. ii).

Characters are no slavish copies; indeed, they present a fascinating *chassé-croisé* of attitudes and relationships when seen in terms

[9] Page references are to *Pièces grinçantes*, Paris, La Table Ronde, 1956.

of a comparison with Molière's originals. Thus Ariane obviously replaces Elvire, but she also assumes some of the functions of Sganarelle and of Dom Louis; Machetu reminds us now of M. Dimanche, now of Sganarelle; and Mlle Supo, who comes nearest to representing Sganarelle, is compared (in a stage direction, p. 277) to the statue of the Commander. When Fabrice and his fiancée arouse Ornifle's jealousy this puts us in mind of Dom Juan at the end of Act I, scene ii ('La personne dont je te parle est une jeune fiancée...'), while in his treatment of the young lovers Ornifle adopts the same sort of cat-and-mouse tactics that Dom Juan uses towards the peasants in Act II; yet in another sense Fabrice, with his mission to kill his father and avenge his mother's honour, is clearly inspired by Molière's Dom Carlos. The construction of Anouilh's play reproduces Molière's rapid alternation of contrasting moods; and the dénouement—rationalized inasmuch as the 'courant d'air' of Anouilh's sub-title is substituted for the 'festin de pierre' of Molière's—retains the enigmatic character of its counterpart in the original. Altogether, *Ornifle* shows a truly Classical approach to the problem of 'creative imitation'. The author's imagination works freely within a framework prescribed by the original; and while it remains very much a play in Anouilh's own manner, the *points de repère* are sufficiently numerous, and sufficiently striking, to make of it probably the most stimulating of all the attempts there have been since Molière's time to transpose one of his plays into another idiom.

Anouilh's production of *Tartuffe*—by general agreement, the most distinguished of the three *Tartuffes* being performed in Paris at the time, and one of the big successes of the 1960–1 season[10]—brought off a different sort of transposition. While scrupulously respecting Molière's text, Anouilh nevertheless achieved the *tour de force* of assimilating the play into his own 'univers imaginaire': a natural continuation, as it were, of *Ornifle* or *Pauvre Bitos*. The most striking feature was of course the *fin de siècle* setting,

[10] I am grateful to the administration of the Comédie des Champs-Élysées for kindly placing at my disposal their substantial dossier of press-cuttings relating to this production.

which reproduced the atmosphere of plays like *Ardèle* or *La Valse des toréadors*. Valère became a *polytechnicien*, Cléante a retired army officer; and spectators were offered 'un Tartuffe à faux-col 1900 et un Orgon en gibus'.[11] According to François Périer, who played Tartuffe, '[Anouilh] prétend que les costumes du temps éloignent les spectateurs de l'action et la leur rendent difficilement assimilable. Il a donc imaginé un jeu d'équivalences... Anouilh [a choisi] non point notre époque mais la fin du XIXᵉ, plus proche peut-être du XVIIᵉ que de l'époque actuelle, notamment pour tout ce qui touche à l'autorité paternelle.'[12] The following commentary by the producer himself may be seen as an attempt to rationalize this arbitrary shift in the setting of the play:

[Molière] avait eu la sagesse de comprendre qu'on ne peut traduire la vérité mouvante de la vie qu'à travers un jeu de conventions. Pas les conventions plates de notre petite existence de tous les jours, qui n'ont aucune valeur théâtrale..., mais les conventions idéales de l'Art... L'homme ne peut connaître la vraie vie, qui est informe, qu'en lui donnant une forme. L'art du théâtre est de lui en donner une, aussi fausse, aussi arbitraire que possible et de faire plus vrai que le vrai.[13]

To judge from the predominantly favourable reactions of reviewers, this device was justified. Although one or two commentators saw it as a gratuitous example of insensitivity:

Cette déformation du jugement, qui fleurit au cinéma, avance quelques poussées au théâtre. Il y a pourtant dans ce milieu des gens cultivés qui savent qu'en déplaçant une œuvre dans le temps, on la dénature et on en fait une autre chose, à laquelle, en stricte probité, il conviendrait de donner un autre état-civil...[14]

for the most part it was warmly welcomed:

Ce spectacle m'apparaît même comme un modèle de ce que devraient être les mises à jour du répertoire: la révélation d'un auteur ancien par un auteur d'aujourd'hui qui soit de sa taille et dont la vision soit assez puissante pour donner, comme par stéréoscopie, un relief nouveau au vieux modèle.[15]

---

11 *Les Nouveaux Jours*, 11 Nov. 1960.
12 Interview in *Nouvelles littéraires*, 10 Nov. 1960.
13 *Carrefour*, 1 Mar. 1961.   14 *Les Nouveaux Jours*, 11 Nov. 1960.
15 B. Poirot-Delpech in *Le Monde*, 16 Nov. 1960.

Rien de tout cela n'est gênant et cela met utilement en relief une certaine permanence de l'hypocrisie bourgeoise à travers les siècles.[16] Remonter ainsi du xviie siècle à la fin du xixe..., faire d'Orgon et d'Elmire les piètres héros de Becque..., rien n'est plus raisonnable: les cervelles ne se sont point usées en deux siècles, et tout demeure immobile, et l'hypocrisie a la même figure. Bref, le xixe siècle est aussi loin de nous que le xviie.[17]

But the transposition from Grand Siècle to Belle Époque was only effected at a certain cost. While a new light was thrown in this way on *Tartuffe* as a social satire, on the other hand it was generally agreed that the theme of specifically *religious* hypocrisy tended to be neglected: 'à la cabale des dévots succède l'affaire Dreyfus';[18] and as more than one critic observed, 'ce n'est pas tellement *Tartuffe* qu'on joue mais *La Famille Orgon*'.[19] However, even if Tartuffe himself, instead of being 'un fourbe ventru qui fait rire',[20] was played as 'un honnête jeune homme aux dents longues, à la mine modeste et fausse, au teint fleuri mais pas trop';[21] and if Anouilh's production did emphasize 'le pouvoir d'érotisation, d'envoûtement que le faux dévot exerce sur le pieux Orgon',[22] and make of the bigoted paterfamilias the focal point of the play: 'Orgon, cet idiot lugubre, infatué de soi..., est le dangereux imbécile, l'égoïste paradant, le plus sinistre personnage de la comédie, le plus coupable aussi...',[23] this is arguably a reading of the text very much in line with Molière's own approach to his characters, and the sort of interpretation represented by this comment of a German reviewer seems entirely justified:

Die Hauptrolle spielt aber Orgon. Vor ihm — gesteht Anouilh — habe er von jeher grössere Angst gehabt als vor Tartuffe. Denn nicht Leute wie Tartuffe bilden die Masse: die Orgons sind es, die gleich zu Tausenden den Heuchlern ins Netz gehen, die biederen Bürger mit dem Embonpoint, denen nichts ehrenrühriges nachzusagen ist, die

---

[16] R. Kanters in *L'Express*, 17 Nov. 1960.   [17] *Arts*, 23 Nov. 1960.
[18] *Paris-Normandie*, 2 Dec. 1960.   [19] *Tribune des Nations*, 25 Nov. 1960.
[20] *Journal du dimanche*, 20 Nov. 1960.
[21] J.-C. Dumoulin in *Libération*, 16 Nov. 1960.
[22] *Officiel des Spectacles*, 8 Feb. 1961.   [23] *Arts*, 23 Nov. 1960.

aber ihre Familie und — ins Grösse gewendet — ein Volk zugrunde richten, bläst nur der Verführer schmeichlerisch genug die Schalmei.[24]

It may seem from this sort of commentary that Anouilh's version of *Tartuffe* must have been unduly sombre; indeed, this same review concludes: 'Man lacht viel über Anouilhs Inszenierung, aber insgeheim würde er sie sicher unter seine *Pièces noires* einreihen.' However, while contemporary comments on the whole tended to dwell on the 'côté drame bourgeois' of the production—several making comparisons with Becque, and others referring to 'un drame balzacien'[25] or 'un climat à la Julien Sorel',[26] and finding analogies with Mirbeau, Bourget, or Huysmans[27]—there were others for whom the most obvious analogues were Labiche or Feydeau:

> Lorsqu'un quinquagénaire barbu, inspiré des dessins de l'Assiette au Beurre, surgit de dessous une table pour prendre son épouse en flagrant délit, on songe irrésistiblement à Labiche, à une scène de *Si jamais j'te pince*...[28]

But dare one suggest that, *mutatis mutandis*, such a reaction is not so very different from what those first audiences of 1669 must have felt? For if, as has been said, we should be thankful that the mature Molière was able to write something with more to it than a mere 'Mascarille fourbe et Sganarelle dévot', surely no scene can have come nearer to reminding contemporary playgoers of his popular origins than Act iv, scene vii of *Tartuffe*.

At any rate it seems to have been Anouilh himself, in *Le Songe du critique*, who first suggested the comparison both with Labiche and with Julien Sorel. Indeed, it is quite remarkable how the text of this little piece anticipates the actual comments of the reviewers (for, unlike Molière with *L'École des femmes*, Anouilh played his one-act 'Critique' alongside the play on which it serves as a commentary from the very first performance onwards). Those columnists who saw *Le Songe* as a waspish

[24] K. Geitel in *Die Welt*, Berlin, 25 Mar. 1961.
[25] F. Périer, quoted in *Le Figaro*, 13 Nov. 1960.
[26] J. Le Poulain, quoted in *Nouvelles littéraires*, 10 Nov. 1960.
[27] G. Lerminier in *Le Parisien libéré*, 19 Nov. 1960.
[28] M. Favalelli in *Paris-Presse*, 16 Nov. 1960.

attack on the whole critical *confrérie* in Paris—the more gratuitous since, as one of them remarked, Anouilh could scarcely complain of the treatment he had always received at their hands—surely missed the point. It is true that Anouilh does take the opportunity to lampoon the partisans of 'le brechtisme' and 'la littérature engagée'—and equally true that some of his most felicitous phrases:

> La théorie de la distantiation brechtienne est à la base — c'est maintenant une notion que personne ne discute plus — de l'émancipation totale du théâtre contemporain. Existe-t-il, même informulée, même à l'état larvaire, une formule de distantiation moliéresque?

are a brilliant parody of the style of *academic* critics; but more important is the fact that beneath the satire and the parody, this little text does an excellent job of work in putting forward a sincere and convincing defence of the ideas underlying the production of *Tartuffe*, and more generally an apologia for Anouilh's whole position as a playwright and man of the theatre. The parallel with the polemical purpose of Molière's *Critique* is quite striking; indeed, both in matter and in manner, *Le Songe du critique* provides one of the most compelling examples of the affinity between the two playwrights, and of the kind of creative inspiration Anouilh has been able to find in Molière. The following passage of sustained comic writing, for instance, in which the bilious critic vents his sarcasm on the hapless producer of *Tartuffe*, combines the narrow-minded zeal of a Diafoirus with the inconsequential verve of a Sganarelle:

> Nous ne sommes plus là pour nous amuser. Nous n'en avons plus le droit! Ni le temps! Habitants provisoires de cette planète que hante la destruction atomique, avec, en plus, tous ces peuples sous-développés qui se développent de plus en plus, il nous faut retrousser nos manches et bâtir, dans la grandeur, le théâtre de demain! Il n'est que temps. Nous sommes la veille. Et on ne visera jamais assez haut, talent ou pas, moyens ou pas, il faut viser haut! C'est l'ordre de Malraux, ministre. Il s'agit maintenant de travailler à la prise de conscience de l'homme moderne en prise directe sur le réel. Il s'agit de repenser tous les problèmes, tous! Ceux qu'on avait déjà pensés depuis belle lurette et ceux auxquels on n'avait jamais pensé, parce qu'ils n'existent pas. Vous

croyez qu'il pense, lui? Jamais! Et il s'en vante! C'est un homme qui n'a pas de théorie, pas de message. Rien! On n'a pas le droit, de nos jours, de ne pas avoir de message. C'est du fascisme! Ou du racisme! Les chanteurs de music-hall ont des messages. Plein de messages. Les photographes ont des messages. Les journalistes qui vous font des titres gros comme ça avec des chiens écrasés grands comme ça, ont des messages! Il n'y a que lui qui dit qu'il n'en a pas... qui dit qu'il fait seulement tout ça pour s'amuser et que c'est déjà quelque chose... On aurait dû le mettre en prison. On aurait été plus tranquille... Même pour lui, ça aurait été mieux. Ça l'aurait empêché de faire n'importe quoi. Mais il ne perd rien pour attendre...

A passage of inspired comic dialogue even closer to a Molière text is the following exchange from *L'Hurluberlu*, a full appreciation of which must surely depend on one's knowledge of the Bélise scenes in *Les Femmes savantes*:

TANTE BISE: D'ailleurs, tant qu'il ne s'est agi que d'un reflet dans son regard — dont il n'était peut-être pas le maître — je n'ai rien dit. Il y a quelques jours, il est passé aux gestes. Brusquement, un soir, dans une porte, sous le prétexte trop commode de me faire passer devant lui, il m'a effleuré la taille.

LE GÉNÉRAL *a un geste impatient*: Passons!

TANTE BISE: Je suis passée. Mais quand je lui ai tendu sa tasse de thé un instant plus tard au salon, j'ai vu son regard briller d'envie.

LE GÉNÉRAL: Il adore le thé. Il avait peut-être soif.

TANTE BISE: Non. Il ne l'a même pas bu.

LE GÉNÉRAL: Il déteste le thé alors! Il aurait préféré du whisky.

TANTE BISE *secoue la tête, un sourire amer aux lèvres*: Non, Ludovic. Un tel regard ne peut tromper une femme. C'était de moi qu'il avait soif.

LE GÉNÉRAL: Cela me paraît invraisemblable, mais admettons. (*Il demande:*) Tu lui as donné à boire?

Altogether, it is in this play that the relationship with Molière can be seen at its most subtle. The title given to the German version of *L'Hurluberlu*, *Der General Quichotte*, may seem at first sight to be a distraction from our theme of affinities between Anouilh's plays and the theatre of Molière. But paradoxically, it serves to emphasize this link, in however indirect a way. Professor Hubert has perceptively drawn our attention to the resemblance between Cervantes's hero and Alceste, 'a mock-heroic character who vainly attempts to transform the banalities of Parisian salons into momentous, anachronistic adventures . . . Alceste is a burlesque hero, . . . trying to transform the trivial events which take place in a coquette's salon into heroic and even tragic happenings'.[29] By the same token, when Anouilh's hero attempts to relive his past military exploits, organizes a cloak-and-dagger conspiracy to save France from the horrors of post-war democracy, and tries to challenge his daughter's lover to a duel for violating the family honour, he is behaving like the twentieth-century counterpart of his two illustrious predecessors. 'Vous êtes toujours à conspirer contre l'inévitable. A vous battre contre les moulins', says his wife (p. 133)[30]—but she also tells him:

> C'est aussi, un peu, pour votre rigueur grondeuse que je vous ai aimé, par réaction. A douze ans, j'étais amoureuse d'Alceste en classe de français! (p. 130)

Of the General, as of Alceste, it could be said that 'his misguided efforts serve also a satirical purpose, for they show that the society in which he was born precludes all heroic values'.[31] Anouilh's comedy, like Molière's in Le Misanthrope, is certainly two-edged —compare, for instance, the scene in which the young Mendigalès gives a reading of 'Zim! Boum! ou Julien l'Apostat. Anti-drame' by the avant-garde dramatist Popopief (pp. 110–18) with the one in which Oronte reads his sonnet—but there can be no doubt that the principal comic figure of the play is the General himself.

He is 'le réactionnaire' of the sub-title: one who tries to put the clock back in order to make the world conform to his own private ideas of what it should be like; but he is also 'le réactionnaire amoureux'. His young wife Aglaé has already something of

[29] J. D. Hubert, Molière and the Comedy of Intellect, Berkeley and Los Angeles, University of California Press, 1962, p. 146.
[30] Page references are to L'Hurluberlu, ou le Réactionnaire amoureux, Paris, La Table Ronde, 1959.
[31] Hubert, op. cit., p. 146.

the mature poise that we have seen in the wife of Ornifle, but her attractive personality contains more than a touch of Célimène's capriciousness; and like Célimène with Alceste, she too can do what she likes with the helpless General. In that *L'Hurluberlu* deals with the conjugal relations of the hero, it constitutes, as it were, a sequel to *Le Misanthrope* rather than exemplifying the kind of 'parallel' transposition provided by *Ornifle* in the case of *Dom Juan*. And in spite of the *dépaysement* undergone by costume, setting, and language, it reveals a far more sympathetic and meaningful interpretation of Molière's play than do any of those formal, stylized 'sequels' of which Fabre d'Églantine's *Le Philinte de Molière* is the classic example.

Fortunately, by the time he wrote *L'Hurluberlu* Anouilh had outgrown the temptation to identify Alceste with the intransigent Romantic heroes who had peopled his earliest 'pièces noires': it is not difficult to imagine the version of *Le Misanthrope* that he might have written ten or twenty years before, with a self-righteous, humourless Julien outwitted and outmanœuvred by a more sophisticated Colombe. The type still recurs in later plays: both Fabrice of *Ornifle* and the eponymous hero of *Pauvre Bitos* have something of Alceste about them; but it is as though the author himself, since the days of *La Sauvage*, *Antigone*, or *Colombe*, has passed over to the side of Philinte. Philinte himself is absent from *L'Hurluberlu*, but his 'Je prends tout doucement les hommes comme ils sont' might well serve as the motto of the new Anouilh, disillusioned but tolerant and charitable; for as Vandromme writes: 'Jean Anouilh a bouclé la boucle. Il a réconcilié l'amour et la vie dans l'amour de la vie — loin des impératifs catégoriques, contre la Sauvage et sa devise de tout ou rien.'[32]

The significance, therefore, in Anouilh's career as a dramatist, of the years 1955–60, in which he showed such a remarkable preoccupation with Molière, is not to be seen merely in the series of specific 'correspondences' which characterize the plays of this period. Interesting though these are, it is even more revealing to see one of the leading playwrights of our age so impregnated with the spirit of Molière that this could change the whole character

---

[32] Op. cit., p. 132.

of his own work. The question was often asked by biographers and commentators in the early fifties: where could Anouilh turn to escape from the impasse of repetitive self-imitation, within the same narrow range of characters and themes? We are now in a position to suggest that his salvation lay in his understanding of, and affection for, Molière, and that this was the influence that transformed his later writing, making it less aggressive, mellower, and altogether more humane.

W. D. HOWARTH

19. Le Molière de Monsieur Ingres

'Esprit sans culture, mais violemment et naturellement classique': tel serait Ingres, selon Maurice Denis. La définition est sommaire. De bonne heure, Ingres s'est efforcé de compléter une éducation assez mince: ses *Cahiers littéraires*, récemment publiés,[1] sont le témoignage de ces efforts; mais il est vrai que sa bibliothèque, en 1818, ne dépasse pas une vingtaine de volumes,[2] et que ses lectures (à l'exception d'Ossian) se restreignent aux classiques: les Grecs — Homère dans la traduction de Bitaubé, les tragiques dans celle du P. Brumoy — et les maîtres du xviiᵉ siècle français. Il affirme à Bonnassieux, en 1837, qu'on ne doit lire que les Anciens; cependant il y joint Molière, Boileau et La Fontaine.[3]

Pensionnaire à l'Académie de France à Rome, le jeune Ingres, sur les conseils de Girodet, apprend par cœur l'*Épître à Racine sur l'utilité des ennemis*; 'mon cher Boileau, écrit-il vers 1808 à M. Forestier,[4] ne me quitte pas. Il est bien malheureux celui qui ne sait se plaire et profiter de La Fontaine et Boileau et Molière, aussi n'ai-je pas oublié les deux premiers [qu'il a apportés de France]; l'autre est à ma disposition.' Ce *Molière* qu'il empruntait est sans doute celui des Libraires Associés (1773, six volumes avec les notes de Bret) qui se trouvait, et qui se trouve encore, à la bibliothèque de l'Académie. Ingres, plus tard, possédera en propre les œuvres de son classique favori;[5] le terme est exact, car de cette prédilection nous avons les preuves visibles.

[1] Par N. Schlenoff, *Ingres, Cahiers littéraires inédits*, Paris, Presses Universitaires, 1956. Dans le *Cahier X*, Ingres écrit: 'Notes des livres à lire, à consulter, à connaître.'

[2] H. Delaborde, *Ingres, sa vie, ses travaux, sa doctrine d'après les notes manuscrites et les lettres du maître*, Paris, Plon, 1870, p. 94.

[3] N. Schlenoff, *Ingres, ses sources littéraires*, Paris, Presses Universitaires, 1956, p. 228. [4] Ibid., p. 89.

[5] L'achat d'un *Molière* est noté dans le livre de dépenses de Madame Ingres en juillet 1841; cf. Schlenoff, *Sources*, pp. 233 et 235.

Quand il composa, en 1827, pour le plafond du Louvre, son *Apothéose d'Homère*, Ingres expliqua : 'J'ai placé l'auteur du *Misanthrope*, du *Tartuffe* et de *l'Avare* parmi les enfants d'Homère, car nul ne se rapproche de lui davantage par l'observation profonde de la vérité et de la nature humaine'.[6] Sans doute, Racine et Boileau sont-ils aussi rangés parmi les homérides ; mais leur attitude est différente. Boileau, la plume à la main, examine ce qu'écrit Longin ; et Racine, les yeux fixés sur les Anciens qu'il a imités, semble leur offrir la liste de ses pièces. Molière, lui, leur présente un masque, et c'est le seul dans le groupe qui ait les yeux fixés sur nous, les spectateurs. Pourquoi ? C'est que 'nous représentons la nature', que le grand contemplateur a directement saisie. Un autre personnage, de l'autre côté du tableau, nous regarde en face, et pour la même raison : c'est Poussin, au premier rang des peintres français, comme Molière est au premier rang des littérateurs.[7]

La position relative des figures établit, d'autre part, une hiérarchie. Si celle de Molière domine celle de Racine, c'est d'abord que Ingres tient la comédie en plus haute estime que la tragédie, — et, naturellement, que la critique, représentée par Boileau ; c'est aussi que, nous venons de le voir, Racine est, aux yeux de Ingres, une sorte de satellite des Anciens : c'est 'le Virgile français' ; or Virgile, avec tout son génie, n'est — selon l'expression de Victor Hugo — que 'la lune d'Homère'. Pour cette raison, Ingres a même hésité, il le confesse, à placer Racine sur le même plan que Corneille, qui occupe dans l'*Apothéose* une position symétrique, du côté des 'Latins'. A son ami Gilibert, racinien convaincu, qui s'inquiétait de savoir si son héros figurerait dans l'*Apothéose*, et quel rang lui serait assigné, 'sois tranquille, répond Ingres, *ton* Racine y est et occupe une belle place ; il est sur la même ligne que Corneille, mais toujours à mon corps défendant...'[8]

Il est curieux pourtant d'observer que dans un dessin pré-

⁶ Schlenoff, *Sources*, p. 175.

⁷ L'analyse de l'*Apothéose* a été faite par Ingres lui-même ; *v.* Delaborde, op. cit., pp. 204–5. Pour les physionomies, il s'est inspiré des portraits contemporains : celui de Mignard pour Molière (voir le frontispice de re volume), celui de Santerre pour Racine, celui de Drevet pour Boileau.

⁸ Schlenoff, *Sources*, p. 174.

(left) INGRES: *L'Apothéose d'Homère.* Louvre
(above) Détail

liminare, Molière n'atteint pas la taille qu'il a prise dans la composition finale;[9] mais nous verrons que, désormais, il ne cessera plus de grandir.

Une question, d'abord, nous arrête. La date de l'*Apothéose* est celle de la *Préface de Cromwell*: faut-il y voir, face au manifeste romantique, une profession de foi classique?[10] Gardons-nous de forcer le contraste. Ingres, après tout, admet Shakespeare parmi ses homérides, malgré ses 'monstruosités';[11] et sur plus d'un point il se rencontre avec Hugo; ils ont, du moins, une admiration commune: et c'est Molière. La *Préface* exalte ses puissantes caricatures, Tartuffe, Pourceaugnac; elle préconise, sur la scène, 'un vers libre, franc, hardi, à la Molière'. Bien mieux: dans ses goûts littéraires, Ingres est d'accord avec Delacroix, lui aussi partisan déclaré des Anciens — et, lui aussi, fervent de Molière.[12] 'Si Alexandre eût connu le *Misanthrope*, lisons-nous dans son *Journal* (14 mai 1857), il l'eût placé dans la fameuse cassette à côté de l'*Iliade*.' Alexandre, justement, figure dans l'*Apothéose*, portant le coffret d'or où il avait fait enfermer les œuvres d'Homère. Ingres, comme Delacroix, aurait aimé l'idée de cet écrin 'agrandi' pour faire place à Molière.

Pourtant, durant sa vie, Molière ne fut-il pas méconnu, et malheureux? Ici encore, Ingres se rapproche des Romantiques: il partage leur conception de l'artiste victime, ou martyr, de son temps. 'Les grands hommes, écrit-il, sont persécutés, précisément parce qu'ils sont de grands hommes. Et Molière! Il n'y a pas une de ses pièces qui ne lui ait coûté des larmes amères...'[13] Il parlerait volontiers, lui aussi, de 'cette mâle gaîté, si triste et si profonde'; et il croit, non seulement aux souffrances du génie, mais à son humilité; il avait projeté un *Molière consultant sa servante*.[14]

---

[9] Guiffrey et Marcel, *Inventaire général des dessins du Louvre, École française*, Paris, Librairie Centrale d'Art, s.d., no. 5016; reproduit dans R. Rosenblum, *Ingres*, Londres, Thames & Hudson, 1967, pl. XXIII, p. 192.

[10] Sur cette question, *v.* Schlenoff, *Sources*, chap. V et VII.

[11] Delaborde, op. cit., p. 144.

[12] Delacroix lit la vie de Molière le 17 juillet 1855. Il voit en lui un héritier de Rabelais, non d'Homère; et il le rapproche de Shakespeare, et de Cervantès. *Journal*, Paris, Plon, 1932, II. 357–9; III. 276.

[13] Delaborde, op. cit., p. 157.

[14] *Cahier IX*, fol. 47: 'Sujets modernes.'

En 1841, à son dernier retour de Rome, la Comédie-Française rendit à Ingres un hommage qui lui alla au cœur. 'Pour signaler les sympathies des comédiens pour l'art que vous représentez avec tant d'éclat', lui écrivit le Comité d'Administration, 'voudriez-vous agréer le droit de venir vous asseoir parmi nos juges?'[15] Ingres se voyait donc pourvu d'un siège permanent dans la 'maison de Molière'. Il profita assidûment de ce privilège. Un soir pourtant, arrivé tard au théâtre, il ne trouva pas de fauteuil libre; avisant alors un jeune homme assis, il lui dit simplement: 'Je suis Monsieur Ingres, donnez-moi votre place.' Le jeune homme, ébloui, se leva: c'était Anatole France.[16]

Le remerciement du peintre aux comédiens fut tardif; mais magnifique. 'J'ai fait, écrit-il en 1857, une grande esquisse de Molière que je veux offrir au Théâtre-Français, non tant comme objet d'art que comme hommage rendu au grand Molière et aussi aux comédiens qui souvent le rendent si bien et qui m'ont si gracieusement donné mes entrées au Théâtre.' Il s'agit du *Molière dînant avec Louis XIV à Versailles* qui se trouve au Musée de la Comédie-Française; il en existe une réplique, datée de 1860, qui appartenait à l'Impératrice Eugénie; elle est aujourd'hui à New York, chez Wildenstein. Les courtisans, contraints d'assister, debout, à l'hommage rendu par le Roi au poète qu'ils ont méprisé, s'inclinent avec des mines déconfites. L'anecdote est plus que suspecte;[17] mais les comédiens ne pouvaient être que flattés d'un honneur qui rejaillissait sur eux; et Molière était vengé.

Dans l'intervalle, Ingres avait, une fois de plus, affirmé sa prédilection. En 1844, il avait composé pour le *Plutarque Français* une série de dessins destinés à être gravés par Henriquel-Dupont. On y voyait, entre Jeanne d'Arc et Poussin, La Fontaine en promenade, Racine en habit de cour, et, bien entendu, Molière — dans son cabinet, assis auprès du feu, pensif, la plume à la main.

[15] H. Lapauze, *Ingres, sa vie et son œuvre*... Paris, Georges Petit, 1911, p. 366.
[16] Anecdote rapportée par Mme Bourdelle; cf. Schlenoff, *Sources*, p. 288.
[17] C'est une invention de Madame Campan. Dans son article: 'Molière s'est-il assis à la table de Louis XIV?', *Nouvelles littéraires*, 15 février 1951, le duc de la Force démontre, après Despois et Larroumet, l'invraisemblance de l'histoire. Le sujet a été traité, après Ingres, par Gérôme et par Vetter.

Ce *Plutarque Français* avait eu un antécédent à la fin du xviii^e
siècle. Plusieurs sculpteurs avaient été chargés, vers 1780, de
représenter 'quelque homme célèbre dans la nation par ses vertus,
son talent ou son génie'; et afin de populariser l'image de ces
grands hommes, chaque artiste devait, en outre, exécuter une
réduction en terre cuite du personnage qui lui avait été assigné,
pour servir de modèle à un biscuit de Sèvres. Le *Molière* revint
à Caffieri, qui avait déjà sculpté le buste du poète. Comme Ingres
plus tard, il le représenta assis, dans une attitude inspirée.[18]

Vers la fin de sa vie, soumis — comme il le dit — aux pré-
ceptes d'Horace et de Boileau, Ingres remit sur le chantier un
ouvrage: il refit son *Apothéose* sous le titre: *Homère déifié*. C'est
un très grand dessin exécuté en 1865, mais probablement conçu
vers 1840, et dont il écrivait, en 1856: 'C'est la même composition,
mais augmentée de toutes les perfections dont je puis être capable.
Je veux qu'elle soit l'œuvre de ma vie d'artiste, la plus belle et la
plus capitale.' L'œuvre terminée lui parut, en effet, supérieure
'parce que, dit-il, elle rend ma pensée plus librement, et plus
complètement'.[19] Il a donc conféré à l'*Homère déifié* une autorité
testamentaire.

Or, si nous comparons ce dessin à l'*Apothéose*, que constatons-
nous? Ingres s'est placé, selon son expression, 'à la porte du
temple'; il l'a fermée à quelques-uns, il l'a ouverte à d'autres:
Shakespeare, par exemple, a été exclu, André Chénier admis.
Mais la position relative des figures a été, elle aussi, altérée. L'une
d'elles, à présent, se détache et s'élève bien au-dessus du groupe
des classiques français: c'est Molière, qui les domine non plus
de la tête seulement, mais de toute sa stature: 'notre grand
Molière, que les Anciens même pourraient nous envier, et que
l'univers tout entier admire'.[20]

JEAN SEZNEC

---

[18] *v.* Diderot, *Salons*, vol. IV, Oxford, Clarendon Press, 1967, pp. 300 et 340.
Dans la même série, Mouchy avait exécuté un *Montausier*, modèle supposé du
Misanthrope; mais il fut critiqué comme trop peu sévère.

[19] Delaborde, op. cit., p. 271.

[20] Ibid., p. 363. Le dessin en question est reproduit dans Lapauze, op. cit., p. 543.